全国中医药行业高等教育"十二五"规划教材

全国高等中医药院校规划教材（第九版）

药用植物学实验指导

（新世纪第三版）

（供中药学类、药学类、制药工程等专业用）

主　编　谈献和（南京中医药大学）

　　　　王　冰（辽宁中医药大学）

副主编　（以姓氏笔画为序）

　　　　卢　伟（福建中医药大学）

　　　　刘守金（安徽中医药大学）

　　　　苏连杰（黑龙江中医药大学）

　　　　张水利（浙江中医药大学）

　　　　葛　菲（江西中医药大学）

　　　　董诚明（河南中医学院）

中国中医药出版社

·北　京·

图书在版编目（CIP）数据

药用植物学实验指导/谈献和，王冰主编 . —3 版 . —北京：中国中医药出版社，2014.1
（2023.8 重印）
全国中医药行业高等教育"十二五"规划教材
ISBN 978 – 7 – 5132 – 1718 – 7

Ⅰ. ①药…　Ⅱ. ①谈…②王…　Ⅲ. ①药用植物学 – 实验 – 中医院校 – 教学
参考资料　Ⅳ. ①Q949.95 – 33

中国版本图书馆 CIP 数据核字（2013）第 269202 号

中 国 中 医 药 出 版 社 出 版
北京经济技术开发区科创十三街 31 号院二区 8 号楼
邮政编码　100176
传真　010-64405721
三河市同力彩印有限公司印刷
各地新华书店经销

*

开本 787×1092　1/16　印张 11.375　字数 250 千字
2014 年 1 月第 3 版　2023 年 8 月第 10 次印刷
书　号　ISBN 978 – 7 – 5132 – 1718 – 7

*

定价　32.00 元
网址　www.cptcm.com

全国中医药行业高等教育"十二五"规划教材
全国高等中医药院校规划教材（第九版）
专家指导委员会

李连达（中国中医科学院研究员　中国工程院院士）

李金田（甘肃中医学院院长　教授）

吴以岭（中国工程院院士）

吴咸中（天津中西医结合医院主任医师　中国工程院院士）

吴勉华（南京中医药大学校长　教授）

肖培根（中国医学科学院研究员　中国工程院院士）

陈可冀（中国中医科学院研究员　中国科学院院士）

陈立典（福建中医药大学校长　教授）

陈明人（江西中医药大学校长　教授）

范永升（浙江中医药大学校长　教授）

欧阳兵（山东中医药大学校长　教授）

周　然（山西中医学院院长　教授）

周永学（陕西中医学院院长　教授）

周仲瑛（南京中医药大学教授　国医大师）

郑玉玲（河南中医学院院长　教授）

胡之璧（上海中医药大学教授　中国工程院院士）

耿　直（新疆医科大学副校长　教授）

徐安龙（北京中医药大学校长　教授）

唐　农（广西中医药大学校长　教授）

梁繁荣（成都中医药大学校长　教授）

程莘农（中国中医科学院研究员　中国工程院院士）

谢建群（上海中医药大学常务副校长　教授）

路志正（中国中医科学院研究员　国医大师）

廖端芳（湖南中医药大学校长　教授）

颜德馨（上海铁路医院主任医师　国医大师）

秘　书　长　王　键（安徽中医药大学校长　教授）

洪　净（国家中医药管理局人事教育司巡视员）

王国辰（国家中医药管理局教材办公室主任
　　　　全国中医药高等教育学会教材建设研究会秘书长
　　　　中国中医药出版社社长）

办公室主任　周　杰（国家中医药管理局科技司　副司长）

林超岱（国家中医药管理局教材办公室副主任
　　　　中国中医药出版社副社长）

李秀明（中国中医药出版社副社长）

办公室副主任　王淑珍（全国中医药高等教育学会教材建设研究会副秘书长
　　　　中国中医药出版社教材编辑部主任）

全国中医药行业高等教育"十二五"规划教材
全国高等中医药院校规划教材（第九版）

《药用植物学实验指导》编委会

前　言

全国中医药行业高等教育"十二五"规划教材是为贯彻落实《国家中长期教育改革和发展规划纲要（2010－2020年)》、《教育部关于"十二五"普通高等教育本科教材建设的若干意见》和《中医药事业发展"十二五"规划》，依据行业人才需求和全国各高等中医药院校教育教学改革新发展，在国家中医药管理局人事教育司的主持下，由国家中医药管理局教材办公室、全国中医药高等教育学会教材建设研究会在总结历版中医药行业教材特别是新世纪全国高等中医药院校规划教材建设经验的基础上，进行统一规划建设的。鉴于由中医药行业主管部门主持编写的全国高等中医药院校规划教材目前已出版八版，为便于了解其历史沿革，同时体现其系统性和传承性，故本套教材又可称"全国高等中医药院校规划教材（第九版)"。

本套教材坚持以育人为本，重视发挥教材在人才培养中的基础性作用，充分展现我国中医药教育、医疗、保健、科研、产业、文化等方面取得的新成就，以期成为符合教育规律和人才成长规律，并具有科学性、先进性、适用性的优秀教材。

本套教材具有以下主要特色：

1. 继续采用"政府指导，学会主办，院校联办，出版社协办"的运作机制

在规划、出版全国中医药行业高等教育"十五"、"十一五"规划教材时（原称"新世纪全国高等中医药院校规划教材"新一版、新二版，亦称第七版、第八版，均由中国中医药出版社出版)，国家中医药管理局制定了"政府指导，学会主办，院校联办，出版社协办"的运作机制，经过两版教材的实践，证明该运作机制符合新时期教育部关于高等教育教材建设的精神，同时也是适应新形势下中医药人才培养需求的更高效的教材建设机制，符合中医药事业培养人才的需要。因此，本套教材仍然坚持这个运作机制并有所创新。

2. 整体规划，优化结构，强化特色

此次"十二五"教材建设工作对高等中医药教育3个层次多个专业的必修课程进行了全面规划。本套教材在"十五"、"十一五"优秀教材基础上，进一步优化教材结构，强化特色，重点建设主干基础课程、专业核心课程，加强实验实践类教材建设，推进数字化教材建设。本套教材数量上较第七版、第八版明显增加，专业门类上更加齐全，能完全满足教学需求。

3. 充分发挥高等中医药院校在教材建设中的主体作用

全国高等中医药院校既是教材使用单位，又是教材编写工作的承担单位。我们发出关于启动编写"全国中医药行业高等教育'十二五'规划教材"的通知后，各院校积极响应，教学名师、优秀学科带头人、一线优秀教师积极参加申报，凡被选中参编的教师都以积极热情、严肃认真、高度负责的态度完成了本套教材的编写任务。

4. 公开招标，专家评议，健全主编遴选制度

本套教材坚持公开招标、公平竞争、公正遴选主编原则。国家中医药管理局教材办公室和全国中医药高等教育学会教材建设研究会制订了主编遴选评分标准，经过专家评审委员会严格评议，遴选出一批教学名师、高水平专家承担本套教材的主编，同时实行主编负责制，为教材质量提供了可靠保证。

5. 继续发挥执业医师和职称考试的标杆作用

自我国实行中医、中西医结合执业医师准入制度以及全国中医药行业职称考试制度以来，第七版、第八版中医药行业规划教材一直作为考试的蓝本教材，在各种考试中发挥了权威标杆作用。作为国家中医药管理局统一规划实施的第九版行业规划教材，将继续在行业的各种考试中发挥其标杆性作用。

6. 分批进行，注重质量

为保证教材质量，本套教材采取分批启动方式。第一批于 2011 年 4 月启动中医学、中药学、针灸推拿学、中西医临床医学、护理学、针刀医学 6 个本科专业 112 种规划教材。2012 年下半年启动其他专业的教材建设工作。

7. 锤炼精品，改革创新

本套教材着力提高教材质量，努力锤炼精品，在继承与发扬、传统与现代、理论与实践的结合上体现了中医药教材的特色；学科定位准确，理论阐述系统，概念表述规范，结构设计更为合理；教材的科学性、继承性、先进性、启发性及教学适应性较前八版有不同程度提高。同时紧密结合学科专业发展和教育教学改革，更新内容，丰富形式，不断完善，将学科、行业的新知识、新技术、新成果写入教材，形成"十二五"期间反映时代特点、与时俱进的教材体系，确保优质教育资源进课堂，为提高中医药高等教育本科教学质量和人才培养质量提供有力保障。同时，注重教材内容在传授知识的同时，传授获取知识和创造知识的方法。

综上所述，本套教材由国家中医药管理局宏观指导，全国中医药高等教育学会教材建设研究会倾力主办，全国各高等中医药院校高水平专家联合编写，中国中医药出版社积极协办，整个运作机制协调有序，环环紧扣，为整套教材质量的提高提供了保障机制，必将成为"十二五"期间全国高等中医药教育的主流教材，成为提高中医药高等教育教学质量和人才培养质量最权威的教材体系。

本套教材在继承的基础上进行了改革与创新，但在探索的过程中，难免有不足之处，敬请各教学单位、教学人员以及广大学生在使用中发现问题及时提出，以便在重印或再版时予以修正，使教材质量不断提升。

国家中医药管理局教材办公室
全国中医药高等教育学会教材建设研究会
中国中医药出版社
2012 年 6 月

编写说明

《药用植物学实验指导》是全国中医药行业高等教育"十二五"规划教材《药用植物学》的配套教材，是中药学类、药学类、制药工程等专业实验、实习课程的指导性教材。

本教材根据专业人才培养目标和本学科教学特点，以传统实践教学体系为框架，以学科基本技能训练内容为依据，汇集第一线教师的教学经验，融合中药学科、药学学科的新方法和新技术，配合"十二五"规划教材的基本内容，编写突出中药学类、药学类、制药工程等专业知识和技能特色的实验指导教材。

本教材在"十五"规划教材《药用植物学实验指导》（2003 年版）的基础上，整体修订、精简内容，并将部分内容重新编写。其中重点对上篇（药用植物学基本实验内容）的细胞、组织和器官构造内容进行调整和精简，使其更加实用并突出其指导性，同时增加部分显微照片以利实验中参考；对形态内容删繁就简，整合相近内容；对原教材中的下篇技术部分，只作修订和增补。

本教材由全国 24 所高等中医药和医药院校的 26 位任课老师参与编写。经编委会多次讨论后由部分老师执笔修订，具体分工如下：第一章、第二章、第五章由许亮负责，第三章、第四章、第六章、第七章和第十五章由张瑜负责，第八章由卢伟负责，第九章由苏连杰负责，第十章由葛菲负责，第十一章由张水利负责，第十二章、第十四章由刘守金负责，第十三章由董诚明负责。全书由谈献和、王冰、张瑜统稿，由谈献和终审并修改定稿。

本教材可供高等中医药、药学、农林等院校的中药、药学、中药资源与开发及相关专业的本科生使用，亦可供相关领域的研究人员和科技工作者参考。各院校在教学中，可结合地区、专业、课时及教学对象的实际情况，对教材内容进行适当选择安排。

《药用植物学实验指导》编委会
2013 年 12 月

目　录

上篇　药用植物学基本实验内容

下篇　药用植物实验技术与方法

上篇　药用植物学基本实验内容

第一章　植物的细胞

【目的和要求】

1. 通过本实验掌握以下基本知识：

（1）掌握植物细胞的基本组成部分（原生质体、后含物和细胞壁）的显微构造特点。

（2）掌握质体、细胞核等主要细胞器的形态构造。

（3）掌握常作为植物鉴别依据的淀粉粒、菊糖和各种晶体的类型、形态特点与分布特征。

（4）掌握细胞壁的组成及木质化、木栓化、角质化细胞壁的显微化学特征。

2. 通过本实验掌握以下基本技能：

（1）熟练使用显微镜观察植物显微构造的技能。

（2）植物表面制片、徒手切片、粉末制片的技能。

（3）拍摄植物细胞显微构造特征、绘制细胞构造图的技能。

【仪器、用品、试剂】

1. 显微镜、载玻片、盖玻片、镊子、解剖针、刀片、培养皿、吸水纸、擦镜纸。

2. 蒸馏水、生理盐水、碘－碘化钾试液、甘油醋酸试液（1∶1）、稀碘液、稀甘油、乙醚、50%乙醇、95%乙醇、10%碘甘油、α－萘酚、80%硫酸、苏丹Ⅲ、间苯三酚、水合氯醛、氯化锌、碘液、浓硫酸、稀甘油、钌红试液。

【实验内容】

本实验内容包括植物细胞的基本构造、后含物和细胞壁三部分。

一、植物细胞的基本构造

【实验材料】

洋葱（*Allium cepa* L.）鳞茎、紫鸭跖草（*Tradescantia virginiana* L.）叶、胡萝卜

（*Daucus carota* var. *sativa* Hoffm.）根、红辣椒（*Capsicum annuum* L.）、番茄（*Lycopersicon esculentum* Mill.）或宁夏枸杞（*Lycium barbarum* L.）果实。

【实验步骤】

1. 制作洋葱鳞片叶表皮装片

取洋葱鳞茎，剥下一片肉质鳞叶，在鳞叶凹面（内表皮）的中部用刀片划一边长为 3～4mm 的方形，以镊子夹住切口处的表皮将其轻轻撕下，置于滴有蒸馏水的载玻片上，用解剖针将材料尽量展平，为排除材料上的气泡干扰，在覆盖盖玻片时，先将盖玻片的一边与载玻片上浸润材料的水滴边缘接触，盖玻片与载玻片约成 45°角，再将另一侧轻轻放下。在制片过程中注意载玻片上的蒸馏水要将材料充分浸润，加盖玻片时要尽量使其压紧展开，否则将容易产生气泡，影响观察效果。

2. 观察洋葱鳞片叶表皮细胞结构

将制好的洋葱鳞片叶表皮装片置于光学显微镜下观察，首先置于低倍镜下调试、观察。在低倍镜下可见洋葱表皮是由伸长并排列紧密整齐的一层细胞组成，细胞多为长方形，没有细胞间隙。移动装片，选择几个较清楚的细胞置于视野中央，然后转换高倍镜仔细观察，调动微调螺旋，辨明下列各部分构造。

（1）细胞壁　是在显微镜下最容易识别的结构，包围在植物细胞原生质体的最外面。由于细胞壁几乎是无色透明的，所以在观察时仅能看到细胞四壁构成的轮廓。所观察到的细胞壁是两相邻细胞共有的，包括相邻细胞的初生壁和胞间层。若选用较老的鳞叶，在侧壁上还可以观察到由于不均匀加厚所出现的连续凹陷区域，此区域为纹孔。

（2）细胞核　一般为扁球形的小球体。常位于细胞的中央，若取材为发育成熟的细胞，其液泡占据细胞中间部分，细胞质被挤压到四周，细胞核则存在于细胞边缘细胞质薄层中，呈卵圆形。与细胞质接触处有一薄膜为核膜。核膜内为核质，核质中常可清楚地见到 1～3 个较亮小球体，即核仁。

（3）细胞质　细胞核以外细胞膜以内的原生质，即是细胞质。在幼嫩细胞中较为稠密，但在成熟细胞中，随液泡逐渐扩大，细胞质被挤压紧贴细胞壁，呈一薄层环绕着液泡，因为液泡是一个类似的球状体，从任何一方观察都没有界限与细胞质分开，只是越接近细胞壁，细胞质的比例越大，颜色就越深。

（4）液泡　位于细胞中央，是细胞质内充满细胞液的囊状结构。为了观察清楚，可取下制片，小心地在盖玻片一侧滴加一滴稀碘液，几分钟后观察，可见到被染成浅黄色的细胞质和深黄色的细胞核。未被染色的部分即是液泡。液泡中的细胞液是无色的。细胞质中有大小不等的颗粒，液泡与细胞质之间衬托出的界面为液泡膜。（图 1-1）

3. 质体的观察

（1）叶绿体　取绿色植物的叶片制成徒手切片，置显微镜下观察，可见叶肉细胞中有多数扁球形的绿色颗粒，即是叶绿体。

（2）白色体　取紫鸭跖草叶片一小块，背面朝上，向下做折叠，沿尚相连的上表皮轻轻平移，拉断后，断口处带有膜质表皮，将其平展于载玻片上，用刀片切下少许，制成临时水装片，置显微镜下观察。可见在细胞核的周围有许多小圆形、无色透明的颗

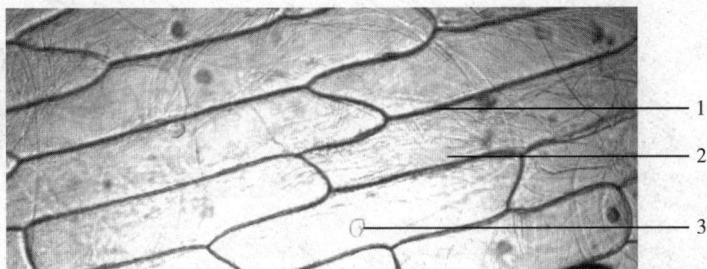

图 1 - 1　洋葱内表皮细胞结构
1. 细胞壁　2. 细胞质　3. 细胞核

粒，即是白色体。

（3）有色体　取胡萝卜小块，按徒手切片制作法切取薄片，制成临时水装片，置镜下观察，在细胞质内可见许多橙黄色或橙红色呈棒状、块状或针状的结构，此结构即是有色体。也可以用红辣椒果皮、宁夏枸杞果实、成熟的番茄果肉或旱金莲的花瓣，制成临时水装片，置显微镜下观察，前三种材料有色体呈颗粒状或块状，而旱金莲花瓣的有色体则呈针状。

二、后含物

【实验材料】

马铃薯（*Solanum tuberosum* L.）块茎、半夏〔*Pinellia ternate*（Thunb.）Breit.〕和浙贝母（*Fritillaria thunbergii* Miq.）的粉末、桔梗〔*Platycodon grandiflorum*（Jacq.）A. DC.〕根、大丽菊（*Dahlia pinnata* Cav.）块根、蓖麻（*Ricinus communis* L.）种子、大黄（*Rheum officinale* Baill.）根及根茎粉末、曼陀罗（*Datura stramonium* L.）叶粉末、半夏〔*Pinellia ternata*（Thunb.）Breit.〕块茎粉末、甘草（*Glycyrrhiza uralensis* Fisch.）根及根茎的粉末、黄柏（*Phellodendron amurense* Rupr.）树皮粉末、牛膝（*Achyranthes bidentata* Bl.）根粉末、地骨皮（*Lycium chinensis* Mill.）根皮粉末、射干〔*Belamcanda chinensis*（L.）DC.〕根状茎粉末、印度橡胶树（*Ficus elastica* Roxb. ex Hornem）叶或无花果（*Ficus carica* L.）叶、穿心莲〔*Andrographis paniculata*（Burm. F. Nees）〕叶。

【实验步骤】

1. 淀粉粒

（1）取马铃薯块茎切成小块，用新鲜的创面将液汁涂于载玻片上，加甘油醋酸试液制成临时装片，先在低倍镜下观察淀粉粒，注意其形状。再换高倍镜观察，注意脐点和层纹，同时分辨单粒淀粉、复粒淀粉、半复粒淀粉。为了区别淀粉粒和白色质体，可用稀碘液来鉴别，淀粉粒遇稀碘液呈蓝紫色，而白色体不变色。

（2）取少量半夏粉末置于滴加 1~2 滴稀甘油的载玻片上，并用解剖针轻轻将粉末与稀甘油充分搅匀，然后加盖盖玻片制成粉末装片，置于镜下观察。

（3）按上述方法制成浙贝母粉末装片置显微镜下观察，与马铃薯淀粉粒进行比较，注意淀粉粒的大小、形状、层纹、脐点有何不同，找出各自淀粉粒的特征（图1-2，图1-3）。

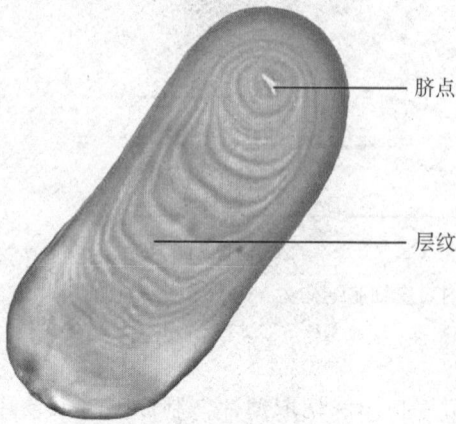

图 1 - 2　淀粉粒结构

图 1 - 3　马铃薯淀粉粒类型
1. 单粒淀粉　2. 半复粒淀粉

2. 菊糖

取用乙醇浸泡好的大丽菊块根或桔梗根，将其切成小块，然后在木质部以外的部分做纵向徒手切片，切片要薄，取一小块薄片置于载玻片上，再加 95% 乙醇一小滴，然后盖上盖玻片，迅速在显微镜下观察菊糖的形态结构，在薄壁细胞内，靠近细胞壁分布的一些扇形或圆球形晶体即为菊糖，并有放射状纹理。亦可在相邻细胞同时出现。

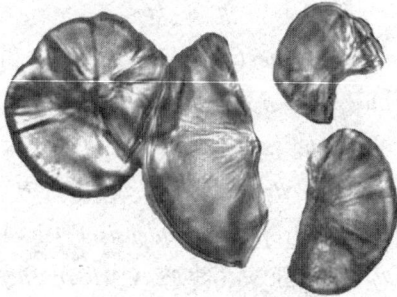

将上述制片加水 1~2 滴，并稍加热，注意观察菊糖有何变化？用上述方法再制作切片，直接滴加 α - 萘酚试剂一小滴，过 1~2min 后再滴加 80% 硫酸一滴，盖好盖玻片，立即置于显微镜下观察，可见菊糖一边溶解一边染上紫红色（图 1 - 4）。

图 1 - 4　大丽菊块根菊糖

3. 糊粉粒（蛋白质粒）

取蓖麻种子，剥去种皮，做胚乳的徒手切片，切片不需很大，但要薄，取切好的一小片胚乳薄片置于载玻片上，首先用乙醚脱脂，具体操作如下：在载玻片上反复滴加乙醚数次，每次 1~2 滴，稍等片刻，略使载玻片倾斜将细胞内的脂类随乙醚流失，再加 50% 乙醇稀释。再加 10% 的碘甘油试液一滴制成临时装片，置于镜下观察。先在低倍镜下进行观察，选择细胞内糊粉粒少的、分散的、清晰的 1~2 个胚乳细胞转换高倍镜下观察，可见细胞内的糊粉粒常由一个多边形的蛋白质晶体、一个磷酸盐组成的球晶体以及无定形的蛋白质基质所组成。经染色后糊粉粒呈暗黄色，基质染成黄色，球晶体不被染色。

4. 草酸钙晶体

（1）簇晶　取大黄根及根茎粉末或曼陀罗叶粉末少许，置于滴加 1~2 滴水合氯醛试液的载玻片上。用右手的食指和拇指夹紧载玻片，在距酒精灯火苗上 3~4cm 做轻微的位置移动，慢慢加热进行透化，蒸至近干时再添加新的试剂，重复直至材料颜色变浅而透明时，停止处理，加稀甘油1滴，盖上盖玻片，拭净其周围的试剂，置显微镜下观察，可见到许多大型、形如星状的草酸钙簇晶。注意加热时不能用镊子夹载玻片，因为用食指和拇指才能夹紧载玻片，并能感觉载玻片的温度，调整加热程度。

（2）方晶 取黄柏粉末或甘草粉末少许，按上述方法制片，置镜下观察，在粉末中可见到一些方形、不规则方形及斜方形等形状的晶体。这些方晶常成行排列于纤维束旁边的薄壁细胞中，这种由一束纤维外侧包围着许多含有草酸钙方晶的薄壁细胞所组成的复合体称为晶鞘纤维。

（3）针晶 取半夏粉末少许，按上述方法透化后制片观察，在半夏块茎粉末中可见散在或成束的针状草酸钙晶体。也可见到类圆形黏液细胞中含有排列整齐的针晶束。

（4）砂晶 取地骨皮粉末少许，按上述方法制片，在粉末中可见到类圆形的薄壁细胞中充满了细小三角形或箭头状的草酸钙砂晶。在显微鉴别草酸钙晶体时，其中砂晶是比较难鉴别的一种。因砂晶存在于某些薄壁细胞中，将药材研成粉末后砂晶多分散于药材粉末之中，而且数量很少，故难以与药材粉末区别。观察时注意以下几点：①砂晶虽然很少，但大小非常均匀。②其形状为小的三角形颗粒，立体感较强。③在调节微调节器时砂晶常有忽明忽暗的感觉，或略比周围粉末光亮。若用地骨皮制成徒手切片，观察效果好于粉末制片。

（5）柱晶 取射干粉末少许，按上述方法制片，置显微镜下观察，可见到棱角分明的长柱形晶体，晶体呈透明状。

（6）取大黄根茎粉末的制片2片，分别滴加6%醋酸和20%硫酸试液，稍过片刻，置显微镜下观察结晶有什么变化。（图1-5）

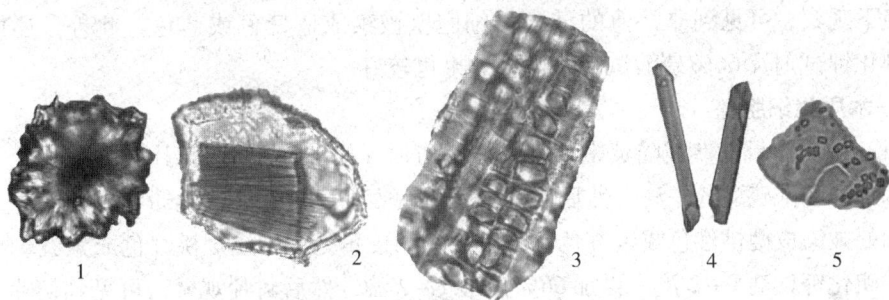

图1-5 草酸钙晶体类型

1. 簇晶（大黄） 2. 针晶（半夏） 3. 方晶（黄柏） 4. 柱晶（射干） 5. 砂晶（红景天）

5. 碳酸钙晶体

（1）取印度橡胶树叶或无花果叶片，割取局部一小块，沿断面做徒手切片，将切下的薄片放置于盛水的培养皿中，然后挑选最薄的材料，置于载玻片上，制成临时水装片。置镜下观察，靠近叶面表皮细胞的大型细胞内有一个葡萄状的结晶体附着在细胞壁增生的棒状物上，悬挂在细胞腔中，形似钟乳体，即碳酸钙结晶，又称钟乳体。

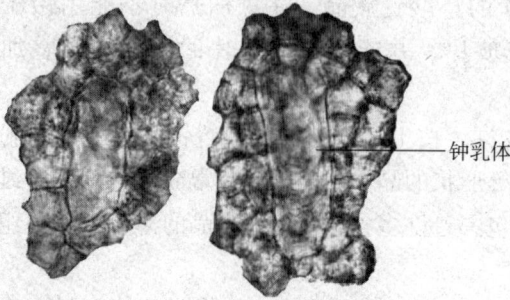

图1-6　穿心莲叶片钟乳体

（2）取穿心莲叶片，经水合氯醛透化后用稀甘油封片，置显微镜下观察，可见螺状的钟乳体。因穿心莲叶片略厚，一次透化难以达到看清的效果，故需反复几次进行透化才能达到理想的效果（图1-6）。

（3）用已制好的印度橡胶树叶徒手切片2片，分别滴加6%醋酸和20%硫酸试液，观察其所发生的变化。

三、细胞壁

【实验材料】

马铃薯（*Solanum lunerosum* L.）块茎、夹竹桃（*Nerium indicum* Mill.）叶片及幼茎或陆英（*Sambucus chinensis* Lindl.）嫩茎、梨（*Pyrus communis* L.）果肉、木贼（*Equisetum hiemale* L.）或问荆（*Equisetum arvense* L.）茎或粉末、黄柏（*Phellodendron amurense* Rupr.）栓皮、亚麻（*Linum usitatissimum* L.）种子、马钱子（*Strychnos nux - vomica* L.）种子。

【实验步骤】

1. 纤维素细胞壁

取一小块马铃薯块茎，横切若干薄片放置于盛水的培养皿中，选择最薄的一片，置于载玻片上，经水合氯醛透化后再滴加1～2滴氯化锌碘液染色，然后用稀甘油封片后置于镜下观察，可见到非常薄的纤维素细胞壁被染成蓝紫色或蓝色。此外，还可以用碘-碘化钾试剂及66%硫酸试液，染色效果也较好。

2. 木质化细胞壁

（1）取夹竹桃幼茎或陆英嫩茎制成徒手切片（横切面），取薄片放在载玻片上，滴加间苯三酚和浓硫酸各一滴，然后封片置镜下观察，可见到夹竹桃幼茎横切面内，靠茎髓外侧处被染成樱桃红色或紫红色。陆英嫩茎的棱角处被染成樱桃红色或紫红色。也可加碘-碘化钾试剂1～2滴，再加66%硫酸1～2滴，然后封片观察，可见切片上被染成棕黄色的部分为木质化细胞壁，染成蓝色或蓝紫色的部分为纤维素细胞壁。

（2）取梨果肉少许置于载玻片上，并用解剖针将果肉轻轻捣碎，然后滴加间苯三酚和浓硫酸各一滴，封片后置镜下观察，可见到许多具有极厚、木质化壁的细胞团或单个细胞，均被染成樱红色或紫红色。

3. 木栓化细胞壁

取黄柏的栓皮做徒手切片（纵切片），选取较薄的组织切片置于载玻片上，然后滴加1～2滴苏丹Ⅲ试液，在酒精灯上轻轻加热后封片观察，可见到栓化细胞壁被染成橙红色。

此外，也可以用五加皮、白鲜皮、黄柏皮等粉末直接滴加苏丹Ⅲ试液，经加热冷却后封片，置显微镜下观察，可见木栓化细胞均被染成橙红色，并可清楚地观察到木栓化细胞的形态特征。

4. 角质化细胞壁

取一小片夹竹桃叶片做徒手切片，切下若干片薄片置于盛水的培养皿中，然后选最薄的一片置于载玻片上，滴加 1～2 滴苏丹Ⅲ试液，在酒精灯上轻轻加热，稍放片刻后加 1 滴稀甘油封片，然后置于显微镜下观察，可见到叶的上、下表皮外侧有一条紧紧与表皮细胞连在一起的橙红色亮带，这就是角质层。

5. 黏液化细胞壁

黏液化细胞壁是细胞所含有的纤维素和果胶质等成分发生变化而成黏液质胶和树脂类物质，这类物质遇水膨胀并有部分溶解，所以在制片过程中要用乙醇装片观察。

取亚麻种子的横切面，置于载玻片上，滴加钌红试液 1～2 滴，盖片后置显微镜下观察，可见到被染成红色的种子外表皮即为黏液化细胞壁。

6. 矿质化细胞壁

取木贼或问荆茎一小段做纵切片或用镊子撕去棱脊处的表皮细胞，加水合氯醛透化后，用稀甘油封片，置显微镜下观察，可见矿质化细胞壁呈银灰色、锯齿状。也可用木贼茎或问荆茎粉末制片观察，效果相同。

此外，细胞壁所含的二氧化硅可溶于醋酸或浓硫酸，可用此种方法鉴别硅质是否存在，同时也是用于草酸钙和碳酸钙晶体区别的方法之一。

7. 胞间连丝

取马钱子或柿的胚乳作徒手切片，将切下的薄片置于载玻片上，用稀碘液染色后封片，放置数分钟后，置显微镜下观察，可见到胞间连丝被染成淡黄色。

【作业与思考】

1. 植物细胞的显微构造主要由哪几部分组成？
2. 质体有哪几种类型？它们的结构和功能之间有何关系？
3. 绘洋葱鳞片叶的内表皮细胞 2～3 个，并注明各部分。
4. 绘制马铃薯、半夏、浙贝母淀粉粒的形态图，并注明各部分。
5. 绘制桔梗或大丽菊的菊糖形态图。
6. 绘制所观察的各种草酸钙晶体形态图。
7. 绘制印度橡胶树叶片的钟乳体（碳酸钙晶体）的形态图。
8. 记述草酸钙晶体与碳酸钙晶体的鉴别方法。
9. 试述纤维素细胞壁、木质化细胞壁、木栓化细胞壁的显微化学反应鉴别方法。

第二章　植物的组织

【目的和要求】

1. 通过本实验掌握以下基本知识：

（1）掌握分生组织的类型、基本特征、植物体内存在位置等显微构造特点。

（2）掌握成熟组织的类型、基本特征、植物体内存在位置等显微构造特点。

（3）熟悉表皮与周皮、纤维与石细胞、导管与管胞、筛管与筛胞、分泌道与分泌腔等在构成、分布、鉴别等方面的异同点。

2. 通过本实验掌握以下基本技能：

（1）熟练使用显微镜观察植物显微构造的技能。

（2）植物表面制片、徒手切片、粉末制片的技能。

（3）拍摄植物各类组织的显微构造特征、绘制组织构造图的技能。

【仪器、用品、试剂】

显微镜、解剖针、镊子、刀片、载玻片、盖玻片、培养皿、吸水纸、稀甘油、蒸馏水、酒精灯、水合氯醛试剂、66%硫酸、浓硫酸、间苯三酚。

【实验内容】

本实验内容包括植物的分生组织、薄壁组织、保护组织、机械组织、输导组织、分泌组织的相关内容。

一、分生组织

分生组织是由许多具有分生能力的细胞构成，它位于植物的生长部位，进行细胞分裂，使植物不断生长。分生组织的细胞小，排列紧密，无细胞间隙，细胞壁薄，细胞质浓，细胞核大，无液泡。

【实验材料】

小麦（*Triticum aestivum* L.）、洋葱（*Allium cepa* L.）等根尖永久纵切片，椴树（*Tilia tuan* Szyszyl.）或桑（*Morus alba* L.）等茎的永久横切片。

【实验步骤】

1. 顶端分生组织

取小麦根尖纵切片观察，先在低倍镜下观察，确定根冠的位置，在位于根冠之后是一小团非常小、排列紧密的细胞，这些细胞就是顶端分生组织。转换高倍镜下观察可以清晰地看到较大的细胞核或正在进行分裂的染色体形态。随着位置不断向上移动，细胞将逐渐增大，开始出现了细胞的分化，通过仔细观察，并比较细胞形态的变化，可以辨别出原表皮层、基本分生组织和原形成层的大致位置（图2-1）。

2. 侧生分生组织

（1）形成层　在显微镜下观察椴树或桑茎永久横切片。在低倍镜下可以明显地观察到维管组织呈环状排列，其中木质部被染成红色，韧皮部被染成绿色，在木质部和韧皮部之间，可见几层扁平细胞呈环状排列，细胞略呈切向延长，这就是形成层，转换高倍镜下观察可清楚地看到，这几层切向延长的扁平细胞排列紧密，细胞壁薄。通常将这几层扁平的细胞称为形成

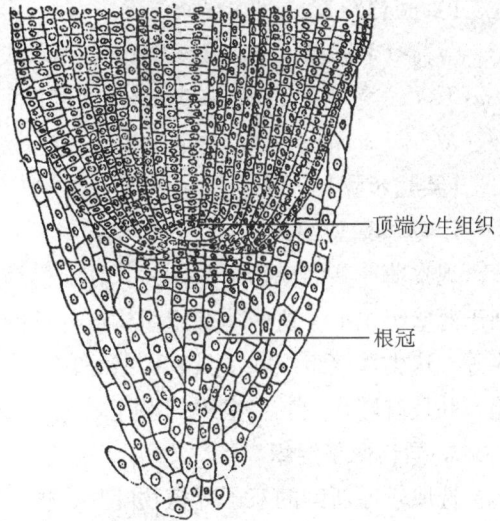

图2-1　小麦根尖的分生组织

层区，在这个区域不仅有形成层细胞，也包括了由形成层细胞刚刚分生出来的还未分化为木质部和韧皮部的细胞，由于细胞离形成层近，所以两者难以区别。在侧生分生组织两侧常有一个逐渐分化的过渡区，也是由未成熟的组织逐渐转化为成熟组织的区域。

（2）木栓形成层　在茎的最外层有几层略呈扁平的被染成棕红色或红褐色的死亡细胞，细胞壁较厚，排列整齐，无胞间隙，这几层细胞为木栓层细胞。在木栓层内有1~3层颜色淡而扁平的细胞就是木栓形成层，木栓形成层以及两侧刚刚分生出的未成熟的组织有与维管形成层相似的特征。侧生分生组织细胞多为切线延长，并进行切向分生活动，沿器官的径向增加细胞的层数。因此，侧生分生组织活动的结果可以使植物体的轴状器官不断增粗，这种生长称为增粗生长（图2-2）。

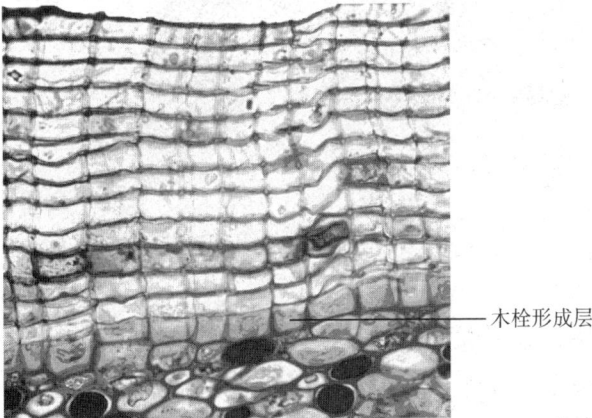

图2-2　椴树茎的侧生分生组织

二、薄壁组织

薄壁组织构成植物体各部分的基本组成成分，所以又称基本组织。细胞通常形状不同，有原生质体，液泡较大，常具细胞间隙，分布在植物体的各个部分，如根和茎的皮层、髓、髓射线，叶的叶肉组织，果实的果肉，种子的胚乳等。根据结构和生理功能的

不同，又常将薄壁组织分为不同类型。

【实验材料】

薄荷（*Mentha haplocalyx* Briq.）茎永久横切片及新鲜植物叶片，灯心草（*Juncus effusus* L.）、美人蕉（*Canna indica* L.）叶柄，马铃薯（*Solanum tuberosum* L.）块茎，蓖麻（*Ricinus communis* L.）种子以及培养的新鲜根尖等。

【实验步骤】

1. 基本薄壁组织

观察薄荷茎的横切永久制片，在显微镜下可以看到许多大小不等的维管束呈环状排列于薄壁组织中，这些薄壁组织构成外部的皮层和中间的髓部，以及维管束之间的髓射线等。这类薄壁组织除了具有贮藏、输导作用外，还具有填充和使组织间彼此联系等功能，并且有转化为分生组织的潜能（图2-3）。

2. 同化薄壁组织

选取较厚新鲜的双子叶植物叶片，做徒手横切水装片在显微镜下观察。通常在上表皮之下有许多排列整齐的柱状细胞，在下表皮之上可观察到几层近等径的细胞，这些细胞壁薄，具有明显的细胞间隙，细胞均含有大量绿色的球状叶绿体，这种含有叶绿体的薄壁组织能进行光合作用，制造有机物质，称为同化组织（图2-4）。

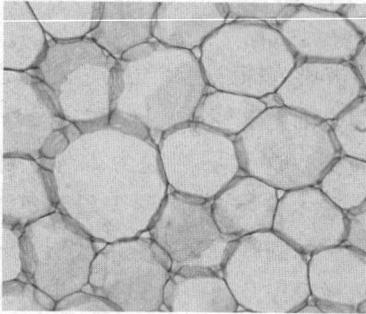

图2-3　基本薄壁组织（薄荷茎髓部）

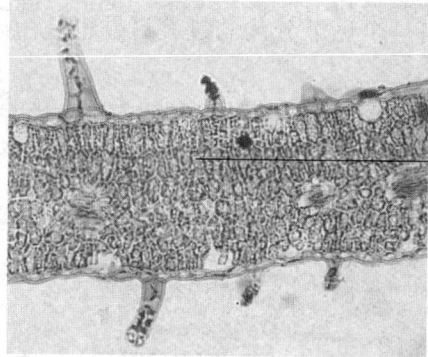

图2-4　同化薄壁组织（翼齿六棱菊叶片）

3. 贮藏薄壁组织

取新鲜马铃薯块茎，做徒手横切装片在显微镜下观察，可见到许多较大的薄壁细胞中贮藏大量的淀粉粒，如用稀碘液染色，细胞内的淀粉粒将被染成蓝黑色。取蓖麻种子，做徒手横切装片在显微镜下观察，也可见到许多较大的薄壁细胞中贮藏大量的糊粉粒。这些含有淀粉粒、糊粉粒以及脂肪等的薄壁组织称为贮藏薄壁组织（图2-5）。

4. 通气薄壁组织

取灯心草的茎和美人蕉的叶柄材料，徒手横切水装片在显微镜下观察。可见到许多薄壁细胞呈"星芒状"每一个细胞均具几个指状突起，或呈分枝状，各细胞的分枝相互连接，围成了很大的腔隙，这些腔隙在植物体内形成了相互联系的系统，利于气体的流通，这种组织称为通气薄壁组织（图2-6）。

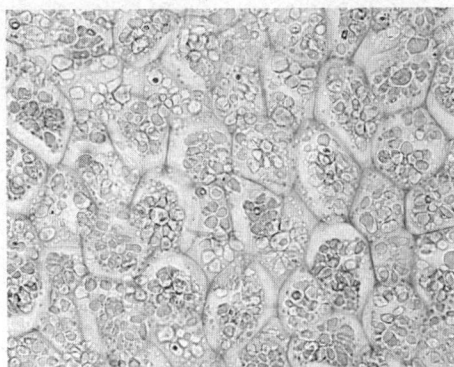

图2-5 贮藏薄壁组织（蓖麻种子子叶）

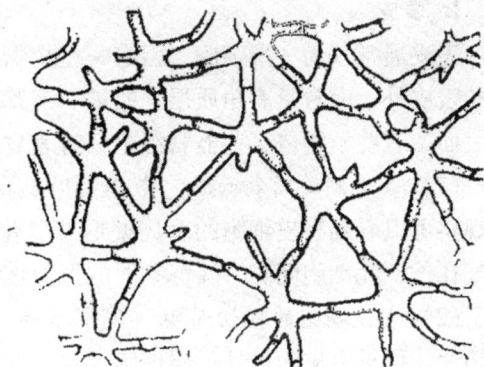

图2-6 通气薄壁组织（灯心草茎）

5. 吸收薄壁组织

在立体解剖镜下观察处理干净的培植根尖，在距根最顶端几毫米的位置，可看到一些由表皮细胞向外突起而形成的根毛，根毛的形成加大了植物根与土壤接触的表面积，增大了吸收面积，这种组织称为吸收薄壁组织（图2-7）。

三、保护组织

保护组织位于植物体各器官的表面，由一层至数层细胞构成，通过控制气体交换、防止水分过度蒸腾和外界各种侵害，对植物体进行保护。根据其来源的构成的不同，保护组织分为初生保护组织（表皮）和次生保护组织（周皮）两类。保护组织及其附属物的形态特征常作为植物鉴别的重要依据。

图2-7 吸收薄壁组织（大豆根毛）

【实验材料】

菊花〔*Dendranthema morifolium*（Ramat.）Tzvel.〕叶、茵陈蒿（*Artemisia capillaris* Thunb.）叶、石韦〔*Pyrrosia lingua*（Thunb.）Farwell.〕叶、胡颓子（*Elaeagnus pungens* Thunb.）叶、洋地黄（*Digitalis purpurea* L.）叶、忍冬（*Lonicera japonica* Thunb.）花冠、石竹（*Dianthus chinensis* L.）叶、薄荷（*Mentha haplocalyx* Briq.）或唇形科其他植物的叶、落葵（*Basella rubra* L.）叶、茜草（*Rubia cordifolia* L.）叶、菘蓝（*Isatis indigotica* Fortune）叶、龙葵（*Solanum nigrum* L.）叶、毛茛（*Ranbunculus japonicas* Thunb.）叶、细辛（*Asarum sieboldii* Miq.）叶、茶〔*Camellia sinensis*（L.）O. Kuntze〕叶、淡竹〔*Phyllostachys nigra*（Lodd.）Munro var. *henonis*（Mitf.）Stapf ex Rendle〕叶等下表皮制片，松（*Pinus massoniana* Lamb.）茎纵、横切片，甘草（*Glycyrrhiza uralensis* Fisch）根等。

【实验步骤】

1. 表皮

表皮通常仅为一层细胞，但有一些植物形成复表皮，有些单子叶植物形成根被。除根的表皮外，通常具有角质层、蜡被、毛茸、气孔等附属物。表皮存在于植物幼嫩部位的表面，有些植物或某些器官终生只有表皮。

（1）表皮细胞的表面观　取落葵叶或薄荷叶等，撕取叶片表皮用水装片，显微镜下观察可以看到表皮细胞的垂周壁形态变化较大，多为不规则波状等，彼此紧密嵌合，除气孔外，无细胞间隙，除气孔器的保卫细胞外，细胞不含叶绿体，呈无色透明状。

（2）表皮细胞的横切面观　观察石斛茎的横切永久制片，或其他幼茎、叶等的徒手切片，可见表皮为最外一层细胞，这层细胞排列整齐而紧密，细胞多为长方形，外壁通常增厚并角质化形成一层明显的角质层。

2. 气孔（器）

观察植物叶表面制片时，可看到一些星散或有规律分布的气孔，选择一个清楚的气孔做进一步细致观察。双子叶植物的每一个气孔器是由两个半月形的细胞对合而成，中间有一缝隙，称为气孔，这个半月形细胞称为保卫细胞。靠近保卫细胞的表皮细胞，在大小和排列上，常与其他表皮细胞不同，这些细胞称为副卫细胞。许多单子叶植物的保卫细胞呈哑铃状。在高倍镜下观察，将会看到保卫细胞有较大的细胞核，细胞质也较丰富，与其他表皮细胞明显不同的是保卫细胞还具有大量的叶绿体，并且细胞壁薄厚不均，靠近孔隙的细胞壁增厚。另外，根据植物种类的不同，还会看到有的气孔与表皮细胞在同一平面，而有的气孔保卫细胞低于表皮细胞等（图2-8）。

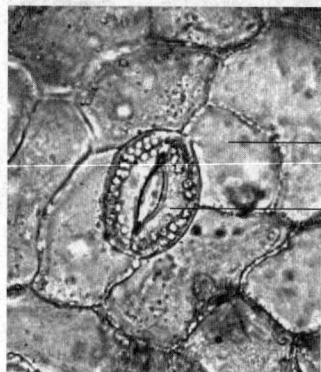

图2-8　气孔器构造（洋铁酸模）

副卫细胞

保卫细胞

保卫细胞与副卫细胞的不同排列方式表现了气孔轴式的多样性，常见的双子叶植物气孔轴式有以下几种类型：

（1）直轴式气孔　用石竹叶或薄荷叶片作实验材料，撕取叶片的下表皮制作临时表面装片，在显微镜下可以看到两个半月形保卫细胞和与其相连的两个副卫细胞的长轴垂直。另外，还应注意观察副卫细胞的特征以及与其他的表皮细胞有何不同。

（2）平轴式气孔　撕取落葵或茜草叶片的下表皮制作临时表面水装片，镜下可以观察两个副卫细胞长轴与气孔长轴平行。注意和石竹叶的气孔类型不同。

（3）不等式气孔　撕取菘蓝或龙葵叶片的下表皮制作临时水装片，镜下可以观察到保卫细胞周围有3~4个副卫细胞，大小不同，其中一个特别小。

（4）不定式气孔　撕取菊花、毛茛或细辛叶片的下表皮制片观察，可见到保卫细胞周围副卫细胞数目不定，但其大小基本相同。注意与不等式相比较观察，找出两类型有何不同。

（5）**环式气孔** 反复用水合氯醛液透化或直接撕取茶叶的表皮，然后制片观察，气孔周围的副卫细胞数目不定，细胞形状均沿保卫细胞切线延长，呈环状排列在气孔周围。

另取淡竹叶等禾本科植物叶下表皮制片观察，其气孔是由两个哑铃形保卫细胞围合而成，保卫细胞的两端略呈圆球形，细胞壁较薄，而中间部分的细胞壁较厚，两边各有一个略呈三角形的副卫细胞（图2-9）。

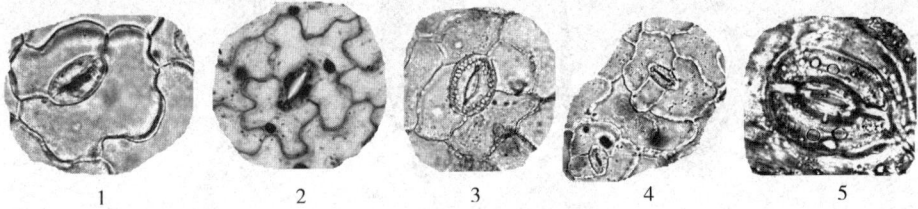

图2-9 气孔的类型

1. 平轴式（落葵） 2. 直轴式（薄荷） 3. 不定式（白菜） 4. 不等式（菘蓝） 5. 环式（茶）

3. 毛茸

毛茸为表皮上常见的附属物，常可分为腺毛和非腺毛两类，其中腺毛是可以分泌黏液、树脂、挥发油等物质并有腺头和腺柄之分的毛茸。

（1）**腺毛** 取金银花花冠一小片，经水合氯醛液透化后制片观察，也可直接取金银花叶下表皮制片观察。可看到许多具有多细胞腺头的腺毛，有的腺头呈橄榄球状，有的腺头呈三角形状等，腺柄也由多细胞组成。另取车前叶片的表皮细胞制片观察，可看到许多较小的腺毛呈保龄球状或瓶状等。

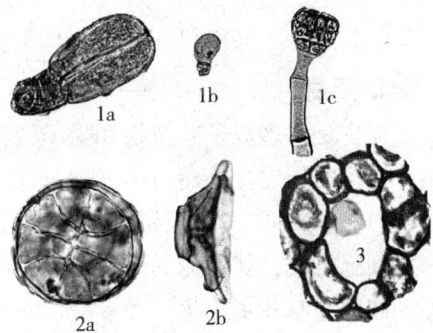

图2-10 腺毛和腺鳞

1. 腺毛（1a 车前，1b 薄荷，1c 金银花）

2. 腺鳞（薄荷，2a 顶面观，2b 侧面观）

3. 间隙腺毛（粗茎鳞毛蕨）

另取薄荷叶（或唇形科某一植物的叶）的表皮制片观察，可见由8个分泌细胞呈辐射状排列形成的腺头，侧面观为扁球形，具明显的角质层，极短的腺柄由单细胞组成，腺鳞周围的表皮细胞多呈放射状排列（图2-10）。

（2）**非腺毛** 非腺毛广泛存在于植物体的表面，种类极多，形态变化较大，不能分泌物质。

在以上所观察的金银花、薄荷、车前等植物体的表面都可同时观察到大量的非腺毛。如金银花的非腺毛是由单细胞组成，较长，从基部向上逐渐变细，呈牛角状弯曲；薄荷叶表面的非腺毛是由多细胞组成，也常呈牛角状弯曲。这些单细胞和多细胞组成的单列非腺毛是较为常见的类型，多种植物体的表面都可看到，此外也有多种形态和结构更为复杂的类型。

取茵陈叶片，撕取表皮细胞或刮取表皮制片观察，可看到许多丁字形的非腺毛，其两臂不等长，壁厚，基部仅有 1~3 个细胞。

取石韦叶片，用刀片刮取叶背毛茸，加 1 滴蒸馏水制片观察，可见许多放射状星状毛。

鳞毛：取胡颓子叶片，用刀片刮取叶表面银白色毛茸制片观察，可看到由许多小鳞片组成的放射状鳞毛（图 2－11）。

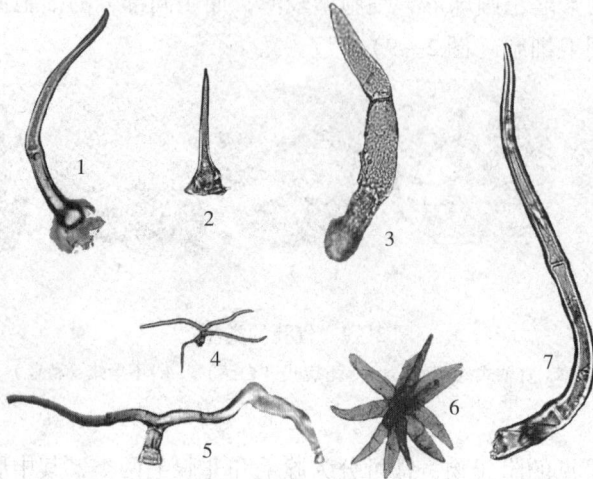

图 2－11　各种非腺毛

1. 薄荷　2. 葎草　3. 白花曼陀罗　4. 密蒙花　5. 艾叶　6. 石韦　7. 广藿香

4. 周皮

周皮是许多双子叶植物和裸子植物的根和茎经次生生长形成的，代替表皮起保护作用。典型的周皮自外而内由三部分（木栓层、木栓形成层和栓内层）组成。

（1）横切面　取椴树或桑茎横切永久制片，可见木栓形成层由被染成淡红褐色的一层细胞组成，其外侧的多层细胞为木栓层，这些细胞整齐而紧密地排列，无细胞间隙，细胞壁厚并木栓化，大多呈切向延长。木栓形成层以内是栓内层，由一些薄壁细胞组成，有时细胞大小、形态不同，具细胞间隙。茎的栓内层细胞常含有叶绿体，所以又称为绿皮层。

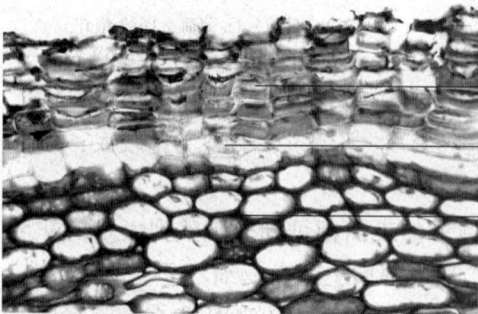

图 2－12　周皮构造（清风藤）

1. 木栓层　2. 木栓形成层　3. 栓内层

（2）表面观　取马铃薯块茎表面的栓皮制片，也可取甘草根用刀片沿木栓层表面纵切其极薄片，经水合氯醛液透化后加 1 滴稀甘油封片，也可加苏丹Ⅲ试剂经加热后观察。从表面观察木栓细胞为多角形，彼此排列紧密，无细胞间隙，细胞壁厚，经苏丹Ⅲ染色后可见细胞壁呈橘红色（图 2－12）。

四、机械组织

机械组织是植物体内具有支持和巩固作用的组织，其共同特征是具有不同程度增厚的细胞壁，存在于植物体的各部分。根据细胞的结构、形态以及细胞壁增厚方式与程度的不同，分为厚角组织和厚壁组织两大类。

【实验材料】

接骨木（*Sanbucus williamsii* Hance）幼茎横切永久制片、薄荷（*Mentha haplocalyx* Briq.）茎或豚草（*Ambrosia artemisifolia* Linn.）茎、黄芩（*Scutellaria baicalensis* Georgi）粉末、厚朴（*Magnolia officinalis* Rehd. et Wils.）粉末、黄柏（*Phellodendron amurense* Rupr.）粉末、肉桂（*Cinnamomum cassia* Presl）粉末。

【实验步骤】

1. 厚角组织

厚角组织可存在于植物的幼茎和叶柄，特别是棱角处更为多见。厚角组织细胞是生活细胞，它们的特点是细胞壁呈不均匀的增厚，这些细胞壁主要由纤维素组成，细胞壁具弹性而硬度不强。根据其增厚的位置不同，可分为真厚角组织、片状厚角组织和腔隙厚角组织。

（1）**真厚角组织** 取新鲜的薄荷茎（或芹菜叶柄）为实验材料，作徒手横切片，因厚角组织分布在茎的四个角处，所以不考虑切下的材料是否完整，只包括一个棱角即可，但要求所切下来的材料要薄，有透明度才可。将切下的材料放在载玻片上加稀碘液和66%硫酸，然后封片观察，可见茎的棱角处细胞壁被染成淡蓝色，细胞的角处增厚明显，细胞腔略呈菱形。如用高倍镜认真观察，细胞内可看到原生质体存在，证明其为生活细胞（图2-13）。

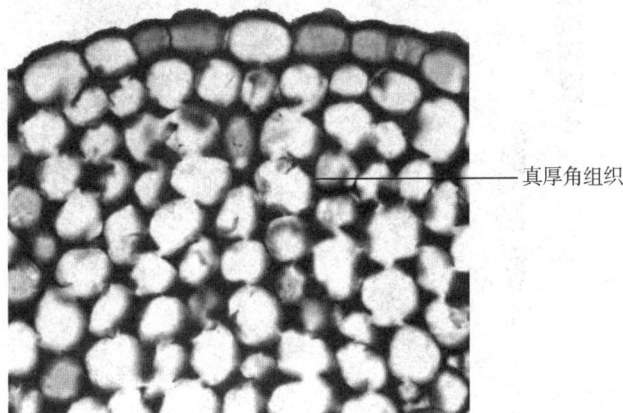

图2-13 真厚角组织（薄荷茎）

（2）**片状厚角组织** 观察接骨木幼茎横切永久制片，在皮层薄壁组织中可以看到一些仅在切向壁增厚的细胞，这类细胞称为片状（板状）厚角组织。

（3）**腔隙厚角组织** 腔隙厚角组织和真厚角组织很相似，有时可同时存在于同一种植物的同一部位。取徒手横切片，可在皮层中看到许多细胞角处壁增厚明显，但不同于真厚角组织的是有胞间隙，这便是腔隙厚角组织。

2. 厚壁组织

厚壁组织细胞的特征是细胞壁全面显著的木质化增厚，常见层纹和纹孔，成熟的细胞腔小，通常为死亡细胞。根据其形态不同又可分为纤维和石细胞，纤维通常比石细胞要长得多，但也有许多中间类型。

（1）纤维　纤维最显著的特征是细长的细胞，细胞壁为纤维素或木质素增厚，通常成束存在。

取黄芩粉末少许置于载玻片上，加水合氯醛试液透化后再加间苯三酚和浓硫酸各一滴，然后封片在显微镜下观察。因粉末中许多纤维细胞壁均为木质素增厚，遇间苯三酚和浓硫酸后都可被染成淡红色或樱红色。镜下观察到的纤维多成束存在，每一细胞均呈长梭形，两端尖锐，彼此扦插，胞腔狭窄，壁均匀加厚，高倍镜下可看到未增厚的纹孔和纹孔沟。

另取黄柏粉末按上述方法制片观察，可见许多纤维束周围的薄壁细胞中含有草酸钙方晶，称为晶纤维。

上述两张制片均取于药材粉末，因纤维很长，在粉末中通常被破坏，如果要观察一个完整的纤维，测出纤维的长度，就必须用解离的方法。如将黄柏饮片用试剂预先解离后，再按上述方法进行，也可直接用稀甘油封片观察（图2-14）。

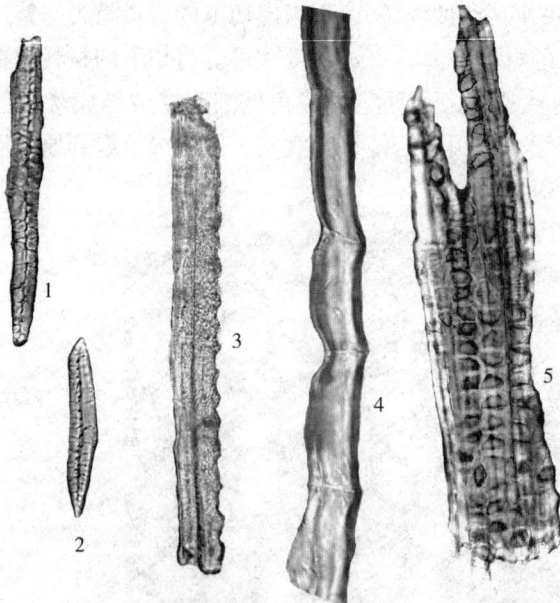

图2-14　纤维类型

1. 纤维（丹参）　2. 纤维（黄芩）　3. 砂晶纤维（麻黄）
4. 分隔纤维（姜）　5. 方晶纤维（黄柏）

（2）**石细胞**　石细胞广泛分布于植物体，并有各种各样的形状，这些细胞有较厚的次生壁并强烈地木质化，有许多单纹孔或分枝的纹孔沟。因石细胞形态变化较大，分布又普遍，常被作为中药显微鉴定的重要依据。

取厚朴药材粉末少许，经水合氯醛试液透化后制片观察，可见石细胞成群或分散存在，石细胞多呈分枝状，细胞壁和纹孔沟清晰。因石细胞的细胞壁为木质素增厚，也可用间苯三酚和浓硫酸染色后观察。

另取肉桂粉末制片观察，可见石细胞为类圆形、类方形或三角形等，细胞壁常三面增厚，一面略薄（图 2 - 15）。

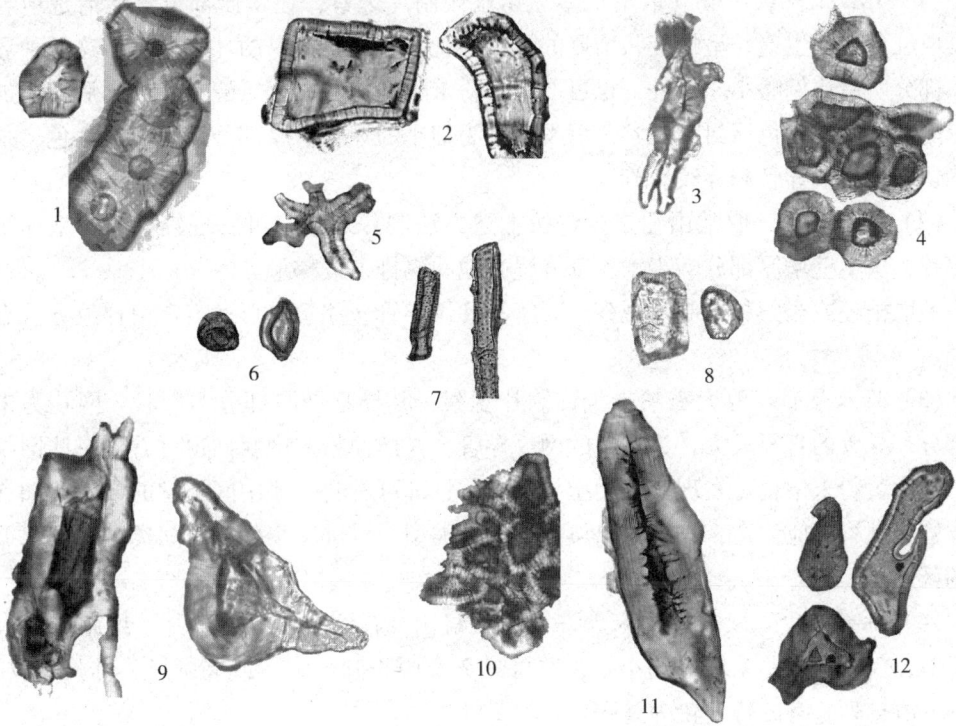

图 2 - 15　石细胞类型

1. 梨　2. 草乌　3. 厚朴　4. 白豆蔻（种皮）5. 茶叶　6. 乌梅　7. 麦冬
8. 肉桂石细胞　9. 黄柏　10. 五味子　11. 白鲜皮　12. 柏子仁（含草酸钙方晶）

五、输导组织

【实验材料】

松（*Pinus massoniana* Lamb.）茎纵切永久制片、南瓜〔*Cucurbita moschata*（Duch.）Poiret〕茎纵切永久制片、马兜铃（*Aristolochia debilis* Sieb. et Zucc.）茎横切永久制片、半夏〔*Pinellia ternata*（Thunb.）Breit.〕块茎粉末、桔梗〔*Platycodon grandiflorum*（Jacq.）A. DC.〕根粉末、常山（*Dichroa febrifuga* Lour.）根粉末、当归〔*Angelica sinensis*（Oliv.）Diels〕根粉末、大黄（*Rheum officinale* Baill.）根及根茎粉末、甘草（*Glycyrrhiza uralensis* Fisch.）根及根茎粉末、粗茎鳞毛蕨（*Dryopteris crassirhizoma* Na-Kai）叶柄残基解离组织。

【实验步骤】

1. 导管

导管是被子植物和少数裸子植物的输导组织，是由多数纵长的管状细胞通过端壁的穿孔连接而成，每一管状细胞称为导管分子，细胞壁木质化增厚，形成各种纹理或纹孔，为中药材鉴定的重要依据。

（1）环纹及螺纹导管　取南瓜茎纵切永久制片观察，在木质部位置能清楚地看到被染成红色的次生壁、呈螺旋状增厚的螺纹导管和呈环状增厚的环纹导管，这两种导管增厚部分所占比例略小。另外，也可取半夏粉末少许，经水合氯醛试液透化后，再加间苯三酚和浓硫酸染色后封片观察，可发现较为细小的导管增厚部分被染成淡红色，很容易确认出为螺纹导管和环纹导管。

（2）梯纹导管　取常山粉末少许按上述方法制片观察，可发现较小的典型梯纹导管碎片，次生壁增厚部分与未增厚部分整齐地间隔排列成梯形。

另取桔梗或当归粉末制片观察，观察其梯纹导管，注意其形态与常山梯纹导管有何不同。

（3）网纹导管　取大黄粉末少许制片观察，其导管增厚部分为网状，网孔为未增厚部分，导管的直径较大，为典型的网纹导管。在桔梗粉末中我们也可看到一些网纹导管，在大黄粉末中也可发现其他类型导管，并且都可看到一些中间类型的导管，如梯网纹导管，观察时应注意，先确认出典型的导管类型，再进一步区分中间类型，找出彼此间的区别。

（4）孔纹导管　取甘草粉末少许制片观察，可看到很多导管碎片，细胞壁绝大部分增厚，仅留下一些未增厚的小孔，并可见2个同心圆，圆形或椭圆形，称具缘纹孔，有的分散排列，有的排列较为整齐。

导管在中药显微鉴别中，特别是在药材粉末鉴别中有重要意义，除上述典型的几种外还有许多中间类型。另外，上述实验中所观察到的导管除了螺纹和环纹外，大都以碎片方式出现，这是因为这几种导管直径较大，粉碎时不易将其完整保存下来，所以如果要观察导管的整体形态，更准确地测出其长度和直径，还必须制作药材解离装片（图2-16）。

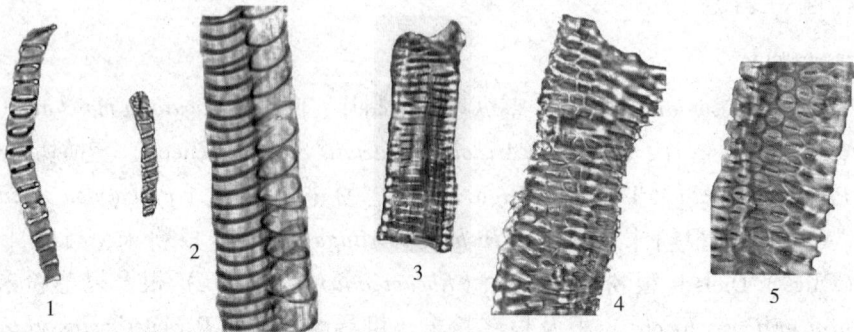

图 2-16　导管类型

1. 环纹导管（南瓜）　2. 螺纹导管（南瓜）　3. 梯纹导管（当归）　4. 网纹导管（大黄）　5. 孔纹导管（甘草）

2. 管胞

管胞是蕨类植物和大多数裸子植物的输导组织，也具有支持作用，在被子植物的某些器官如叶柄、叶脉中也可存在，但不是主要的输导组织。与导管相似的特征是管胞也是长管状的死细胞，细胞壁次生加厚并木质化，形成各种加厚纹理，如环纹、螺纹、梯纹、网纹、孔纹及中间类型。与导管主要的区别是管胞两端尖斜，末端不形成穿孔，管胞相互连接成束，通过侧壁上的纹孔输导水分等。

观察松茎纵切永久制片，可以看到木质部主要由两端尖没有穿孔的长管状细胞组成，这些细胞就是管胞，管胞彼此扦插并紧密排列，壁较厚，木质化，被染成红色。管胞壁上有许多具缘纹孔，在高倍镜下可见到 3 个同心圆，其外圈是纹孔腔的边缘，内圈是纹孔口的边缘，中间一圈是纹孔塞的边缘。

在药材粉末中，有时导管和管胞很难区分，要准确识别管胞必须制作解离装片观察。

取已解离好的粗茎鳞毛蕨叶柄残基制作组织装片观察，进一步掌握单个管胞分子的形态特征，并与导管分子相区别（图 2 - 17）。

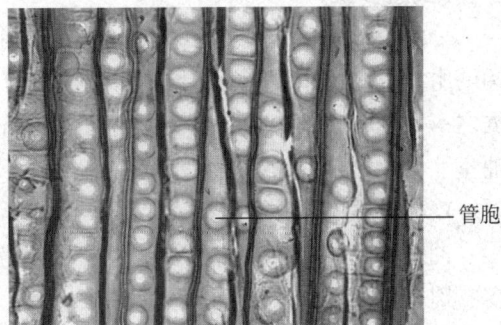

图 2 - 17　管胞（松茎纵切面）

3. 筛管和伴胞

筛管和伴胞是存在于韧皮部中输导有机养料的管状分子，其为生活细胞，细胞壁主要由纤维素构成，增厚不明显，伴胞较小，细胞质浓，细胞核较大，位于筛管旁边。

观察天仙藤茎横切永久制片，在韧皮部中可见到多边形的筛管和与其伴生的三角形或长方形的小型细胞为伴胞。转换高倍镜观察筛板的特征，可见有筛孔分布于筛板上。

取南瓜茎纵切永久制片观察，在韧皮部中可以看到许多轴向延长的管状细胞，有些细胞内可见到漏斗状的联络索与筛管的上、下端壁相连，并在端壁上可见到许多小孔，这个管状细胞即为筛管，端壁上的小孔即是筛孔。在筛管的旁边有时可见到更为细小、着色较深的细胞为伴胞（图 2 - 18）。

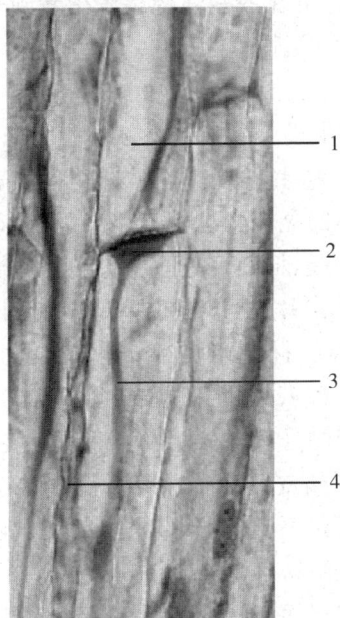

图 2 - 18　筛管和伴胞（南瓜茎）
1. 筛管　2. 筛板　3. 联络索　4. 伴胞

六、分泌组织

【实验材料】

姜（*Zingiber officinale* Rosc.）根茎、丁香（*Eugenia caryophyllata* Thunb.）花蕾、桔梗〔*Platycodon grandiflorum*（Jacq.）A. DC.〕根、蒲公英（*Taraxacum mongolicum* Hand. – Mazz.）根的解离材料、厚朴（*Magnolia officinalis* Rehd. et Wils）树皮粉末、橘（*Citrus reticulata* Blanco）果皮永久制片、小茴香（*Foeniculum vulgare* Mill.）果实横切永久制片、松（*Pinus massoniana* Lamb.）茎横切永久制片。

【实验步骤】

分泌组织是指能分泌挥发油、蜜汁、乳汁、树脂等物质的细胞构成具有一定形态结构的组织。分泌组织形态多样，广泛分布于植物体的各个部分，也是中药鉴定常用的依据之一，通常将其分成外部分泌组织和内部分泌组织两类，内部分泌组织包括油细胞、油室、油管、树脂道、乳汁管等。

1. 油细胞

油细胞是单个存在的分泌组织，常分散于植物体基本组织中，如姜的根茎、厚朴皮、肉桂皮等。

取鲜姜根茎作徒手切片，选取薄的材料装片观察，在基本薄壁组织中可以看到一些较大的、金黄色的圆形细胞，与其他薄壁细胞明显不同，这就是油细胞。油细胞内含挥发油，如用苏丹Ⅲ染色，可使其变成橙黄色。

另取厚朴粉末用水合氯醛装片（不加热）观察，也可在一些薄壁组织中看到较大的类圆形油细胞，其细胞壁略有增厚并常木质化，内含分泌物呈棕黄色。

2. 油室（分泌腔）

因油室形成的方式和构造不同，可分为溶生式和裂生式。

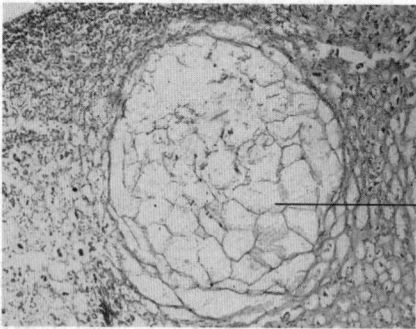

图 2 – 19 溶生式油室构造（陈皮）

（1）*溶生式油室*　柑橘类果皮表面可以看到的亮点，也就是略凹陷的点处，在其下便是油室。在显微镜下观察橘皮横切永久制片，可以看到果皮中有许多大小不等的椭圆形腔室，也就是油室，周围是一些残破的细胞壁，由于制片过程中试剂的处理，分泌物几乎不存在了。如用新鲜橘皮制作徒手切片，效果会更好，不但可看到破碎的分泌细胞，还有大量的分泌物存在（图 2 – 19）。

（2）*裂生式油室*　取丁香花蕾的花瓣碎片，经水合氯醛透化后制片观察，可以看到有一圈分泌细胞围合而成的油室。这些分泌细胞略小，色浓，排列整齐紧密，与溶生式油室明显不同。

3. 油管

油管是由多数分泌细胞形成的管道，油管通常沿轴向分布于植物器官内，横切面与裂生式分泌腔相似，但纵切面观呈管状，分泌物储存于管道中，如分泌物为挥发油，则成为油管。

取小茴香果实横切永久制片观察，在果皮的腹面有 2 个油管，果皮背部每 2 个主棱之间凹陷处各有 1 个油管，油管呈椭圆形，每一油管周围均有一层较小的分泌细胞紧密排列，通常为棕红色，这层分泌细胞也称为上皮细胞。

4. 树脂道

树脂道的结构近似于油管，为松柏类植物常见的分泌组织。

取松树茎横切永久制片观察，可看到许多由一层分泌细胞（上皮细胞）围成的腔隙。有时还有树脂存在，即为树脂道。树脂道的上皮细胞较小，细胞质浓，排列紧密（图 2 - 20）。

5. 乳汁管

乳汁管是由 1 个或多个细长分枝的独特分泌细胞形成，主要存在于一些被子植物组织中，当这些植物体的某一器官被折断或割裂时就会有乳汁流出。取桔梗根制作径向纵切片，在镜下可以看到在韧皮部附近有许多颜色较暗呈网状分支的长形细胞穿插于基本组织中，这就是乳汁管，如加苏丹Ⅲ试液 1 滴并加热，可使乳汁管染成橙红色。

取蒲公英根纵切片或将蒲公英的根经解离处理后，在镜下可以看到更为清楚完整的分枝状乳汁管，并可看出乳汁管内含有大量的分泌物（图 2 - 21）。

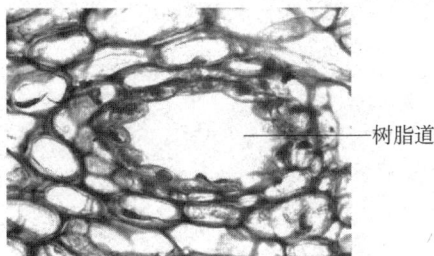

图 2 - 20　松茎树脂道构造

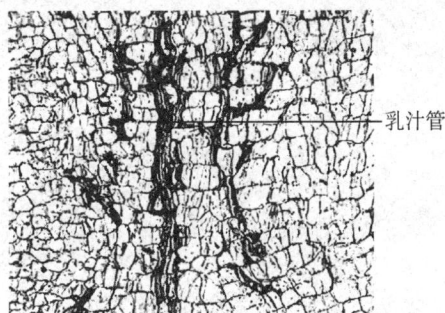

图 2 - 21　蒲公英乳汁管

在含有乳汁管的植物粉末中其特征也较为显著，常用来作为药材显微鉴定依据，如桔梗根粉末中的乳汁管常相互连接，管中含有黄色油滴样颗粒状物，党参乳汁管多呈碎片状等。

【作业与思考】

1. 绘制小麦或洋葱根尖顶端分生组织图，并注明各部分。
2. 绘制椴树或桑茎的详图，并且注明木栓形成层、形成层。
3. 绘制气孔类型图，并注明各部分。
4. 绘制腺毛、腺鳞和非腺毛图。
5. 绘制椴树茎次生保护组织和甘草木栓组织表面观图。

6. 绘制黄芩纤维和黄柏晶鞘纤维图。

7. 绘制厚朴和肉桂的石细胞图。

8. 绘制所观察的几种厚角组织图。

9. 绘制所观察的导管、管胞形态图。

10. 绘制南瓜茎纵切片中筛管、伴胞形态图。

11. 绘制所观察的油细胞、油室、油管、树脂道形态图。

12. 绘制桔梗及蒲公英乳汁管形态图。

第三章　根、茎、叶的外部形态

【目的和要求】

1. 通过本实验掌握以下基本知识:

（1）掌握植物根、茎、叶的基本组成及其形态特征。

（2）熟悉直根系和须根系的鉴别特征，了解根的类型与根系类型的相关性。

（3）熟悉茎在外形上与根的区别、茎的类型及其特征、地下茎的变态类型及其特征，了解茎卷须和叶卷须、枝刺与叶刺及皮刺在生长部位和特征上的区别。

（4）掌握叶的组成及其各部分的特征，熟悉叶序和复叶的类型及其鉴别特征，了解托叶和叶的变态类型及其鉴别意义。

2. 通过本实验掌握以下基本技能:

（1）记述植物根、茎、叶外形特征的技能。

（2）拍摄根、茎、叶形态照片和绘制其形态图的技能。

【仪器、用品、试剂】

镊子、刀片、解剖针等。

【实验内容】

本实验的主要内容包括：根、茎、叶的形态，根、茎、叶的变态类型。

一、根的形态

【实验材料】

蒲公英（*Taraxacum mongolicum* Hand. – Mazz.）、人参（*Panax ginseng* C. A. Mey.）、桔梗〔*Platycodon grandiflorum*（Jacq.）A. DC.〕浸制标本；何首乌（*Polygunum multiflorum* Thunb.）、麦冬〔*Ophiopogon japonicus*（L. f.）Ker – Gawl.〕、天门冬〔*Asparagus cochinchinensis*（Lour.）Merr.〕、百部〔*Stemona sessilifolia*（Miq.）Miq.〕薏苡〔*Coix lacryma – jobi* L. var. *ma – yuen*（Roman.）Stapf〕、玉米（*Zea mays* L.）、葱（*Allium fistulosum* L.）、浮萍（*Lemna minor* L.）植物标本；菟丝子（*Cuscuta chinensis* Lam.）、桑寄生〔*Taxillus sutchuenensis*（Lecomte）Danser〕或槲寄生（*Viscum album* L.）带寄主的标本；常春藤〔*Hedera nepalensis* var. *sinensis*（Tobl.）Rehd〕、络石〔*Trachelospermum jasminoides*（Lindl.）Lem.〕或薜荔（*Ficus pumila* L.）标本；吊兰〔*Chlorophytum comosum*（Thunb.）Baker〕、石斛（*Dendrobium nobile* Lindl.）标本。

【实验步骤】

1. 根系

（1）直根系　观察蒲公英、人参、桔梗的根系，可见主根粗大发达和侧根的界限非常明显，从标本上区别出主根、侧根和纤维根。

（2）须根系　观察麦冬、葱的根系，可见主根不发达，从茎的基部节上生长出许多大小、长短相似的不定根，簇生呈胡须状，没有主次之分。

2. 根的变态

根由于长期适应生活环境的变化，常常形成以下类型的变态：

（1）块根　观察何首乌、麦冬、天冬或百部等植物的根，可见何首乌主根、侧根的一部分膨大成块状，麦冬、天门冬不定根的中部或先端膨大，形成纺锤状块根，百部的块根呈纺锤形，数个或数十个成束。

（2）支持根　观察薏苡、玉米，可见茎基部的节上生长有许多不定根，主要起加强、固定、支持作用。

（3）气生根　观察吊兰、石斛露在空气中的不定根。

（4）寄生根　观察带有寄主的菟丝子、桑寄生或槲寄生标本，注意它们的根均伸入寄主的茎内，其中菟丝子不含叶绿体，完全不能制造养料，为全寄生植物；桑寄生或槲寄生自身含叶绿体，可以制造一部分养料，为半寄生植物。

（5）攀援根　观察常春藤、络石或薜荔，注意由茎上产生能攀附他物的不定根。

（6）水生根　观察浮萍漂浮于水中的不定根。

【作业与思考】

1. 主根、侧根、不定根的来源有何不同，它们与根系的形成有何关系？

2. 根的变态类型有哪些？在药用植物和中药材鉴别上有何意义？

3. 绘制直根系和须根系形态图。

4. 绘制不同类型块根的形态图。

二、茎的形态

【实验材料】

三年生木本植物核桃（*Juglans regia* L.）、吴茱萸〔*Evodia rutaecarpa*（Juss.）Benth.〕、厚朴（*Magnolia officinalis* Rehd. et Wils.）等的枝条；苹果（*Malus pumila* Mill）、银杏（*Ginkgo biloba* L.）或油松（*Pinus tabulaeformis* Carr.）或马尾松（*Pinus massoniana* Lamb.）的长短枝；天门冬〔*Asparagus cochinchinensis*（Lour.）Merr.〕或文竹〔*Asparagus setaceus*（Kunth）Jessop〕、栝楼（*Trichosanthes kirilowii* Maxim.）、丝瓜〔*Luffa cylindrica*（L.）M. Roem.〕、葡萄（*Vitis vinifera* L.）的茎藤；山楂（*Crataegus pinnatifida* Bunge）、皂荚（*Gleditsia sinensis* Lam.）、枸橘〔*Poncirus trifoliata*（L.）Raf.〕的茎枝；姜（*Zingiber officinale* Rosc.）、玉竹〔*Polygonatum odoratum*（Mill.）Druce〕或黄精（*Polygonatum sibiricum* Delar. ex Redoute）、白茅〔*Imperata cylindrica*（L.）P. Beauv.〕的根状茎；马铃薯（*Solanum tuberosum* L.）、半夏〔*Pinellia ternate*（Thunb.）

Breit.〕的块茎；带珠芽的山药（*Dioscorea opposita* Thunb.）标本；荸荠〔*Eleocharis dulcis*（Burm. f.）Trin. ex Hensch.〕或小慈菇（*Sagittaria potamogetifola* Merr.）的球茎，洋葱（*Allium cepa* L.）、百合（*Lilium brownii* F. E. Brown ex Miellez var. *viridulum* Baker）或川贝（*Fritillaria cirrhosa* D. Don）或浙贝（*Fritillaria thunbergii* Miq.）的鳞茎；带珠芽的卷丹（*Lilium lancifolium* Thunb.）标本。

【实验步骤】

1. 茎的形态

（1）取三年生核桃、吴茱萸、厚朴带侧枝的枝条，观察其形态特征：

①节和节间：茎上着生叶的位置叫节，两节之间的部分叫节间。

②顶芽与腋芽（侧芽）：着生在枝条顶端的芽叫顶芽，着生在叶腋处的芽叫腋芽，亦叫侧芽。

③叶痕和芽鳞痕：叶痕是叶脱落后在茎上留下的疤痕。芽鳞痕是芽发育为新枝时，芽鳞脱落后留下的痕迹。常在茎的周围排列成环状。

④皮孔：为茎表面的裂缝状小孔，是茎与外界的通气结构，不同植物的皮孔形态不相同，可作为皮类药材鉴别依据之一。

（2）观察苹果、银杏或松（油松或马尾松）等具有长、短枝植物的枝条，注意区别它们的长枝与短枝。长枝节间较长，短枝的节间较短，生长很慢，一般果树只在短枝上开花结果，故也叫果枝。

2. 茎的变态

茎由于长期适应生活环境的变化，常形成以下变态类型：

（1）叶状枝　观察天门冬或文竹，注意茎扁化变态成绿色的叶状体，叶退化成鳞片状。

（2）枝刺　由腋芽发育而成，不易剥落，可观察山楂、皂荚或枸橘的刺。

（3）茎卷须　由茎端变态而来。丝瓜、栝楼的茎卷须在叶腋，葡萄的茎卷须是由顶芽形成的，然后腋芽代替顶芽继续发育，向上生长，使茎成为合轴式生长，因而将茎卷须挤到与叶相对的位置上。

（4）根状茎　多匍匐生长在土壤中，是很像根的一种地下茎。观察姜、玉竹或黄精、白茅或芦苇的根状茎，注意分辨节和节间、鳞片状退化的叶、顶芽、侧芽或茎痕。

（5）块茎　取马铃薯块茎观察，其上有顶芽，叶退化，脱落后留有叶痕，其腋部是凹陷的芽眼，每个芽眼内，可有1至多个腋芽萌发，注意其缩短的节间。

（6）球茎　为球形或扁球形的肉质地下茎。荸荠和慈菇的球茎系由地下侧枝末端膨大而形成。

（7）鳞茎　观察洋葱头纵剖面，可见其圆盘状的地下茎，节间极度缩短，称鳞茎盘，注意在其上面可见顶芽、鳞片叶、腋芽。观察贝母（川贝或浙贝）的鳞茎，注意其鳞叶较肥厚。

（8）小块茎或小鳞茎　均由地上茎的腋芽变态而成，观察山药（小块茎）和卷丹（小鳞茎）标本。

【作业与思考】

1. 松、银杏等的长枝和短枝如何鉴别?

2. 绘核桃、吴茱萸、厚朴或其他三年生木本植物的枝条,注明顶芽、侧芽、节间、节、侧枝、叶痕、芽鳞痕和皮孔并绘制其外形图。

3. 如何区别块根与块茎、根与根状茎、块茎与小块茎、鳞茎与小鳞茎?

4. 绘制地下茎变态类型的形态图。

三、叶的形态

【实验材料】

桑(*Morus alba* L.)、木槿(*Hibiscus syriacus* L.)或扶桑(*Hibiscus rosa – sinensis* Linn.)、桃(*Amygdalus persica* L.)、大叶黄杨(*Euonymus japonicus* Thunb.)、女贞(*Ligustrum lucidum* Ait.)或薄荷(*Mentha haplocalyx* Briq.)的茎枝;小麦(*Triticum aestivum* L.)、水稻(*Oryza sativa* L.)或淡竹叶(*Lophatherum gracile* Brongn.)的茎叶;轮叶沙参〔*Adenophora tetraphylla*(Thunb.)Fisch.〕或夹竹桃(*Nerium indicum* Mill.)、银杏(*Ginkgo biloba* L.)或枸杞(*Lycium chinense* L.)的茎枝;菝葜(*Smilax china* L.)、酸枣〔*Ziziphus jujuba* var. *spinosa*(Bunge)Hu〕或洋槐(*Robinia pseudoacacia* L.)、豌豆(*Pisum sativum* Linn.)、何首乌(*Polygunum multiflorum* Thunb.)或蓼蓝(*Polygonum tinctorium* Ait.)的茎叶;扁豆(*Dolichos lablab* L.)、三叶五加〔*Acanthopanax trifoliatus*(Linn.)Merr.〕、野葛〔*Pueraria lobata*(Willd.)Ohwi〕或酢浆草(*Oxalis corniculata* L.)、槐树(*Sophora japonica* Linn.)或苦参(*Sophora flavescens* Ait.)、月季(*Rosa chinensis* Jacq.)或蔷薇〔*Rosa multiflora*(Thunb.)〕、决明(*Cassia obtusifolia* L.)或皂荚(*Gleditsia sinensis* Lam.)的叶;合欢(*Albizia julibrissin* Durazz.)或含羞草(*Mimosa pudica* Linn.)、南天竹(*Nandina domestica* Thunb.)或苦楝(*Melia azedaeach* L.)、柑橘属(*Citrus*)的叶。

【实验步骤】

1. 叶的外部形态

(1)叶的组成 ①观察桑、桃、木槿或扶桑叶的形态,分辨出叶片、叶柄和托叶,并注意其叶端、叶基、叶缘的形状和脉序的类型。

②观察小麦、水稻或淡竹叶的叶的形态,注意叶片和叶鞘、脉序的类型。

(2)单叶和复叶 ①观察月季或蔷薇、槐树或洋槐的羽状复叶,并与桑或桃、木槿或扶桑叶比较,注意单叶的叶柄和复叶的总叶柄、叶轴的区别;叶片和小叶片在枝条或叶轴上排列的空间位置的区别;顶芽和腋芽着生部位的区别。

②观察扁豆或三叶五加、野葛或酢浆草、槐树、洋槐或苦参、月季或蔷薇、决明或皂荚的叶。合欢或含羞草、南天竹或苦楝、柑橘属的叶,判断其为何种复叶。

(3)叶序 观察桑、桃、木槿或扶桑、大叶黄杨、女贞或薄荷、轮叶沙参或夹竹桃、银杏或枸杞的茎枝,判断其叶序。

(4)托叶的变态 观察酸枣或洋槐,其托叶变成针刺状;豌豆的托叶很大,呈叶片状（其顶端小叶变成卷须）；菝葜的托叶变成卷须；何首乌或蓼蓝的托叶扩展联合成鞘状，包围在茎节的基部，称托叶鞘。

【作业与思考】

1. 绘制完全叶的形态图，注明各部分。
2. 绘制所观察的复叶的形态图。
3. 按要求，将所观察叶的形态及类型填入下表。

植物名称	单叶	复叶	叶的外部形态				叶脉	叶序	完全叶	不完全叶
			叶片	叶端	叶基	叶缘				

第四章　花、果实、种子的形态

【目的和要求】

1. 通过本实验掌握以下基本知识：

（1）掌握植物花、果实、种子的基本组成及其各部分形态特征，了解其形成的相关性。

（2）掌握不同类型花的组成、花被的形态、雄蕊和雌蕊的类型、子房的位置、花序的种类等的相关名词术语及其概念，了解花的各部分的发育过程。

（3）掌握各类果实及其各组成部分的来源、果实的类型及其特征。熟悉肉质果的各部位鉴别要点，了解果实与花各部分在生长发育过程中的相关性。

（4）掌握不同类型种子的组成及其各部分的特征，熟悉易与果实混淆的药用种子鉴别特征。

2. 通过本实验掌握以下基本技能：

（1）花的解剖和使用解剖镜观察花的形态的技能。

（2）记述花、果实和种子外形特征的技能，花程式的记录和花图式的绘制技能。

（3）拍摄花、果实、种子形态照片和绘制其形态图的技能。

【仪器、用品、试剂】

显微镜、解剖镜、镊子、刀片、纱布、擦镜纸、解剖针等。

【实验内容】

本实验的主要内容包括：花和花序、果实、种子的形态。

一、花

【实验材料】

花的浸渍标本或于实验前一天采摘鲜花，装在塑料袋内保持一定湿度，并存放于 4℃ ~5℃的冰箱中保鲜，备用。

油菜（*Brassica campestris* L.）花，蚕豆（*Vicia faba* Linn.）或豌豆（*Pisum sativum* Linn.）或紫藤〔*Wisteri sinensis*（Sims）Sweet〕花，木槿（*Hibiscus syriacus* Linn.）或蜀葵（*Althaea rosea* Cav.）花，金丝桃（*Hypericum monogynum* L.）花，益母草（*Leonurus japonicus* Houtt.）或夏枯草（*Prunella vulgaris* L.）花，向日葵（*Helianthus annuus* L.）等菊科植物花序，桔梗〔*Platycodon grandiflorum*（Jacq.）A. DC.〕或党参〔*Codonopsis pilosula*（Franch.）Nannf.〕花，贴梗海棠〔*Chaenomeles speciosa*（Sweet）Nakai〕或梨

（*Pyrus communis* L.）花，百合（*Lilium brownii* F. E. Brown ex Miellez var. *viridulum* Baker）或萱草〔*Hemerocallis fulva*（L.）L.〕花，玉兰（*Magnolia denudata* Desr.）或乌头（*Aconitum carmichaeli* Debx.）花，桑（*Morus alba* L.）花序，南瓜（*Cucurbita moschata* Duch）或栝楼（*Trichosanthes kirilowii* Maxim.）花，石竹（*Dianthus chinensis* L.）或报春花（*Primula malacoides* Franch.）花等。

花序腊叶标本、浸渍标本或新鲜花序：油菜或荠菜〔*Capsella bursa - pastoris*（L.）Medic.〕、女贞（*Ligustrum lucidum* Ait.）或南天竹（*Nandina domestica* Thunb.）、车前草（*Plantago asiatica* L.）或马鞭草（*Verbena officinalis* L.）、小麦（*Triticum aestivum* L.）或玉米（*Zea mays* L.）、汉白杨（*Populus ningshanica* C. Wang et Tung）或垂柳（*Salix babylonica* L.）、半夏〔*Pinellia ternate*（Thunb.）Breit.〕或天南星〔*Arisaema erubescens*（Wall.）Schott〕或马蹄莲〔*Zantedeschia aethiopica*（L.）Spreng.〕、山楂（*Crataegus pinnatifida* Bge.）或苹果（*Malus pumila* Mill）、细柱五加（*Acanthopanax gracilistylus* W. W. Smith.）或三七〔*Panax notoginseng*（Burk.）F. H. Chen〕、柴胡（*Bupleurum chinense* DC.）或野胡萝卜（*Daucus carota* L.）、向日葵（*Helianthus annuus* L.）或旋覆花（*Inula japonica* Thunb.）、无花果（*Ficus carica* Linn.）或薜荔（*Ficus pumila* L.）等。

【实验步骤】

1. 花的组成及形态

（1）花的组成　花由花梗、花托、花被（包括花萼和花冠）、雄蕊群、雌蕊群等组成。

取新鲜油菜花或浸渍标本置于装有少量水的培养皿中，用解剖针和镊子小心地由下向上、由外向内地逐层剥离花的各组成部分，按顺序将各部分平放于培养皿中观察：花梗长短；花托或花筒的形态；花被的数目、大小、形状、颜色和排列方式；雄蕊的数目及其类型；雌蕊的形状、花柱和柱头的数目、子房的位置等情况。再将子房横切或纵切，在放大镜或解剖镜下观察其胎座的类型和胚珠的数目。（油菜花为完全花；辐射对称花；花梗明显；花托稍隆起，上有与萼片对生的蜜腺；萼片4枚，绿色，分离；花瓣4枚，黄色，分离，十字形排列；雄蕊6枚，4长2短，为四强雄蕊；子房上位，由2心皮组成，因形成假隔膜而分为2室，胚珠多数。）

（2）雄蕊的类型　雄蕊是花中重要的组成部分，常由花丝和花药两部分组成。根据一朵花中雄蕊的连合与否可分为单体雄蕊、二体雄蕊、多体雄蕊、聚药雄蕊，根据花丝的长短不同可分为二强雄蕊、四强雄蕊。

观察木槿或蜀葵、紫藤或蚕豆、金丝桃、向日葵管状花、益母草或夏枯草、油菜或荠菜等花的雄蕊类型。

（3）雌蕊的类型　雌蕊由心皮构成，由于组成雌蕊的心皮数目不同、心皮形成雌蕊是结合的程度不同，雌蕊分为单雌蕊、离生雌蕊和复雌蕊。

观察紫藤或蚕豆、玉兰或乌头、金丝桃或桔梗等花的雌蕊类型。

（4）子房的位置　子房通常着生在花托上，根据子房在花托上着生的位置、子房与花托的愈合程度以及子房与花的其他部分之间的关系，分为子房上位（下位花或周位花）、子房下位（上位花）、子房半下位（周位花）。

观察油菜或金丝桃或蚕豆、桔梗或党参、贴梗海棠或梨等花的子房位置。

（5）胎座的类型　胎座是子房内胚珠着生的部位，常呈肉质突起。常见的胎座类型有边缘胎座、中轴胎座、侧膜胎座、特立中央胎座、基生胎座、顶生胎座等。

观察紫藤或蚕豆、南瓜或栝楼、桔梗或贴梗海棠、石竹或报春花、向日葵等花的胎座类型。

2. 花的类型

观察上述实验材料是完全花还是不完全花；是两侧对称花还是辐射对称花；是单性花还是两性花；是单被花还是重被花等。

3. 花序的类型

观察实验材料项中所列的花序的类型。其中尤其注意：

（1）向日葵等的头状花序　可见管状花（位于中央）和舌状花（位于周围）聚集在一个扁平的盘状花序轴上。在花序轴的下部有许多绿色的苞片为总苞。

向日葵花均无花梗。在花序轴上着生 2 种不同类型的花：位于盘状花序轴边缘的花为舌状花，位于中央的花为管状花，花冠均为黄色。用镊子分别镊取上述 2 种不同类型的花解剖观察，可见舌状花的雌雄蕊均不发育，为中性花或不孕花；管状花的花冠较小，5 个雄蕊的花药相互连合成筒状，花丝分离，为聚药雄蕊，雌蕊 1 个，柱头 2 浅裂，子房下位，由 2 心皮组成，1 室，1 胚珠，基生胎座。萼片不发育，呈鳞片状。

（2）半夏、天南星或马蹄莲的肉穗花序　半夏的佛焰苞绿色，内卷成筒状，内面有增厚的横隔膜，顶端的附属物鼠尾状，伸出佛焰苞外，花单性同序，无花被，雄花生于花序上半部，雌花生于下半部并与佛焰苞合生。天南星的佛焰苞上半部展开，顶端细丝状，雌雄异株。马蹄莲的佛焰苞白色或乳白色，上部呈喇叭状扩展，顶端具稍反卷的骤尖，下部短筒状，雌雄同序，雄花在上半部，雌花在下半部。

（3）小麦的复穗状花序　小麦的整个麦穗为一个复穗状花序，许多小穗（穗状花序）互生于麦穗的主轴两侧。用镊子取下一个小穗解剖，可见基部有 2 颖片，下方的称外颖，上方的为内颖，其内有 3～5 朵小花。自上而下地逐朵解剖小花，可见小穗上部的 13 朵发育不良，为不孕花，下部的 4 朵小花为能育的两性花。发育正常的小花外面包有外稃和内稃各 1 片，其内有 3 枚雄蕊和 1 枚具有羽毛状柱头的雌蕊，花柱不明显。在外稃和内稃间的子房基部，可见有 2 枚浆片。

【作业与思考】

1. 任选一种完全花，绘其纵剖面形态图，并注明其组成部分。

2. 按要求填写下表。

植物名称	雄蕊类型	雌蕊类型	胎座类型	花程式

3. 雌蕊的组成部分是什么？如何判断组成雌蕊的心皮数？

4. 如何区别有限花序和无限花序？将观察结果填入下表。

植物名称	花序类型	主要特征

二、果实

【实验材料】

不同类型新鲜果实或液浸果实、干燥果实标本：番茄（*Lycopersicon esculentum* Miller）、宁夏枸杞（*Lycium barbarum* L.）、橘（*Citrus reticulata* Blanco）、桃（*Amygdalus persica* L.）、梨（*Pyrus communis* L.）、苹果（*Malus pumila* Mill）、黄瓜（*Cucurbita moschata* Duch.）、淫羊霍（*Epimedium brevicornum* Maxim.）、油菜（*Brassica campestris* L.）、扁豆（*Dolichos lablab* L.）、合欢（*Albizia julibrissin* Durazz.）、锦葵（*Malva sinensis* Cavan）、牵牛〔*Pharbitis purpurea*（L.）Voigt〕、蓖麻（*Ricinus communis* L.）、虞美人（*Papaver rhoeas* L.）、车前（*Plantago asiatica* L.）、向日葵（*Helianthus annuus* L.）、玉米（*Zea mays* L.）、板栗（*Castanea mollissima* Blume）、益母草（*Leonurus japonicus* Houtt.）、鸡爪槭（*Acer palmatum* Thunb）、杜仲（*Eucommia ulmoides* Oliv）、青葙（*Celosia argentea* Linn.）、小茴香（*Foeniculum vulgare* Mill.）、金樱子（*Rosa laevigata* Michx.）、八角茴香（*Lllicium verum* Hook. f.）、莲（*Nelumbo nucifera* Gaetn.）、悬钩子属（*Rubus*）、五味子〔*Schisandra chinensis*（Turcz.）Baill.〕、桑椹（*Morus alba* L.）、凤梨〔*Ananas comosus*（Linn.）Merr.〕、无花果（*Ficus carica* Linn.）。

宁夏枸杞、小茴香果实横切制片。

【实验步骤】

1. 果实的各种类型观察

（1）单果　单雌蕊或合生心皮复雌蕊形成的果实。

①浆果：番茄、枸杞为单心皮或多心皮合生雌蕊，上位或下位子房发育形成的果实，外果皮薄，中、内果皮肉质多浆，内含1至多数种子。

②柑果：橘为合生心皮上位子房发育成的果实，外果皮革质，具多数油室，中果皮疏松，内具分支的维管束（橘络），内果皮膜质，分隔成多室，内壁生有许多肉质多汁的囊状毛。

③核果：桃为单心皮上位子房发育成的果实，外果皮薄，中果皮肉质，内果皮木质化，形成坚硬果核，核内含1枚种子。

④瓠果：黄瓜等为3心皮合生下位子房形成的果实，花托与外果皮形成坚硬的果实外层，中内果皮及胎座肉质，为假果。

⑤梨果：梨、苹果为5心皮合生下位子房与花筒一起发育形成的果实，花筒与外中果皮一起形成肉质可食的部分，其间界限不明显，内果皮坚韧，革质或木质，常分隔成

2~5室，每室常含2粒种子。

⑥蓇葖果：淫羊藿为1个心皮发育成的果实，成熟时沿背缝线或腹缝线开裂。

⑦荚果：合欢等为单心皮上位子房发育的果实，成熟时沿背、腹两缝线开裂，果皮裂成2片。

⑧角果：油菜等为2心皮上位子房发育而成的果实，具假隔膜，成熟时沿腹缝线开裂，种子多数，有长角果和短角果之分。

⑨蒴果：由合生心皮的复雌蕊发育成的果实，子房1至多室，种子多数。开裂方式多种：

纵裂：a. 室间开裂：蓖麻果实沿室间隔膜（腹缝线）开裂。

　　　b. 室背开裂：锦葵等果实沿背缝线开裂。

　　　c. 室轴开裂：牵牛果实沿背或腹缝线开裂，但子房间隔膜仍与中轴相连。

齿裂：果实成熟时顶端呈齿状开裂。

孔裂：虞美人果实顶端呈小孔状开裂。

盖裂：车前果实中部呈环状开裂，上部果皮呈帽状脱落。

⑩瘦果：单粒种子的果实，成熟时果皮易与种皮分离。菊科植物向日葵等的瘦果是由下位子房与萼筒共同形成的，称连萼瘦果。

⑪颖果：玉米果实内含1粒种子，果实成熟时，果皮与种皮愈合，不易分离。

⑫坚果：板栗果皮坚硬，内含1粒种子，果实外面常有由花序的总苞发育成的壳斗附着于基部。有的坚果特小，无壳斗包围，称小坚果。

⑬翅果：杜仲果皮一端或周边向外延伸成翅状，果实内含1粒种子。

⑭胞果：青葙等果实是由合生心皮雌蕊上位子房形成的果实，果皮薄，膨胀疏松地包围种子，与种皮极易分离。

⑮双悬果：小茴香等果实由2心皮合生雌蕊发育而成，果实成熟后心皮分离成2个分果，双悬挂在心皮柄上端，心皮柄的基部与果柄相连，每个分果内各含1粒种子。

（2）聚合果　由1朵花中许多离生心皮雌蕊形成的果实，每个雌蕊形成1个单果，聚生于同一花托上。根据单果类型不同可分为：

①聚合蓇葖果：八角茴香果实由许多蓇葖果聚生于同一花托上。

②聚合瘦果：金樱子果实由许多骨质瘦果聚生于凹陷的花托中，称蔷薇果。

③聚合核果：悬钩子属的果实由许多小核果聚生于突起的花托上。

④聚合坚果：莲的果实由许多小坚果嵌生于膨大、海绵状的花托中。

⑤聚合浆果：五味子果实由许多浆果聚生在延长或不延长的花托上。

（3）聚花果　由整个花序发育成的果实。

①无花果：由隐头花序形成的果实。

②桑椹：开花后每个花被变得肥厚多汁，包被1个瘦果。

③凤梨：肥大多汁的花序轴成为果实的食用部分，花不孕。

2. 果实的内部构造观察

（1）取枸杞果实横切面制片，置显微镜下观察，由外至内可见：

①果皮：由外果皮、中果皮、内果皮组成。

a. 外果皮：为 1 列扁平细胞，壁较薄，外被角质层，外缘作细齿状突起。

b. 中果皮：为 10 余列薄壁细胞，外侧 1~2 列较小，中部细胞较大，有的细胞含草酸钙砂晶；维管束双韧型，散列。

c. 内果皮：为 1 列椭圆形细胞，切向延长。

②种子

a. 种皮：最外为 1 列石细胞，类长方形，侧壁及内壁呈 U 字形增厚。其下为 3~4 列被挤压的薄壁细胞。最内 1 层为扁长方形薄壁细胞，微木化。

b. 胚乳及胚根、子叶薄壁细胞：含有脂肪油及颗粒状物。

（2）取小茴香果实横切面制片，置显微镜下观察，其轮廓略呈五边形，近平直的一面为腹面，具背棱的一面为背面。

①果皮：由外果皮、中果皮和内果皮组成。

a. 外果皮：为 1 列切向延长的扁平细胞。

b. 中果皮：由数列薄壁细胞组成，共有 6 个油管，果棱间各 1 个，合生面 2 个，油管呈椭圆形或半圆形，内含橙红色油脂，维管束位于果棱部位，韧皮部位于木质部两侧，维管束周围是大型网纹细胞。

c. 内果皮：为 1 列狭长的扁平细胞，长短不一。

②种子

a. 种皮：为 1 列颓废细胞，含棕色物质，合生面的内果皮与种皮间有种脊维管束。

b. 胚乳：由许多多角形细胞组成，内含糊粉粒及少数脂肪油，糊粉粒中含有细小的草酸钙簇晶。

c. 胚：位于种子中央部分，形小。

【作业与思考】

1. 按要求填写下表格：

果实类型			植物名称	主要特征（果皮、胎座、开裂方式）
单果	肉质果	浆果		
		柑果		
		核果		
		瓠果		
		梨果		
	干果	蓇葖果		
		荚果		
		角果		
		蒴果		
		瘦果		
		坚果		
		颖果		
		翅果		
		胞果		
		双悬果		

果实类型		植物名称	主要特征（果皮、胎座、开裂方式）
聚合果	聚合蓇葖果		
	聚合瘦果		
	聚合核果		
	聚合坚果		
	聚合浆果		
聚花果			

2. 如何区别蓇葖果与荚果、瘦果与颖果？

3. 何谓肉质果？如何鉴别各种类型肉质果的果皮？

4. 聚合果与聚花果在来源上有何不同，如何鉴别？

三、种子

【实验材料】

蓖麻（*Ricinus communis* L.）、白扁豆（*Dolichos lablab* L.）、蚕豆（*Vicia faba* Linn）或黄豆〔*Giycine max*（L）Merrill〕、杏（*Armeniaca vulgaris* Lam.）、阳春砂（*Amomum villosum* Lour.）的种子。

杏仁和阳春砂仁种子横切制片。

【实验步骤】

1. 种子的形态和类型观察

（1）有胚乳种子　取蓖麻种子仔细观察，呈扁平广卵形，一面较平，另一面较隆起。外种皮具许多花纹，硬脆，内种皮乳白色膜质紧贴外种皮，蓖麻种子较窄的一端有一海绵状的突起物称种阜，剥开种阜可见种脐，在放大镜下更加明显。在种子有隆起的一面可见有 1 条纵行隆起线即种脊。合点汇于种子较宽一端处。剥去种皮即可见到乳白色的胚乳，用刀片平行于种子的宽面做纵切，把胚乳分成两半，用放大镜观察，能见到叶脉清晰的子叶，同时可见到胚根、极小的胚芽和很短的胚轴。

（2）无胚乳种子　观察白扁豆种子，呈扁卵圆形，种皮革质，淡黄白色，平滑，有时可见棕黑色斑点。一端有隆起的白色眉条状种阜，剥去后可见凹陷的疤痕即种脐，在种脐一端的种皮上有种孔。用手挤压种脐的两侧，可见有水自种孔溢出，种子萌发时，胚根即由此伸出突破种皮。种脐的另一端有短的隆起部分为种脊。剥去种皮，可见两片肥大的子叶，掰开两片子叶，可见这两片子叶着生在胚轴上，胚轴的上端为胚芽，有两片比较清晰的幼叶。在胚轴的下端有一呈尾状的胚根。

蚕豆种子的种脐呈眉条状。其他和白扁豆种子结构类似。

黄豆种子呈肾形，肾形凹侧具一长圆形、棕色的种脐。其他与上类似。

2. 种子的解剖构造观察

（1）双子叶植物种子的解剖构造　取杏仁种子横切面制片，置显微镜下观察，由外至内可以看到：

①外表皮：为1列类长方形细胞组成，常可见到散生的长圆形、卵圆形的黄色石细胞，上半部凸出外表皮表面，下半部埋于薄壁组织之中。

②薄壁组织：外表皮内侧为数十列薄壁组织，最外方的细胞皱缩，此部位有细小维管束散生。

③内表皮：为1列类长圆形薄壁细胞，内含黄色物质。

④外胚乳：紧贴内表皮的内侧由数列颓废的薄壁组织细胞组成。

⑤内胚乳：外胚乳的内侧为1列长方形细胞，内含糊粉粒及脂肪油。

⑥子叶：为2枚，子叶的最外1列为小形扁平细胞组成的表皮，子叶表皮下有由众多的大型多边形薄壁细胞组成，内含糊粉粒及脂肪油，在子叶薄壁组织内可见散列的叶脉维管束。

（2）单子叶植物种子解剖构造　取阳春砂仁种子横切面制片，置显微镜下观察，由外至内可看到：

①假种皮：由1层细胞壁不甚清楚的长形薄壁细胞组成。

②种皮：有6~7层细胞组成。外种皮是由1列长圆形、排列整齐、比较厚的细胞构成，外种皮内侧是由1列切向延长的、含色素的细胞，1列切向延长、含油滴的薄壁细胞及2~3列多边形含色素的薄壁细胞组成的下皮层。内种皮为1列径向延长的长方形石细胞构成，细胞排列紧密，细胞壁厚，深棕色，胞腔小。内有圆形硅质块。

③外胚乳：细胞较大，略呈圆柱形，辐射状排列，内含淀粉粒，并有少数细小草酸钙方晶。

④内胚乳：由许多细小的细胞组成，呈多角形，排列不规则，内含糊粉粒及脂肪油。

⑤胚：由许多类圆形、充满内含物的薄壁细胞组成。

【作业与思考】

1. 绘制蓖麻和蚕豆种子的剖面图。

2. 如何鉴别有胚乳种子和无胚乳种子？

第五章　根、茎、叶的显微构造

【目的和要求】

1. 通过本实验掌握以下基本知识：

（1）了解植物根尖、茎尖的构造特点及其相互的区别。

（2）掌握双子叶根的初生和次生及异常构造、单子叶植物根的构造特征，熟练区别双子叶初生根和单子叶根的构造的异同点。

（3）掌握双子叶植物茎的初生和次生构造、木质茎与草质茎、双子叶植物和单子叶植物根茎的构造特点，熟悉双子叶植物草质茎和根茎的构造的异同点。

（4）掌握并熟悉双子叶植物叶的构造特点，了解禾本科植物叶的构造特点。

2. 通过本实验掌握以下基本技能：

（1）熟练使用显微镜观察植物器官显微构造的技能。

（2）拍摄植物器官显微构造特征、绘制根、茎、叶组织构造图和简图的技能。

【仪器、用品】

显微镜、镊子、刀片、纱布、擦镜纸、载玻片、盖玻片、解剖针等。

【实验内容】

本实验内容包括植物根尖的构造，双子叶植物根的初生和次生以及异常构造，单子叶植物根的构造；茎尖的构造、双子叶植物茎的初生构造、双子叶植物木质茎和草质茎以及根茎的次生构造、单子叶植物茎及根茎的构造；双子叶植物叶和单子叶植物叶的构造等相关内容。

一、根的显微构造

【实验材料】

洋葱（*Allium cepa* L.）根尖纵切面永久制片；毛茛（*Ranunculus japonicus* Thunb.）根、直立百部（*Stemona sessilifolia* Miq.）根、麦冬〔*Ophiopogon japonicus*（L. f.）Ker - Gawl.〕幼根、防风〔*Saposhnikovia divaricata*（Turcz.）Schischk.〕；何首乌（*Polygonum multiflorum* Thunb.）块根、怀牛膝（*Achyranthes bidentata* Blume）根、黄芩（*Scutellaria baicalensis* Georgi）老根等的横切制片。

【实验步骤】

1. 根尖的构造

取洋葱根尖纵切永久制片，在低倍镜下观察，辨别根冠、分生区、伸长区、成熟区的所在部位，转高倍镜下仔细观察各部分细胞的形态结构。

（1）根冠　位于根尖的最顶端，具有保护生长点的作用。细胞为不规则形的薄壁细胞，排列疏松、易于脱落，脱落后可由根冠原细胞不断得以补充。

（2）分生区　包于根冠内，1～2mm 长，细胞小，具浓厚的原生质，细胞核大，细胞之间排列紧密，无细胞间隙。该部分细胞具有潜在的分生能力。

（3）伸长区　位于分生区上方，2～5mm 长，是由分生区分裂而来的细胞，一方面沿根的轴面伸长和长大，另一方面开始出现细胞的分化。

（4）成熟区　位于伸长区上方，此部分细胞停止伸长生长，进一步分化成各种组织，明显标志就是表皮细胞向外突起形成根毛。

2. 根的初生构造

（1）双子叶植物根的初生构造　取毛茛幼根横切永久制片，先用低倍镜进行整体观察，然后用高倍镜由外向内依次观察，注意每个部位细胞的特征。

①表皮：为最外一层细胞，排列整齐紧密，有根毛向外突起。

②皮层：位于表皮以内，占根的大部分，为大型不规则薄壁细胞，细胞间隙发达。可分三层：

外皮层：紧靠表皮的一层细胞，排列整齐紧密，无细胞间隙，细胞较小。

皮层薄壁组织（中皮层）：外皮层以内的多层薄壁细胞，细胞大，形状多样，具明显的细胞间隙。

内皮层：位于皮层的最内层，由一层呈切向延长的细胞构成，可见内皮层细胞的径向壁点状增厚，被染成红色，即凯氏点。

③维管柱：内皮层以内所有的组织，在根的初生构造中通常只占有很小的部分，包括以下三部分：

中柱鞘：维管柱的最外层，通常由一层薄壁细胞组成，排列整齐紧密，中柱鞘细胞具潜在分生能力，参与形成层和木栓形成层的形成，侧根也由此发生。

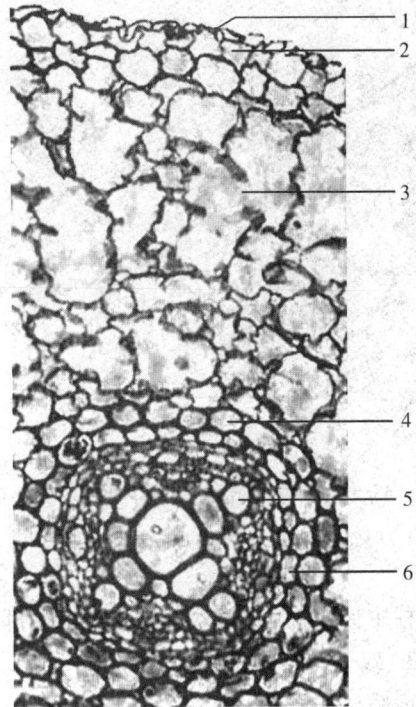

图 5 - 1　双子叶植物根的初生构造（毛茛）

1. 表皮　2. 外皮层　3. 皮层薄壁组织
4. 内皮层　5. 木质部　6. 韧皮部

初生木质部和初生韧皮部：毛茛的初生木质部分为四束，为四原型，横切面上呈星角状，被染成红色。原生木质部位于星角状的外面部分，导管直径较小，后生木质部位于里面，导管直径较大，两者无明显界限，故木质部的发生为外始式。初生韧皮部为四束，位于初生木质部之间，被染成绿色，与初生木质部相间排列，这样的维管束称为辐射型维管束。韧皮部的发生亦为外始式。在初生木质部与初生韧皮部之间有几层薄壁细胞（图5-1）。

（2）**单子叶植物根的构造** 取直立百部根横切片，先在低倍镜下观察其大体轮廓，然后转换高倍镜从外向里依次仔细观察。

①根被：由3~4层细胞组成，排列紧密，不甚整齐，细胞壁略呈波状，木栓化或木质化，常被染成棕红色。

②皮层：宽广，由薄壁细胞组成。内皮层明显，可见凯氏带。

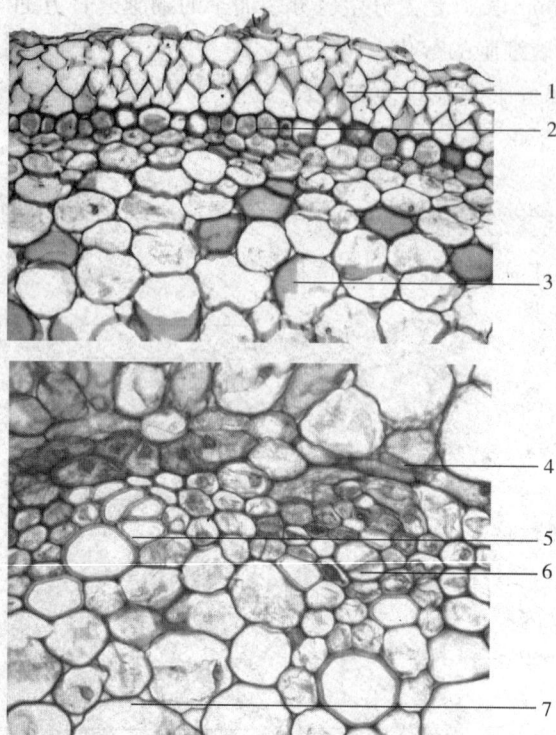

图5-2 单子叶植物根的构造（直立百部）
1. 根被 2. 外皮层 3. 皮层薄壁组织
4. 内皮层 5. 木质部 6. 韧皮部 7. 髓

③维管柱：位于中央占根的小部分，包括中柱鞘、初生木质部、初生韧皮部和髓。

中柱鞘：位于内皮层内侧的1~2层薄壁细胞，细胞大小与内皮层相似，有时不易区分，中柱鞘为维管柱的最外层细胞。

初生木质部和初生韧皮部：各19~27个，相间排列成辐射维管束。韧皮部内侧有单个或2~3个成束的非木化纤维；木质部导管呈类多角形，偶有单个或2~3个并列的导管分布于髓部外缘，作二轮列状。

髓：位于维管束中心，散有单个或2~3个成束的细小纤维（图5-2）。

另取麦冬根横切制片观察，注意其皮层细胞有的含黏液质和草酸钙针晶束。内皮层外侧为一层石细胞，其内壁和侧壁增厚。内皮层细胞较扁小，细胞壁全面增厚、木化。

维管柱中韧皮部16~22束，位于木质部的星角间；木质部有木化组织连接成环；髓小。

3. 双子叶植物根的次生构造

取防风根横切制片，从外向里逐层观察：

（1）**周皮** 为最外侧的数层细胞，有木栓层、木栓形成层和栓内层组成。

木栓层：由8~12层排列整齐、紧密的扁长形木栓细胞组成，常呈浅棕色。

木栓形成层：由中柱鞘细胞恢复分生能力而形成，在切片中位于木栓层和栓内层之间，没有明显界限区分。

栓内层：狭窄，为2~3层呈切向延长的大型薄壁细胞，其中分布有不规则长圆形油管。

（2）**次生维管组织** 为形成层活动产生的组织。

次生韧皮部：为周皮以内的部分，较宽，有多数裂隙。包括筛管、伴胞和韧皮薄壁细胞，其中散在有多数油管。在横切面上韧皮薄壁细胞与筛管形态相似，常不易区分。韧皮射线多弯曲，由 1~2 列径向排列的薄壁细胞组成，外侧常与韧皮部组织分离而出现大型裂隙。

形成层：在次生韧皮部内侧，由数层较小、排列紧密整齐并呈切向延长的薄壁细胞组成，在横切面上看到的是多层细胞组成的"形成层区"。

次生木质部：在形成层以内，包括导管、管胞和木薄壁细胞。在横切面上导管最容易辨认，是一些被番红染成红色的、直径大小不一的类圆形或多边形的死细胞，做放射状排列。木射线由 1~2 列薄壁细胞组成，在木质部中也呈放射状排列，并与韧皮射线相连接，组成维管射线。

在次生木质部的内方、根的中心部位为初生木质部。其导管直径细小，呈类圆形（图 5-3）。

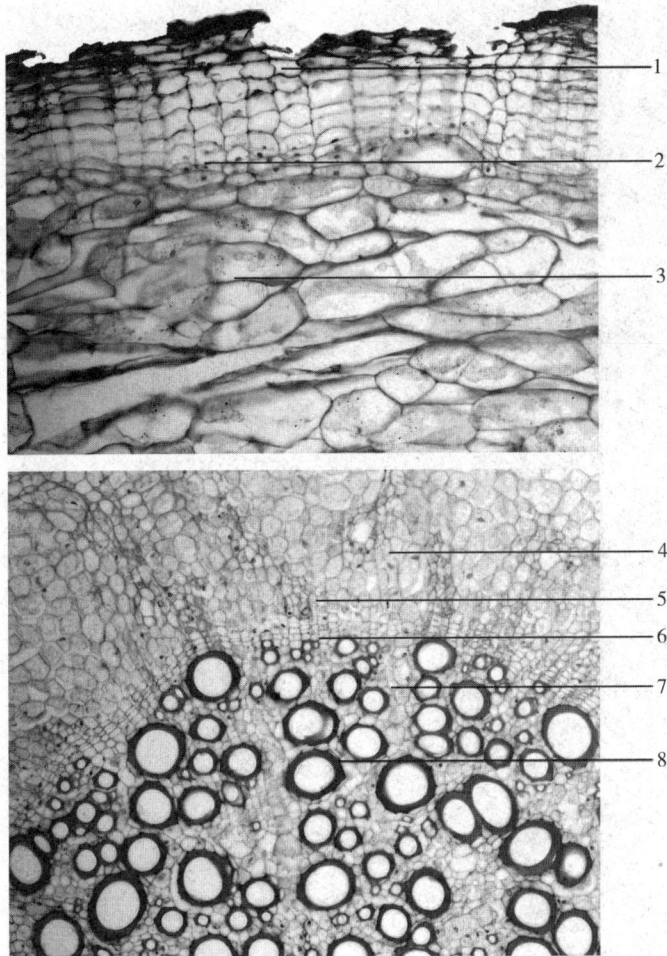

图 5-3 双子叶植物根的次生构造（防风）

1. 木栓层 2. 木栓形成层 3. 栓内层 4. 韧皮射线 5. 韧皮部
6. 形成层 7. 木射线 8. 木质部

4. 根的异常构造

（1）何首乌块根横切片　在其呈淡黄棕色或淡红棕色的横断面上，可见皮部有 4 ~ 11 个类圆形的异型维管束环列，形成"云锦花纹"。在显微镜下观察何首乌块根的横切面制片，从外向里区分出周皮、薄壁组织细胞、排列一圈大小不等的圆环状异型维管束和中央正常维管束。形成层呈环状，异型维管束多为复合型，少数为单个维管束，均为外韧型（也有文献认为是周韧型）。根的中央为大型初生和次生维管束，亦为外韧型，中心部分为初生木质部（图 5 -4）。

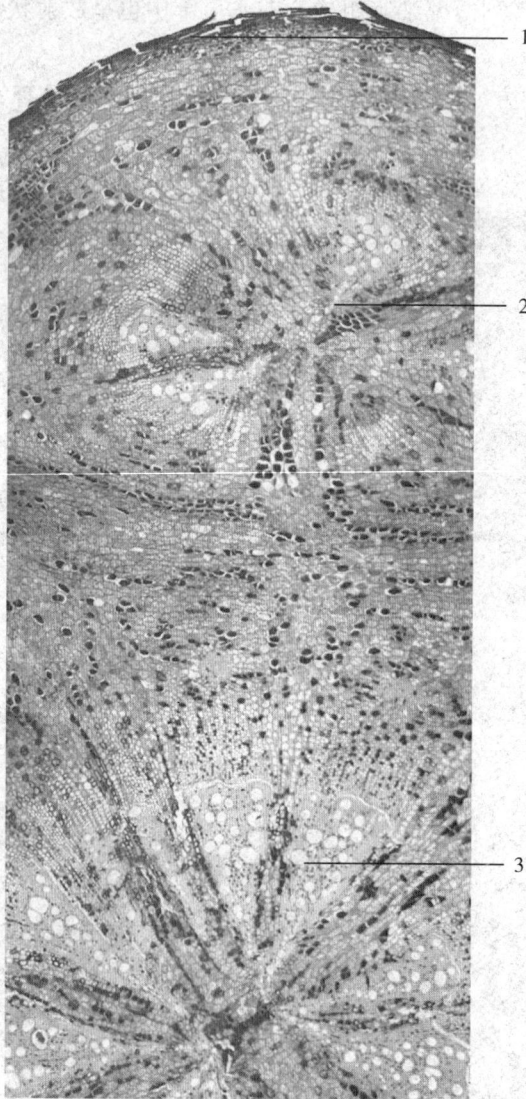

图 5 -4　根的异常构造（何首乌）
1. 周皮　2. 异常构造（附加维管柱）　3. 次生维管束

（2）怀牛膝根横切片　可见其横断面平坦，角质样，淡黄色，木质部黄白色，其外分布的异型维管束排成 2 ~ 4 轮。在显微镜下观察其横切制片，其最外为木栓层，由

4~8 层扁平的木栓化细胞组成，木栓层以内为数层薄壁细胞。维管组织占根的大部分，分布有多数异型维管束，断续排成 2~4 轮，最外轮的异型维管束较小，异常形成层几乎连接成环，内轮的异型维管束较大，均为外韧型。根中央为初生和次生维管束，木质部常为二原型（图 5-5）。

（3）黄芩老根横切制片或甘松根横切制片（示教） 在黄芩老根中央木质部中有木栓化细胞环。在甘松根的中央为木质部，常有木栓环把它们分割成 2~5 束。

【作业与思考】

1. 绘制毛茛根的初生构造详图，注明各部分。

2. 绘制直立百部根或麦冬根的横切面简图，注明各部分。

3. 比较双子叶植物根的初生构造与单子叶植物根的构造的异同点。

4. 绘制防风根横切面详图，示双子叶植物根的次生构造。

5. 绘制何首乌块根和怀牛膝根横切面简图，示异型维管束。试述何首乌和怀牛膝根的异型构造是如何形成的？

二、茎的显微构造

【实验材料】

向日葵（*Helianthus annuus* L.）或北马兜铃（*Aristolochia contorta* Bunge）幼茎、椴树（*Tilia tuan* Szyszyl.）茎、薄荷（*Mentha haplocalyx* Brig）茎、益母草（*Leonurus heterophullus* Sweet）茎或广藿香〔*Pogostemon cablin*（Blanco）Benth〕茎横切制片；油松（*Pinus tabulieformis* Carr.）幼茎横切、径向纵切、切向纵切制片；玉蜀黍（*Zea mays* Linn.）茎、石斛（*Dendrobium nobile* Lindl.）茎、黄连（*Coptis chinensis* Franch.）根状茎、茅苍术〔*Atractylodes lancea*（Thunb.）DC.〕根状茎、知母（*Anemarrhena asphodeloides* Bge.）根状茎、石菖蒲（*Acorus tatarinowii* Schott）根状茎、大黄（*Rheum officinale* Baill.）根状茎、海风藤〔*Piper kadsura*（Choisy）Ohwi〕茎横切制片。

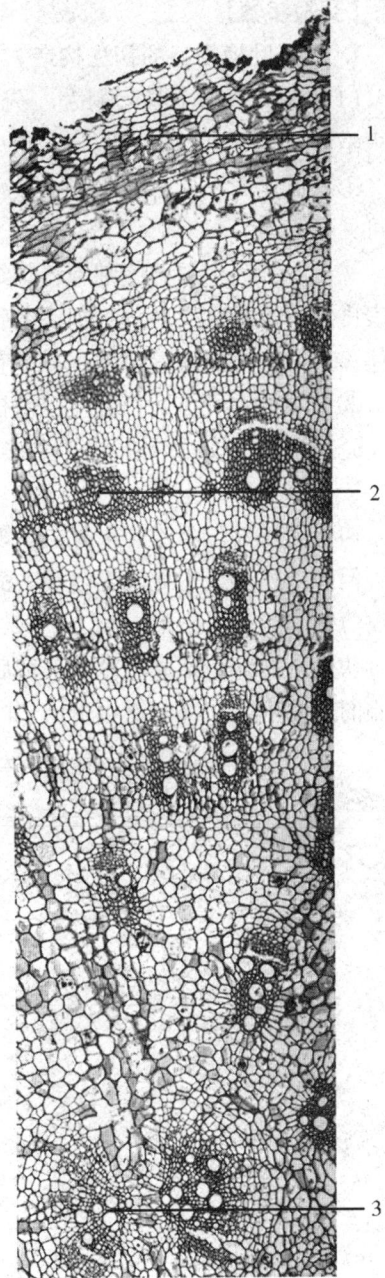

图 5-5 根的异常构造（怀牛膝）

1. 周皮 2. 异常构造（同心环状排列的异常维管组织） 3. 次生维管束

【实验步骤】

1. 双子叶植物茎的初生构造

（1）向日葵幼茎横切制片　先在低倍镜下区分出表皮、皮层和维管柱三部分，维管束呈环状排列，髓射线宽阔，中央为宽大的髓。转高倍镜下逐层观察：

①表皮：为一层排列整齐、紧密的扁长方形的薄壁细胞组成，其外壁角质加厚，有时可见非腺毛。

②皮层：为多层薄壁细胞，具细胞间隙。与根的初生构造相比，所占比例很小。靠近表皮的下方具数层厚角组织，细胞在角隅处加厚，细胞内可见被染成绿色的类圆形叶绿体，其内为数层薄壁细胞，其中有小型分泌腔。

③维管柱：所占面积宽广，包括维管束、髓射线和髓。

a. 维管束：数个无限外韧型维管束排成一轮，每个维管束由初生韧皮部、束中形成层、初生木质部组成。

初生韧皮部位于维管束外方，其外侧有纤维束，横切面细胞呈多角形，壁明显加厚，但尚未木化或木化程度较浅，故被染成绿色或浅红色。在纤维内方是筛管、伴胞和韧皮薄壁细胞。束中形成层为2~3层切向延长的小细胞，是原形成层保留下来的。

初生木质部包括原生木质部和后生木质部，导管横切面呈类圆形或多角形，靠近茎中心的是原生木质部。初生木质部的分化、成熟方向与根不同。

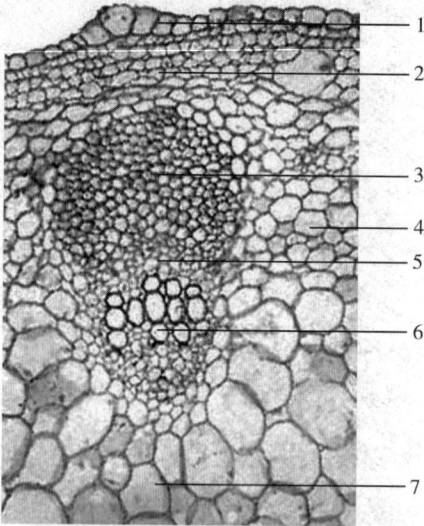

图5-6　双子叶植物茎的初生构造（向日葵）
1. 表皮　2. 皮层　3. 纤维束　4. 髓射线
5. 韧皮部　6. 木质部　7. 髓

b. 髓射线：是两个维管束之间的薄壁细胞，它外连皮层，内接髓部。具有横向运输及贮藏的功能。

c. 髓：位于茎的中央，也是维管柱中心的薄壁细胞，排列疏松，常具贮藏功能（图5-6）。

（2）北马兜铃幼茎横切制片　由外向里观察：

①表皮：由一层扁平薄壁细胞组成，外壁稍厚，角质化。

②皮层：较窄，由数层薄壁细胞组成，细胞内常含叶绿体，皮层最内是明显的纤维呈环状排列。

③维管柱：皮层与维管柱分界明显。维管柱包括维管束、髓及髓射线。

皮层最内是由多层纤维构成的完整的环带，因尚未木化而被染成绿色，常称为中柱鞘纤维，因其位于维管区外围，是在初生韧皮部外产生的一种纤维，又称为周维纤维（环管纤维），也统称为木质部外纤维。

纤维环带的内方有5~7个无限外韧维管束排成环状，其中3个特别发达。韧皮部在外方，由筛管、伴胞及韧皮薄壁细胞组成；束中形成层明显，为数层扁长方形细胞，排列紧密，细胞较小；木质部在内方，导管呈类圆形，内侧的直径小，外侧的直径大，而且近束中形成层的导管还没有木化，从而看出木质部分化成熟的方向是由内向外的。维管束间的髓射线宽窄不一。髓部较小。

2. 双子叶植物茎和根状茎的次生构造及裸子植物茎的次生构造

（1）双子叶植物木质茎的次生构造　由外向内观察 3~4 年生椴树茎的横切制片：

①周皮：由木栓层、木栓形成层和栓内层组成。

②皮层：较窄，由多层细胞组成，皮层最外有数层厚角组织，向内为薄壁组织，细胞内常含有大的草酸钙簇晶。

③韧皮部：细胞排列成梯形（底部靠近形成层），与排列成喇叭形的髓射线薄壁细胞相间分布。在切片中，明显可见被染成红色的韧皮纤维与被染成绿色的韧皮薄壁细胞、筛管和伴胞呈横条状相间排列。初生韧皮部已破坏。

④形成层：实为形成层区，呈环状，由 4~5 层排列整齐的扁长细胞组成。

⑤木质部：位于形成层内方，在横切面上占有最大面积。次生木质部内，细胞壁较薄，染色较浅的细胞部分为早材；细胞较小，细胞壁较厚，染色较深的为晚材。由于第一年晚材和第二年早材有明显界限，从而形成年轮。紧靠髓部周围的一群小型导管即为初生木质部。

在每个维管束之内，可见由木质部和韧皮部中的横向运输的薄壁细胞组成的射线，即维管射线，其中位于木质部的称为木射线，位于韧皮部的称为韧皮射线。

⑥髓：位于茎的中央，多由薄壁细胞组成，有的含草酸钙簇晶，有的含黏液和单宁，所以部分细胞染色较深。靠近初生木质部处的一层薄壁细胞略木化，呈环状排列，称为环髓带。

⑦髓射线：由髓部薄壁细胞向外辐射状发出，直达皮层。经木质部时，为 1~2 列细胞，至韧皮部时则扩大成喇叭状（图 5-7）。

（2）双子叶植物草质茎的次生构造
取薄荷茎横切制片，可见茎呈四方形。在显微镜下由外向内仔细观察以下部分：

①表皮：为一层长方形表皮细胞组成，外被角质层，具毛茸（腺毛、非腺毛或腺鳞）。

②皮层：较窄，由数层排列疏松的

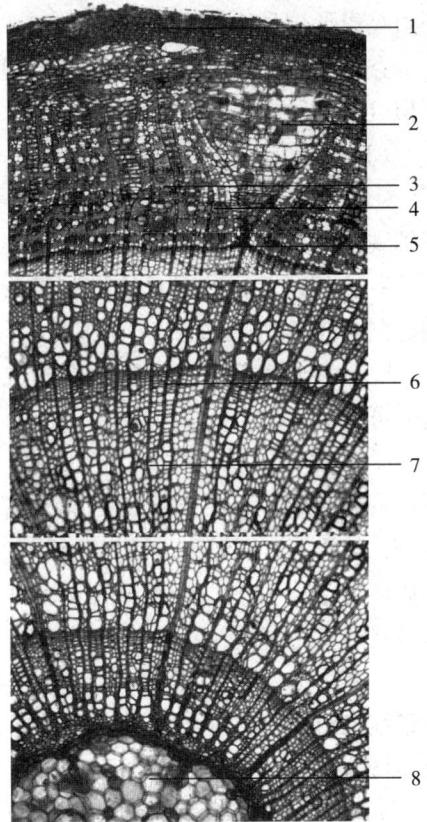

图 5-7　双子叶植物木质茎的次生构造（椴树）
1. 周皮　2. 髓射线　3. 韧皮部　4. 韧皮射线
5. 形成层　6. 木射线　7. 木质部　8. 髓

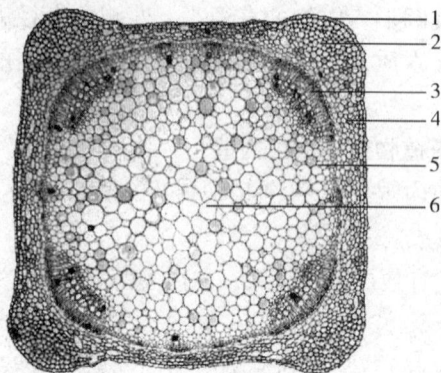

图 5 - 8　双子叶植物草质茎的次生构造（薄荷）
1. 表皮　2. 厚角组织　3. 维管束
4. 皮层　5. 髓射线　6. 髓

c. 髓射线：由维管束间的薄壁细胞组成。

此外，在茎的各部薄壁细胞内，有时还可见扇形、具放射状纹理的橙皮苷结晶。

益母草茎、广藿香茎的构造与薄荷茎近似（图 5 - 8）。

（3）双子叶植物根状茎的构造

①取黄连根状茎横切制片，由外向内仔细观察。

a. 木栓层：由数层木栓细胞组成。有的外侧附有鳞片叶。

b. 皮层：宽广，石细胞单个或成群散在，可见根迹维管束斜向通过。

c. 维管束：为无限外韧型，环状排列，束间形成层不明显。韧皮部外侧有纤维束，其间夹有石细胞，切片染成鲜红色。木质部细胞均木化，包括导管、木纤维和木薄壁细胞。

d. 髓：位于横切面的中央，由类圆形薄壁细胞组成。薄壁细胞中含有细小淀粉粒（图 5 - 9）。

②取茅苍术根状茎横切片，由外向内观察。

a. 木栓层：有 10 ~ 40 层木栓细胞，其间夹有数层石细胞环带，每一环带由 1 ~ 3

薄壁细胞组成。在 4 个棱角处有厚角组织分布，其细胞角隅处加厚明显，切片中被染成绿色。

③维管柱：包括维管束、髓及髓射线。

a. 维管束：由 4 个大的维管束（正对棱角）和其间较小的维管束环状排列而成，为无限外韧维管束，束间形成层明显，束中形成层与束间形成层连成一环。次生组织不发达，木质部在棱角处较发达，导管单列，径向排列，导管之间为薄壁细胞组成的维管射线。

b. 髓：发达，由大型薄壁细胞组成。宽窄不一。

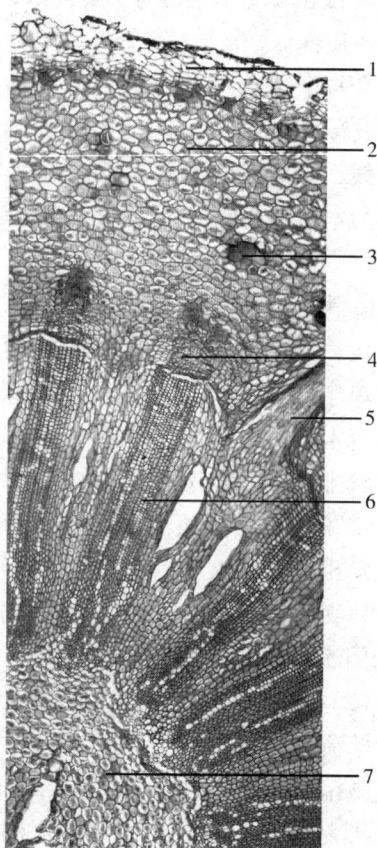

图 5 - 9　双子叶植物根状茎的构造（黄连）
1. 木栓层　2. 皮层　3. 石细胞群　4. 韧皮部
5. 根迹维管束　6. 木质部　7. 髓

层类方形石细胞组成，孔沟多分枝，胞腔狭小。

b. 皮层：宽广，其间散在大型油室。可见自髓射线细胞发出的根迹维管束。

c. 维管束：多数无限外韧维管束，呈环状排列。韧皮部狭小，通常无纤维，形成层成环，束间形成层明显；木质部狭长，木纤维束与导管群相间排列。

d. 髓及射线：明显，其中散生油室。

薄壁细胞含草酸钙针晶和菊糖。

（4）裸子植物茎的次生构造　裸子植物茎三切面的观察，以油松木材三切面的观察为例。

取油松木材三切面的永久制片，在 3 个不同的切面上，观察松次生木质部（木材）各种组织的分布和形态特征，从而建立茎的结构的立体概念，有利于药材显微鉴定。

①横切面：管胞呈四或五边形，具缘纹孔在管胞的径向壁上呈剖面观。木射线呈放射状排列，只有一列细胞宽，是长方形薄壁细胞。树脂道明显，呈横切状。年轮呈同心环轮。

②径向纵切面：管胞呈纵向排列，细胞呈长梭形，细胞壁上的具缘纹孔呈正面观。木射线细胞呈纵切状态，横向排列，其细胞壁上有单纹孔，可以见到射线的高度。树脂道多呈纵向分布。年轮呈垂直平行的带状。

③切向纵切面：管胞呈纵向排列，壁上具缘纹孔呈剖面观。木射线呈横切状态，轮廓为梭形，可见到木射线的高度与宽度。

3. 单子叶植物茎和根状茎的构造

（1）单子叶植物茎的构造

①取玉蜀黍茎横切制片，由外向内观察。

a. 表皮：为茎的外层细胞，细胞排列整齐紧密，呈扁方形，外壁有较厚的角质层。

b. 基本组织：表皮以内的组织，靠近表皮的数层细胞较小，排列紧密，胞壁增厚而木质化，形成厚壁组织，内为薄壁组织，是基本组织的主要部分。

c. 维管束：分散在基本组织中，靠外方的维管束小，内方的渐大。转换高倍镜仔细观察一个维管束的结构，可见每个维管束外围有一圈由纤维组成的维管束鞘，里面只有初生木质部和初生韧皮部两部分，其间没有形成层，是有限外韧型维管束。初生木质部中的导管在横切面上排成 V 字形，上半部是后生木质部，含有一对并列的大导管，下半

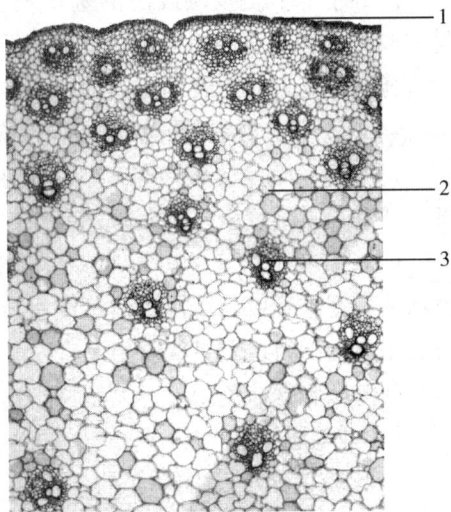

图 5 - 10　单子叶植物茎的构造（玉蜀黍）
1. 表皮　2. 基本组织　3. 维管束

部为原生木质部，有 1～2 个纵向排列的小导管、少量薄壁细胞和一个大空腔，大空腔是由于茎的伸长而将环纹或螺纹导管扯破形成的裂隙。初生木质部外方是初生韧皮部，

其中原生韧皮部已被挤压破坏，后生韧皮部明显，通常只有筛管和伴胞。（图 5 - 10）

②取石斛茎的横切制片，由外向内观察。

a. 表皮：位于茎的最外层，为一层细小扁平细胞组成，外壁有角质层，易于细胞分离。

b. 基本组织：由薄壁细胞组成，有的细胞含草酸钙针晶束。

c. 维管束：分散在基本组织中，为有限外韧型，略排成 7 ~ 8 圈。韧皮部由数个细胞组成，外侧有纤维束，呈半杯状，壁甚厚，木质部中导管 1 ~ 3 个，通常其中一个较大，内侧无纤维或有 1 ~ 2 层纤维。

（2）单子叶植物根状茎的构造

①取知母根状茎横切制片，由外向内观察。

a. 木栓层：由数层多角形木栓细胞和 10 ~ 20 层扁平的长方形木栓细胞组成，因来源于皮层薄壁细胞的壁木栓化形成，故又称栓化皮层。

b. 基本组织：由薄壁细胞组成。散有较大的黏液细胞，内含草酸钙针晶束。并可见横走的根迹维管束。

c. 维管束：多数，为有限外韧维管束，散生在基本组织中。

②观察石菖蒲根状茎横切制片，注意和知母根状茎不同的是有表皮和内皮层。

a. 表皮：为一层类方形表皮细胞，外壁增厚，角质化。

b. 皮层：较宽广，散有油细胞、纤维束、叶迹维管束。纤维束类圆形，周围细胞中含有草酸钙方晶，形成晶（鞘）纤维；叶迹维管束外韧型，周围有维管束鞘包绕。内皮层显著具凯氏带加厚。可见根迹维管束斜向通过皮层。

c. 维管束：内皮层以内的基本组织中，维管束散生，主要为周木型，紧靠内皮层排列较密，有的为外韧型。维管束鞘纤维发达，周围细胞中含有草酸钙方晶。

薄壁细胞含淀粉粒，有油细胞。

4. 双子叶植物茎和根状茎的异常构造

（1）海风藤茎的横切制片　注意除正常维管束 18 ~ 33 个排列成环外，在茎中央髓部中还有异常维管束 6 ~ 13 个，为外韧型，亦排列成环。

（2）大黄根状茎横切制片　在低倍镜下可见木质部和宽广的髓部。髓部有多数星点状的异型维管束。转换高倍镜观察异型维管束，其形成层呈环状，内方为韧皮部，外方为木质部，射线呈星状射出。

薄壁细胞含棕色物质、大型草酸钙簇晶和淀粉粒。

【作业与思考】

1. 比较茎尖与根尖的构造的异同点。

2. 绘马兜铃或向日葵幼茎横切面简图，注明各部分。试述双子叶植物茎初生构造与根的初生构造有何不同？

3. 绘椴树茎横切面简图，并注明各部分。

4. 绘薄荷茎或益母草茎或广藿香茎横切面详图，并注明各部分。

5. 绘石斛茎或玉蜀黍茎横切面简图及一个维管束的详图。

6. 绘石菖蒲根状茎或知母根状茎简图，注明各部分。

7. 比较单子叶植物茎与单子叶植物根状茎的构造有何不同点？

8. 大黄的异常构造与何首乌、怀牛膝的异常构造有何区别？

三、叶的显微构造

【实验材料】

薄荷（*Mentha haplocalyx* Briq.）叶和淡竹〔*Phyllostachys nigra*（Lodd.）Munro var. *henonis*（Mitf.）Stapf ex Rendle〕叶的横切片。

【实验步骤】

1. 双子叶植物叶片的构造

（1）薄荷叶横切制片　在低倍镜下观察叶的大致构造，分辨表皮、叶肉、主脉等各部位的位置，然后转入高倍镜下由外而内仔细观察。

①表皮：上表皮细胞长方形，下表皮细胞较小，均扁平，被角质层，具气孔；表皮有腺鳞（头为多细胞，柄为单细胞）及腺毛和非腺毛。

②叶肉：栅栏组织为1层薄壁细胞，海绵组织由4~5层不规则且排列疏松的薄壁细胞组成。

③主脉：维管束为外韧型，木质部位于主脉的近轴面（靠近上表皮），导管常2~6个纵列成数行，韧皮部位于木质部下方较窄，细胞小，细胞呈多角形，形成层明显。主脉上、下表皮内侧有若干层厚角细胞。

表皮细胞、薄壁细胞和少数导管内有针簇状橙皮苷结晶（图5-11）。

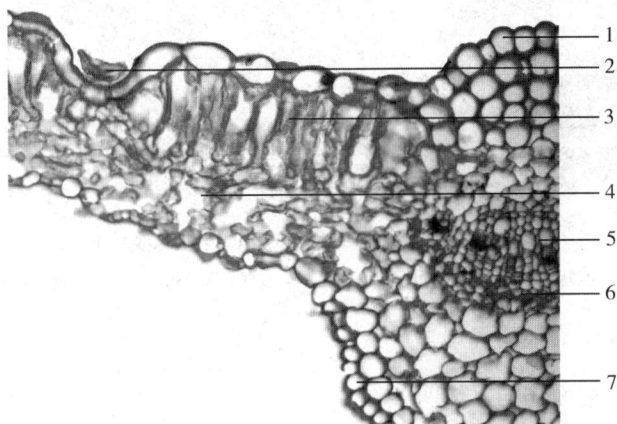

图5-11　双子叶植物叶片的构造（薄荷）

1. 上表皮　2. 腺鳞　3. 栅栏组织　4. 海绵组织　5. 木质部　6. 韧皮部　7. 下表皮

（2）穿心莲叶横切制片

①表皮：有一层薄壁细胞，上表皮细胞类方形或类长方形，多切向延长，下表皮细胞较小，形状不规则。上、下表皮较大的细胞中含钟乳体。均被腺鳞，有时可见非腺毛。

②叶肉：栅栏细胞1层，横向通过中脉，海绵细胞4~5层，形状不规则，细胞间隙大。

③主脉：上面突起三角形，上、下表皮内侧有厚角组织。维管束外韧型；呈凹槽状；木质部导管3~5层，每层2~3个。上方薄壁细胞内含钟乳体。

2. 单子叶植物（禾本科）叶片的构造

自外而内观察淡竹叶横切制片。

（1）表皮 上表皮由大小不等的薄壁细胞（泡状细胞）组成，大小相间排列成扇形；下表皮细胞较小，椭圆形，排列整齐，切向延长。上、下表皮均有角质层、气孔及非腺毛，下表皮气孔较多。

（2）叶肉 栅栏组织为一层短圆柱形的细胞，内含叶绿体并通过主脉；海绵组织由1~3层排列较疏松的不规则圆形细胞组成。

（3）主脉 中脉是一个较大型的外韧型维管束，无形成层，四周有1~2层纤维包围成维管束鞘，木质部导管排成V形，其下部为韧皮部，韧皮部与木质部之间有1~3层纤维间隔，在维管束的上、下方与表皮相接处，有多层小型纤维，其余均为大型薄壁细胞（图5-12）。

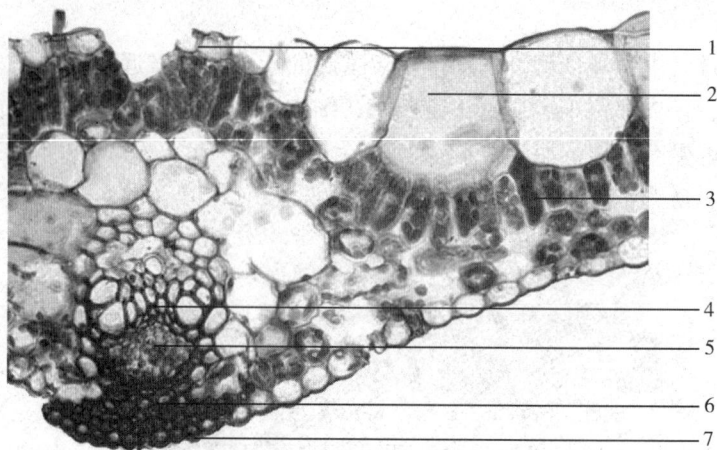

图5-12 单子叶植物叶片的构造（淡竹）

1. 上表皮 2. 泡状细胞 3. 同化薄壁组织 4. 木质部 5. 韧皮部 6. 厚壁组织 7. 下表皮

【作业与思考】

1. 绘薄荷叶横切面详图，注明各部分。

2. 试述叶的构造与功能、形态的相关性。

第六章　低等植物

低等植物的主要特征是：形态上无根、茎、叶的分化，构造上无组织分化，生殖器官是单细胞，合子发育时离开母体，不形成胚。所以低等植物又称无胚植物。

【目的和要求】

1. 通过本实验掌握以下基本知识：

（1）掌握藻类植物、菌类植物、地衣植物的共同特征及其分类依据。

（2）掌握蓝藻门、绿藻门、褐藻门、红藻门的主要特征，熟悉常见药用藻类植物的形态特征及其入药部位。

（3）掌握真菌门的主要特征及其分类依据，熟悉常见药用菌类植物的形态特征及其入药部位。

（4）熟悉地衣植物的形态构造，了解常见药用地衣植物的形态特征。

2. 通过本实验掌握以下基本技能：

（1）熟练使用显微镜观察低等植物显微构造的技能。

（2）识别常见藻类植物和菌类植物的技能。

（3）拍摄低等植物外形和显微构造特征、绘制低等植物构造图的技能。

【仪器、用品、试剂】

显微镜、载玻片、盖玻片、镊子、解剖针、刀片、培养皿、吸水纸、擦镜纸。

【实验内容】

本实验内容包括藻类植物、菌类植物和地衣植物的浸渍标本、干制标本的观察以及常见低等植物药用种类内部构造的观察。

一、藻类植物

【实验材料】

葛仙米（*Nostoc commune* Vauch.）、水绵〔*Spirogyra nitida*（Dillow.）Link.〕、甘紫菜（*Porphyra tenera* Kjellm.）新鲜标本；衣藻属（*Chlamydomonas*）的永久制片；水绵接合生殖的永久制片；海带（*Laminaria japonica* Aresch）具孢子囊群的叶片横切面永久制片；海带雌雄配子体整体装片；石花菜（*Gelidium amansii* Lamx.）、裙带菜〔*Uncaria pinnatifida*（Harv.）Suringar〕、羊栖菜〔*Sargassum fusiforme*（Harv.）Setch.〕等腊叶标本。

【实验步骤】

1. 念珠藻

念珠藻是不分枝的丝状体，不规则地弯曲，交错集成群体，外围是胶质层。用镊子取一小块群体制成临时水装片，在低倍镜下观察后转换高倍镜，可见细胞圆球形，连成丝状，如同一串念珠。仔细分辨藻丝中的营养细胞、异形胞及繁殖胞：异型胞壁厚，内含物比较均匀透明；繁殖胞较大，壁厚，细胞质内含物比较浓厚。

2. 水绵

取水绵丝状体数根，制成水装片。在低倍镜下观察，由带状圆筒形的细胞构成，丝状体外有一层果胶质，壁由纤维素构成，原生质贴壁，有一条或多条螺旋状叶绿体，叶绿体上有一到多个蛋白核（淀粉核）；细胞中央有一细胞核。

取水绵接合生殖的永久制片观察：二条并列的水绵在管相对的细胞壁上形成突起，以后突起的接触面隔膜消失，形成接合管，一个细胞内全部原生质体经接合管进入另一个细胞中，两个细胞的原生质体全部结合，形成合子。

3. 紫菜

取紫菜制成临时玻片标本，于显微镜下观察（高倍），紫菜多数种类的叶状体是由单层的细胞构成，细胞埋藏于胶质中，细胞有一个星形的色素体，内含一个蛋白核（造粉核），一个不易看见的细胞核。

观察红藻门的药用藻类标本：石花菜属、蜈蚣藻属等。

4. 海带

（1）观察海带孢子体形态及内部构造。

①观察海带的腊叶标本。海带的孢子体分为固着器、柄、叶片三部分。

②观察通过孢子体叶片横切面的永久制片。在低倍镜下可见其外层为表皮，由 1~2 层方形的细胞组成，排列整齐紧密，外面有胶质层；表皮以内为皮层，细胞较大，长方形或方形，壁薄，皮层内有 1~2 层黏液腔；中部为髓，由无色短丝构成。

③观察孢子体上的孢子囊群。取具孢子囊群的叶片横切面永久制片于低倍镜下观察，可见孢子囊群是由单室孢子囊和隔丝相间组成。隔丝顶端有胶质冠，孢子囊内有 32 个孢子，孢子萌发成配子体。

④雌、雄配子体的观察。取雌、雄配子体的玻片标本在高倍镜下观察，雄配子体是由十余个细胞构成的分枝丝状体，每个顶端细胞皆可形成孢子囊，其内只有一个精子。雌配子体是由少数较大的细胞组成，分枝也很少。在 2~4 个细胞时，每一枝顶端细胞形成一个卵囊，全部内含物形成一个卵，成熟的卵排在卵囊顶的小孔处，受精后形成合子，发育成孢子体。

（2）观察裙带菜、羊栖菜等的腊叶标本。

【作业与思考】

1. 藻类植物有哪些共同特征？

2. 列表说明蓝藻门、绿藻门、褐藻门、红藻门各自的主要特征。

3. 绘制水绵、海带的构造图。

二、菌类植物

【实验材料】

冬虫夏草〔*Cordyceps sinensis*（Berk.）Sacc.〕标本及其子座横切制片；麦角菌〔*Claviceps purpurea*（Fr.）Tul.〕菌核及其子座纵切制片；酵母菌（*Saccharomyces cerevisiae* Hansen）培养液或其制片；青霉菌（*Penicillium*）、曲霉菌（*Aspergillus*）制片；伞菌子实体及菌褶纵切制片；黑木耳〔*Auricularia auricula*（L. ex Hook.）Underw.〕、银耳〔*Tremella fuciformis* Berk.〕、茯苓〔*Poria cocos*（Schw.）Wolf.〕、猪苓〔*Polyporus umbellatus*（Per.）Fr.〕、雷丸（*Polyporus mylittae* Cooke et Mass.）、灵芝〔*Ganoderma lucidum*（Leyss ex Fr.）Karst.〕、脱皮马勃（*Lasiosphaera fenzlii* Reich.）、猴头菌〔*Hericium erinaceus*（Bull. Ex Fr.）Pers.〕标本。

【实验步骤】

1. 子囊菌亚门

（1）冬虫夏草　冬虫夏草下端"虫"的部分，是蝙蝠蛾科幼虫感染菌丝后，冬天潜入土中越冬，虫体内充满菌丝而成僵死的幼虫体（内部成为菌核）。夏天，通常从虫的头部长出所谓"草"的部分，头部膨大呈棒状的部分称子座，基部柄状，全体药用。

取子座横切面制片观察，可见子座周围长有许多子囊壳（子实体），每个子囊壳中产生许多子囊，每子囊中通常有 2 枚针状的子囊孢子（不易分清）。

（2）麦角菌　观察寄生在禾本科植物小穗上的麦角，呈圆柱状，红紫色，微弯曲如角，即麦角菌的菌核，药用。如菌核落入土中越冬，次年春天，从菌核上长出许多红头紫柄的子座。

麦角菌子座纵切制片观察（示教）：可见子座头部的表皮下，埋生有一层排列整齐的瓶状子囊壳，稍突出子座表面，注意观察子囊壳中有多数圆筒状的子囊，每个子囊中有 8 个线形的子囊孢子（孢子数目不易看清）。

（3）啤酒酵母菌　取玻片标本或酵母培养液制成的临时装片观察，可见菌体为卵圆形单细胞，有的细胞壁上有 1 至数个芽孢子（出芽繁殖），芽孢子长大后与母细胞分离成新个体。每个细胞中央有 1 个大液泡，细胞质内有 1 个球形的细胞核（不易见到）。

2. 担子菌亚门

（1）伞菌类的子实体形态和构造

①观察蘑菇（*Agricus campestris* L. ex Fr.）、香菇〔*Lentinus edodes*（Berk.）Sing.〕、草菇〔*Volvariella volvacea*（Bull. ex Fr.）Quel.〕或其他伞菌的子实体。分清菌盖、菌柄。菌盖下面有多数放射状细条称菌褶。注意菌柄上有无菌环和菌托。

②取伞菌菌褶制片在显微镜下观察，中央为菌髓，由许多菌丝交织成。菌髓两侧为子实层，由担子和隔丝排成栅状，担子呈棒状，顶端有 4 个小梗，每小梗顶端产生 1 个担孢子。

（2）观察常用药用真菌的子实体

①灵芝子实体为木栓质，菌柄生于菌盖侧面，菌盖半圆形至肾形，上面红褐色，有光泽，具环状横纹，下面（管孔面）白色，有许多小孔即管孔，内藏担孢子。

②猪苓菌核常为不规则块状，表面凹凸不平，棕黑至灰黑色，有光泽，断面白色。

③茯苓菌核常为不规则块状，表面有瘤状皱褶，淡灰至黑褐色，断面白色。

④雷丸菌核为类球形或不规则小块，质地坚硬，表面灰褐或黑褐色。菌核药用。

⑤脱皮马勃子实体近球形，幼时白色，熟时渐变褐色，外包被片状脱落，内包被纸质，为一团块状孢体，富弹性，产生无数褐色担孢子。

⑥猴头菌子实体类似猴头，块状，中上部着生白色肉刺，刺锥形下垂，似毛发。

⑦黑木耳子实体黑灰色，耳状或叶状。

3. 半知菌亚门

很多真菌仅发现它们以分生孢子进行无性繁殖，尚未发现有性生殖过程，因为只了解其生活史的一半，故称为半知菌，一旦发现了有性孢子，则多数属于子囊菌。

（1）曲霉属　观察制片标本，菌丝体发达，菌丝具隔。无性生殖发达，从菌丝体上生出许多分生孢子梗，梗顶端膨大成球状，叫泡囊，从泡囊的整个表面发出许多小梗，呈放射状排列，每小梗顶端产生 1 串分生孢子。

（2）青霉属　观察制片标本，菌丝有横隔，分生孢子梗呈扫帚状，从每个小梗上产生一串分生孢子。

【作业与思考】

1. 菌类植物有哪些共同特征？

2. 举例说明什么是菌核、菌丝体、子座、子实体？

三、地衣植物

【实验材料】

松萝（*Usnea diffracta* Vain）、石蕊〔*Cladonia rangiferina*（L.）Web.〕、皮果衣〔*Dermatocarpon miniatum*（L.）Mann.〕、肺衣（老龙皮）〔*Lobaria pulmonaria*（L.）Hoffm. var. *meridionalis* Zahlbr.〕、石耳〔*Umbelicaria esculenta*（Miyoshi）Minks.〕、梅花衣属（*Parmelia*）、雪茶〔*Thamnolia vermicularis*（SW.）Ach.〕等药用地衣植物标本。

松萝、文字衣属（*Craphis*）、石耳等地衣横切永久制片。

【实验步骤】

1. 地衣植物的形态特征

（1）壳状地衣：文字衣属植物呈扁平状，植株紧贴基物上，不易剥落。

（2）叶状地衣：石耳、梅花衣等植物体呈扁平状，仅由菌丝形成的假根或脐紧贴基物上，容易剥离。

（3）枝状地衣：长松萝等植物体直立、丝状或分枝，或下垂有分枝。

（4）观察药用地衣植物标本。

2. 地衣植物的内部构造

在显微镜下观察松萝的横切制片，最外一层为皮层，由菌丝紧密交织而成的，有上皮层和下皮层之分，也称假皮层（假厚壁组织）。其特征为胞腔小，壁厚，常紧密黏合而胶质化。在上皮层和下皮层内侧面是一层由藻类细胞聚集的藻胞层（藻类细胞常为蓝藻和绿藻）。藻胞层内方为髓层，由排列疏松的菌丝所组成。

【作业与思考】

1. 绘一种地衣的横切面结构图，并标明各部分。
2. 地衣植物从形态上可分为哪三种类型？其主要特征是什么？
3. 何为同层地衣和异层地衣，它们在结构上有什么区别？

第七章　高等植物

高等植物的主要特征是：形态上有根、茎、叶的分化，构造上有组织分化，生殖器官是多细胞，合子发育时不离开母体，形成胚。所以高等植物又称有胚植物。

【目的和要求】

1. 通过本实验掌握以下基本知识：

（1）熟悉高等植物的共同特征。

（2）掌握苔藓植物的主要特征及其分类依据，了解常见药用苔藓植物。

（3）掌握蕨类植物主要特征及其分类依据，熟悉石松科、卷柏科、海金沙科、水龙骨科、槲蕨科常见药用蕨类植物的形态特征及其入药部位。

（4）掌握裸子植物主要特征及其分类依据，熟悉松科、柏科、红豆杉科、三尖杉科、麻黄科常见药用植物的形态特征及其入药部位。

（5）掌握被子植物的主要特征及其分类依据，熟悉双子叶植物和单子叶植物的特征，熟悉重点科、属的主要特征及其重点药用植物的形态特征、入药部位。

（6）掌握植物分类检索表的编制原则和类型，熟悉被子植物分科检索表的查阅方法。

2. 通过本实验掌握以下基本技能：

（1）准确识别高等植物科、属、种的基本技能。

（2）描述植物形态特征和记录被子植物花程式的技能。

（3）查阅、编制被子植物分科和分种检索表的技能。

（4）拍摄高等植物外形和显微构造特征、绘制高等植物构造图的技能。

【仪器、用品、试剂】

显微镜、解剖镜、放大镜、载玻片、盖玻片、镊子、解剖针、刀片、培养皿、吸水纸、擦镜纸。

【实验内容】

本实验内容包括苔藓植物、蕨类植物、裸子植物和被子植物的浸渍标本、干制标本、腊叶标本、新鲜标本的观察以及部分种类植物显微特征的观察；被子植物花程式和花图式的记录；被子植物分科、分属检索表的查阅等。

一、苔藓植物

【实验材料】

新鲜地钱（*Marchantia polymorpha* L.）（具孢芽杯、雌雄生殖托）；葫芦藓（*Funar-*

ia hydrometrica Hedw.）（具孢子体）、地钱生殖托纵切片、孢子体装片或纵切片；葫芦藓的示颈卵器和精子器的永久切片；地钱、蛇地钱〔*Conocephalum conicum*（L.）Dum〕、暖地大叶藓〔*Rhodobryun giganteum*（Schwaegr.）Par.〕、泥炭藓（*Sphagnum cymbifolium* Ehrh.）、大金发藓（*Polytrichum commune* Hedw.）等的新鲜或干制标本。

【实验步骤】

1. 苔纲植物的形态和内部结构的观察

（1）地钱植物体（配子体）的观察 常见地钱的植物体即配子体，呈扁平绿色，背腹异面，叉状分枝。注意上面（背面）有孢芽杯，呈杯状突起，其内产生的孢芽可萌发成新的配子体，表皮上有棱状或多角状小块，小块中的白点即气室；下面（腹面）有鳞片和假根。

地钱是雌雄异株，雄器托（精子器托）、雌器托（颈卵器托）都呈伞形，均由托柄、托盘两部分组成。雄器托的托盘呈圆盘状，边缘浅裂，内有 1 个精子器。雌器托的托柄较长，托盘有 8~10 条下垂的指状芒线。

另取蛇地钱标本，注意观察背面上有孢芽杯，呈什么形状。表皮上具棱状或多角状小块，小块中的白点即气室，下面（腹面）具鳞片和假根。其与地钱有什么区别？

（2）雄器托纵切片（示教） 雄器托上面有许多小孔腔，每个小孔腔内有 1 个精子囊，精子多数，呈螺旋形，前面有 2 条鞭毛，借助水可以游动到颈卵器与卵受精。

（3）雌器托纵切片（示教） 在雌器托的芒线间倒悬着 1 列颈卵器，每个颈卵器由单层细胞组成，长颈瓶状，分颈、腹两部分。颈部内有 1 列颈沟细胞，腹部内有 2 个细胞，上面 1 个叫腹沟细胞，下面 1 个叫卵细胞。成熟的颈卵器内腹沟细胞及颈沟细胞均已解体，精子可进入与卵受精。受精卵在颈卵内发育成胚，由胚长成孢子体，即苔蒴。

（4）地钱孢子体制片（示教） 包括孢蒴、蒴柄、吸器（基足）三部分。吸器依附在配子体上，孢蒴内长有许多有弹丝的孢子，孢子成熟时借助弹丝弹出，萌发成原丝体，再萌发成叶状的配子体。

2. 藓纲植物的形态和内部结构观察

葫芦藓植物体为配子体，有茎叶分化。茎直立，高 1~3cm，下部具假根。雌雄同株（但不同枝），雄枝苞叶顶生，宽大，外翻，呈花朵状，内生精子器。雌枝生于雄苞下的短侧枝上，苞叶稍狭，包紧成芽状，内生颈卵器。受精卵在颈卵器内发育成胚，由胚长成孢子体，寄生在植物体（配子体）顶端。孢子体分孢蒴、蒴柄、吸器三部分。如取下孢蒴置载玻片上，盖好盖玻片，轻轻压破孢蒴，镜检，可看到压出的许多孢子，但无弹丝。孢蒴外罩有具长喙的蒴帽，移去，即为蒴盖，蒴盖内可见两层蒴齿。

亦可用大金发藓作观察材料。株高 10~30cm，常丛集成大片群落。幼时深绿色，老时呈黄褐色。茎直立，下部有多数假根。叶丛生于茎上部，下部渐稀而小，鳞片状，长披针形，边缘有齿，中肋突，由几层细胞组成，叶基部鞘状。颈卵器和精子器分别生于二株植物的茎顶。孢蒴呈四棱柱状，孢蒴结构与葫芦藓基本相同。

另取暖地大叶藓（回心草）、泥炭藓等观察。

【作业与思考】

1. 绘制葫芦藓配子体的外形图。

2. 比较苔纲与藓纲植物的主要区别。

二、蕨类植物

【实验材料】

石松（*Lycopodium japonicum* L.）或垂穗石松（*L. cernum* L.）、卷柏〔*Selaginella tamariscina*（Beauv.）Spring.〕或兖州卷柏〔*S. involvens*（Sw.）Spring〕、海金沙〔*Lygodium japonicum*（Thunb）Sw.〕或曲轴海金沙〔*Lygodium flexuosum*（L.）Sw.〕、石韦〔*Pyrrosia lingua*（Thunb.）Farwell〕或有柄石韦〔*P. petiolosa*（Christ）Ching〕、槲蕨〔*Drynaria fortunei*（Kunze）J. Sm.〕或中华槲蕨〔*D. baronii*（Christ）Diels〕、木贼（*Hippochaete himaie* L.）、节节草〔*H. ramosissima*（Desf.）Boerner〕、肾蕨〔*Nephrolepis auriculata*（L.）Trimen〕、紫萁（*Osmunda japonica* Thunb）、金毛狗脊〔*Cibotium barometz*（L.）J. Sm〕、凤尾草（*Pteris multifida* Poir）、野鸡尾〔*Onychium japonicum*（Thunb.）Kunze〕、贯众（*Cyryomium fortunei* J. Sm.）、绵马鳞毛蕨（*Dryopteris crassirhizoma* Nakai.）新鲜或腊叶标本。

蕨类植物配子体（原叶体）永久制片。

【实验步骤】

1. 石松亚门

（1）石松（或垂穗石松）

①取孢子体观察，茎有直立茎和匍匐茎，注意直立茎为几回二叉分枝；叶线状钻形，注意其如何排列。

②从直立茎上端摘下一孢子囊穗，观察其形状、大小、有无柄，然后用镊子从中摘下一孢子叶，于解剖镜下观察其全形及顶部情况，并注意观察孢子叶腹面孢子囊的形状。

（2）卷柏（或兖州卷柏）

①取孢子体观察，注意主茎如何分枝及小枝的形状。营养叶二形，侧叶（背叶）和中叶（腹叶）各几行，形状大小是否相同。

②从茎的顶端摘下一孢子囊穗，注意其形状，用镊子从中摘取一孢子叶，于解剖镜下观察，注意着生方式及形状，并注意孢子囊的形状。

（3）海金沙（或曲轴海金沙）

①取孢子体观察，叶柄具缠绕性。不育羽片生于叶下部，注意其为何种形状；能育羽片生于叶上部，注意其为何种形状；孢子囊穗生于能育羽片的边缘，注意其如何排列。

②摘取一能育羽片放在载玻片上，用镊子从背面刮取少许孢子囊做成水装片，在显微镜下观察孢子囊的形状。取出玻片、放平，用手指轻压盖玻片，使孢子散出，再置显微镜下观察孢子为几面型。

（4）有柄石韦（或石韦）　取孢子体观察，根状茎横走，密生鳞片。叶远生，厚革质，下面密生灰棕色星状毛，叶柄基部具关节；叶二型，注意能育叶与不育叶的形状、大小是否相同；孢子囊群分布情况及有无囊群盖。

（5）槲蕨（或中华槲蕨）

①取孢子体观察，根状茎粗壮肉质，密被大而狭长的鳞片。叶二型，注意不育叶的颜色，形状，如何分裂，有无柄；能育叶绿色，羽状深裂；孢子囊群圆形，如何着生，有无囊群盖。

②摘取能育叶裂片，放在载玻片上，用镊子从背面的孢子囊群中夹取少许孢子囊，做成水装片，在显微镜下观察孢子囊的形状，注意孢子囊的环带类型。取出玻片，放平，用手指轻压盖玻片，使孢子散出，再置显微镜下观察孢子的形状，属几面型孢子。

2. 其他标本

观察木贼、节节草、肾蕨、紫萁、金毛狗脊、凤尾草、野鸡尾、贯众、绵马鳞毛蕨等药用蕨类植物的形态特征并了解其药用部位及功效。

3. 示教

蕨类植物的配子体（原叶体）。取蕨类植物的配子体制片于显微镜下观察。其形状为心形，近缺口处有颈卵器，呈瓶状，精子器呈球形，生于下部及两侧。

【作业与思考】

1. 蕨类植物有哪些主要特征？

2. 简述蕨类植物的生活史。

3. 蕨类植物比苔藓植物进化的依据是什么？

4. 绘制蕨类植物的配子体（原叶体）外形图，注明颈卵器、精子器、假根。

5. 绘制 1～2 种蕨类植物孢子囊的显微构造图。

三、裸子植物

【实验材料】

苏铁（*Cycas reuoluta* Thunb. ）或云南苏铁（*C. siamensis* Miq. ）、马尾松（*Pinus massona* Lamb）或湿地松（*P. elliottii* Engelm）、侧柏〔*Platycladus orientalis*（L. ）Franco〕、草麻黄（*Ephedra sinica* Stapf. ）或木贼麻黄（*E. equisetina* Bunge）、小叶买麻藤〔*Gnetum parvifolium*（Warb. ）C. Y. Cheng ex Chun〕或大叶买麻藤（*G. montanum* Markgr. ）、银杏（*Gingo biloba* L. ）、油松（*P. tabulaeformis* Carr）、金钱松（*Pseudolarix kaempferi* Gord. ）、杉木（*Cunninghamia lanceolata* HK. ）、垂柏（*Cupressus funebris* Endl. ）、竹柏〔*Podocarpus nagi*（Thunb. ）Zoll et Mor. 〕、三尖杉（*Cephalotaxus fortunei* Hook. f. ）、红豆杉〔*Taxus chinensis*（Pilger）Rehd. 〕的新鲜或干制标本及其孢子叶、孢子叶球或球果。

【实验步骤】

1. 苏铁纲

（1）苏铁（或云南苏铁）

①取一营养叶观察，叶大型，一回羽状深裂，注意裂片多少对。边缘向背面显著反

卷，叶柄基部二侧有刺；鳞叶小，密被粗糙毡毛。球花单性异株。

②取一雄球花（小孢子叶球）观察，注意雄球花的形状，其上密生多数鳞片状的雄蕊（小孢子叶），用镊子从中取下一雄蕊观察，可见每个雄蕊下面着生许多花药（小孢子囊），常 3~4 枚聚生。

③取一雌蕊（大孢子叶）观察，其上密被褐色绒毛，上部羽状分裂，下部柄状，柄的两侧着生数个胚珠（大孢子囊）。种子熟时褐红色，核果状。

2. 松柏纲

（1）马尾松（或湿地松）

①取枝条观察，区分长枝与短枝。长枝叶鳞片状，短枝叶针状，几针一束，注意其颜色及长度。球花单性同株。

②用镊子从新枝基部摘下一雄球花（小孢子叶球）观察，外形球状，由多数螺旋状排列的雄蕊（小孢子叶）组成。用镊子摘取一雄蕊于载玻片上，置放大镜下观察。可见二个长形的花粉囊（药室小孢子囊），药隔扩大成鳞片状。然后用解剖针刺破花粉囊，使花粉粒（小孢子）散出，弃去残片，做成水装片置低倍镜下观察，注意花粉粒的形状，有无气囊（翅）。

③从新枝的顶端摘取一雌球花（大孢子叶球）观察，外形球状，由多数螺旋状的珠鳞（心皮，大孢子叶）组成。然后用镊子从雌球花中部取出一完整的珠鳞，用解剖镜观察，可见腹面基部具 2 枚胚珠；背面基部托生一苞鳞，与珠鳞分离。

④观察马尾松或湿地松成熟的球果为何种形状，珠鳞已木质化，称种鳞，近长方形，其顶端加厚成菱形，称鳞盾，鳞盾中央为鳞脐，凹陷或有刺尖，用镊子挑开种鳞，取出种子观察，种子具单翅。

（2）侧柏

①取枝条观察，小枝扁平，排列一平面，鳞叶对生，叶背中脉有槽，花单性同株。

②用镊子摘取一雄球花观察，呈卵圆形，黄色，从中摘取一雄蕊于载玻片上，于解剖镜下观察，可见腹面基部有 2~6 枚花药。用解剖针刺破，使花粉粒散出，弃去残片，做成水装片置低倍镜下观察，注意花粉粒的形态，有无气囊。

③取一雌球花观察，呈近球形，蓝绿色，有 4 对交互对生的珠鳞，用镊子取位于中部的一枚珠鳞于解剖镜下观察，可见腹面基部有 1~2 枚胚珠。

④取成熟的球果观察，卵圆形，开裂，种鳞 4 对，种鳞的背部近顶端具一反曲的尖头。用镊子挑开种鳞，取出种子观察有无翅。

3. 买麻藤纲（倪藤纲）

（1）麻黄（或木贼麻黄）

①取枝条观察，注意节间的长度，叶退化成膜质，鳞片状，下部合生，上部 2 裂，花单性异株。

②用镊子取下一雄球花序观察，每雄球花序有苞片几对；每一苞片中各有雄球花几朵；每雄球花基部周围有 2 裂膜质的假花被，注意雄蕊几个。

③取一雌球花序观察，每雌球花序有苞片几对；最上 1~3 对苞片中各有雌花几朵；

每雌花外有革质的假花被包围，胚珠 1，具 1 层膜质珠被，珠被上端延长成珠孔管。种子成熟时，假花被发育成红色肉质的假种皮，珠被管发育成膜质的种皮。纵切观察假花被和种子。

（2）小叶买麻藤（或买麻藤）

①取一枝条观察，为木质缠绕藤本，茎有明显皮孔，节膨大；注意叶的大小，革质，对生。花单性同株或异株。

②取雄球花序观察，注意如何分枝，雄球花穗长多少，其上有多少轮杯状总苞，每轮总苞内有雄花多少朵；雄花具杯状假花被，雄蕊常 2 枚，花丝合生，稍伸出，花药2。

③取一雌球花序观察，注意如何分枝，每轮总苞内有几朵雌花；假花被囊状，紧包于胚珠之外，成熟时假花被发育成假种皮，红色，肉质。种子核果状，包于红色的假种皮中。

4. 其他标本

观察银杏、油松、金钱松、垂柏、竹柏、三尖杉、红豆杉等药用裸子植物的形态特征，了解其药用部位及功效。

【作业与思考】

1. 裸子植物有哪些主要特征？

2. 裸子植物比蕨类植物更适应陆生环境表现在哪些方面？

3. 绘制马尾松珠鳞（大孢子叶、种鳞）背、腹面形态图并注明各部分。

4. 绘制马尾松雄蕊（小孢子叶）及花粉粒（小孢子）形态图。

5. 比较松科与柏科的不同点。

四、被子植物

（一）桑科 Moraceae

【实验材料】

1. 重点标本

桑（*Morus alba* L.）或鸡桑（*M. australis* Poir）或蒙桑（*M. mongolica* Schneid）等同属一种带雌、雄花和果实的枝条。无花果（*Ficus carica* L.）或榕树（*F. microcarpa* L.）或薜荔（*F. pumila* L）等同属一种带隐头花序或隐花果的枝条。

2. 其他标本

大麻（*Cannabis sativa* L.）、构树〔*Broussonetia papyrifera*（L.）Vent.〕、忽布（*Humulus lupulus* L.）、葎草〔*H. scandens*（Lour.）Merr.〕、榕树（*Ficus microcarpa* L.）等。

【实验步骤】

1. 桑（或鸡桑、蒙桑）

取带花序或果实的新鲜枝条，注意观察有无乳汁以及托叶、叶序、叶形、花序及果实等特征。从雌雄花序中各取一朵小花解剖，观察记录：花的性别、花被、雄蕊、雌蕊及子房位置、花柱、柱头等特征。

2. 无花果（或榕树、荔枝）

取带隐头花序或隐花果的新鲜枝条，注意观察：有无乳汁以及托叶、叶序、叶形与质地、花序与果实类型等特征。切开隐头花序或隐花果观察其内壁着生的小花情况。

3. 观察其他药用植物标本

注意观察：植株性状；茎的形态；叶序、叶形、有无托叶；花序及花的各部分形态；果实或种子的形态等特征。

【作业与思考】

1. 记录桑（或同属其他种）的雄花、雌花的各部分特点，并写出花程式。

2. 绘隐头花序纵剖面图。

3. 桑椹和无花果可食的部分主要是什么？

（二）蓼科 Polygonaceae

【实验材料】

1. 重点标本

红蓼（*Polygonum orientale* L.）或水蓼（*P. hydropiper* L.）或拳参（*P. bistorta* L.）或火炭母（*P. chinensis* L.）等同属一种带花果的完整植株；药用大黄（*Rheum officinale* Baill）或掌叶大黄（*R. palmatum* L.）或唐古特大黄（*R. tanguticum* Maxim）或华北大黄（*R. franzenbachii* Münt）等同属一种带花果的全株（最好带肥大的根）；羊蹄（*Rumex japonicus* Houtt.）或钝叶酸模（*R. obtusifolium* L.）或尼泊尔酸模（*R. nepalensis* Spreng）或巴天酸模（*R. patientia* L.）等同属一种带花果的全株。

2. 其他标本

萹蓄（*Polygonum aviculare* L.）、杠板归（*P. perfoliatum* L.）、蓼蓝（*P. tinctorium* Ait.）、何首乌〔*Fallopia multiflora*（Thunb.）Harald.〕、虎杖（*Reynoutria japonica* Houtt.）、金荞麦〔*Fagopyrum dibotrys*（D. Don）Hare.〕、短毛金钱草〔*Antenoron neofiliforme*（Nakai）Hara.〕。

【实验步骤】

1. 红蓼（或水蓼、拳参、火炭母）

取带花果的新鲜植株，注意观察：茎的质地、节是否膨大以及托叶鞘、叶序、花序及果实类型。解剖一朵花，观察记录：花的性别，花被片数目及特征，雄蕊数目，雌蕊的子房心皮数及位置，胚珠及胎座类型。

2. 药用大黄（或掌叶大黄、唐古特大黄、华北大黄）

取带花果的完全植株，注意观察：根形状及断面的颜色、基生叶与茎生叶形态、托叶、花序及果实特征。解剖一朵花，观察记录：花的性别、花被数、雄蕊数、雌蕊的子房位置、心皮数以及果实形状。

3. 羊蹄（或钝叶酸模、巴天酸模、尼泊尔酸模）

取有花果的新鲜完全植株，注意观察：根形状及断面颜色，托叶及叶形。解剖一朵花，观察记录：花的性别、花被片数、内轮花被是否随子房发育而增大、雄蕊数以及果实形状。

4. 观察其他药用植物标本

注意观察：植株性状；根和茎的形态；叶序、叶形、有无托叶；花序及花的各部分形态；果实或种子的形态等特征。

【作业与思考】

1. 绘蓼属一种植物的一段带叶枝及花果的图。

2. 写出大黄属、蓼属、酸模属花程式。

3. 结合蓼属一种植物形态及花的各部分特征，查分科检索表，写出检索步骤。

4. 观察标本及参考其他资料，完成下列表格。

中文名	学 名	内 容					
		地下部分	托叶形态	叶序	叶形	花序及果实	药用部位及功效

5. 比较蓼属、酸模属、大黄属特征的异同点。

（三）毛茛科 Ranunculaceae

【实验材料】

1. 重点标本

乌头（*Aconitum carmichaeli* Debx.）或北乌头（*A. kusnezoffii* Reichb.）或短柄乌头（*A. brachypodium* Diels）等同属的一种带花或果的有块根的完整植株；黄连（*Coptis chinensis* Franch.）或三角叶黄连（*C. deltoidea* C. Y. Cheng et Hsiao）或云连（*C. teeta* Wall.）等同属一种带花或果的有根茎的完整植株；毛茛（*Ranunculus japonicus* Thunb.）或小毛茛（*R. ternatus* Thunb.）或石龙芮（*R. cantoniensis* DC.）等同属的一种带花果的植株；威灵仙（*Clematis chinensis* Qskeck）或女萎（*C. apiifolia* DC.）或小木通（*C. armandii* Franch）等同属一种带花果的茎藤。

2. 其他标本

回回蒜（*Ranunculus chinensis* Bunge）、扬子毛茛（*R. sieboldii* Miq.）、白头翁〔*Pulsatilla chinensis*（Bge）Regal.〕、短萼黄连（*Coptis chinensis* Franch var. *brevisrpala* W. T. Wang et Hsiao.）、翠雀（*Delphinium grandiflovum* L.）、獐耳细辛〔*Hepatica nobilis* Schreb var. *asiatica*（Nakai）Hara.〕、天葵〔*Semiaquilegia adoxoides*（DC.）Mak.〕、升麻（*Cimicifuge foetida* L.）、唐松草（*Thalictrum aquilegifolium* L. var. *sibiricum* Regel et Tiling）、大叶唐松草（*T. faberi* Ulbr.）、绣球藤（*Chematis montana* Buch–Ham. ex DC.）、耧斗菜（*Aquilegia viridiflora* Pall.）。

【实验步骤】

1. 乌头（或北乌头、短柄乌头）

取带花果有块根的完整植株，注意观察：块根形状、叶序、叶形、有无托叶，花序及果实的特征。取一朵花解剖，观察记录：花的性别、对称性、花萼和花瓣的形状及颜色、雄蕊、雌蕊特征。

2. 黄连（或三角叶黄连、云连）

取有根茎带花果的黄连新鲜材料，注意观察：根茎形态及颜色、叶序、叶形、花序及果实特征。取一朵花解剖，观察记录：花的性别、对称性、花萼及花瓣颜色及数目、雄蕊数目、雌蕊的心皮数、心皮有无柄。

3. 毛茛（或小毛茛、石龙芮）

取带花果的新鲜植株，注意观察：茎叶特征，花序及果实特征。取一朵花解剖，观察记录：花的对称性、花萼和花瓣的数目及颜色、蜜腺位置、雄蕊及雌蕊数目、在突起的花托的着生特征、果实类型。

4. 威灵仙（或女萎、小木通）

取带花果的茎藤，注意观察：叶序、单叶或复叶、有无托叶。取一朵花解剖，观察记录：是否仅有萼片而无花瓣、雄蕊和雌蕊的数目及分离情况、宿存花柱羽毛状。

5. 观察其他药用植物标本

注意观察：植株性状；根和茎的形态；叶序、叶形、有无托叶；花序及花的各部分形态；果实或种子的形态等特征。

【作业与思考】

1. 比较乌头属、黄连属、毛茛属、铁线莲属主要特征的异同点，写出这4个属代表性药用植物解剖花的花程式并根据其花的特征编制检索表。

2. 写出毛茛科10种以上药用植物，指出其药用部位及功效。

3. 根据观察标本结合有关资料，归纳出毛茛科的主要特征。

4. 描述1~2种完整的新鲜标本的特征。

（四）芍药科 Paeoniaceae

【实验材料】

1. 重点标本

芍药（*Paeonia lactiflora* Pall）或川芍药（*P. veitchii* Lynch.）或草芍药（*P. obovata* Maxim）或凤丹（*P. ostii* T. Honget J. X. Zhang）等同属的一种带花果的枝条。

2. 其他标本

牡丹（*P. suffruticosa* Andr.）。

【实验步骤】

1. 芍药（或川芍药、草芍药、凤丹）

取芍药带花果的新鲜枝条，注意观察：植株的性状、叶序、叶形、花着生方式、果实特征。取一朵花解剖，观察记录：花的性别、对称性、花萼和花瓣的形状与颜色、雄蕊和雌蕊的数目、着生情况、有无花盘、心皮质地等。

2. 观察其他药用植物标本

注意观察：植株性状；根和茎的形态；叶序、叶形、有无托叶；花序及花的各部分形态；果实或种子的形态等特征。

【作业与思考】

1. 描述芍药（或川药、草芍药、凤丹）带花果的枝叶形状及花果特征。

2. 芍药科与毛茛科有何异同点？为什么将芍药科从毛茛科中分出独立成科？

（五）木兰科 Magnoliaceae

【实验材料】

1. 重点标本

玉兰（*Magolia denudata* Desr.）或辛夷（*M. liliflora* Desr.）或厚朴（*M. officinalis* Rehd et wils.）或广玉兰（*M. granlifolra* L.）带花和带果的枝条；北五味子〔*Schisandra chinensis* (Turcz.) Bail〕或东亚五味子〔*S. elongata* (Bl.) Baill〕带花和聚合果的枝条；八角（*Illicium verum* Hook. f.）或红茴香（*I. henryi* Diels）或地枫皮（*I. difengpi* K. I. B. et K. I. M.）带花果的枝条。

2. 其他标本

望春花（*Magnolia biodii* Pamp.）、武当玉兰（*M. sprengeri* Pamp.）、凹叶厚朴〔*M. biloba* (Rehd. et Wils) Cheng〕、含笑〔*Micheliu figo* (Lour.) Spreng.〕、白兰花（*M. alba* DC.）、鹅掌楸（*Liriodendron chinensis* Sarg）、北美鹅掌楸（*L. tulipifera* L.）、红花五味子（*Schisandra rubriflora* Franch. Rehd et Wils）、莽草（披针叶茴香）（*I. lanceolatum* A. C. Smith.）、南五味子（*Kadsura longipedunculata* Finet et Gagnep）。

【实验步骤】

1. 玉兰（或辛夷、厚朴、广玉兰）

取带花的枝条，另取聚合果，注意观察：枝叶特征、托叶痕、新鲜叶片揉碎是否有芳香气味。取一朵花解剖，观察记录：花被片数目及排列轮数、每轮数目和颜色及形状；雄蕊数目及形状；雌蕊数目，如何着生于突起的花托上；聚合果的特征。

2. 北五味子（或东亚五味子）

取带花和聚合果的枝条，注意观察：性状和叶形；单性异株，雄花的花被和雄蕊数目及雌株的雌花的花被和雌蕊数目，花托的特征；聚合果的形成特点。

3. 八角（或红茴香、地枫皮）

取带花果的枝条，注意观察：叶序、叶片形状及有无透明油点，质地，揉后有香味。取一朵花解剖，观察记录：花被片数目，颜色，雄蕊数目、雌蕊数目；聚合蓇葖果的果皮木质、芳香。

4. 观察其他药用植物标本

注意观察：植株性状；茎的形态；叶序、叶形、有无托叶；花序及花的各部分形态；果实或种子的形态等特征。

【作业与思考】

1. 绘制木兰属的玉兰（或厚朴、辛夷、广玉兰）花的侧剖面图。

2. 比较木兰属、五味子属、八角属的异同点，写出它们的花程式并据其编制该 3 个属的检索表。

3. 比较木兰科与毛茛科的异同点。

（六）十字花科 Cruciferae

【实验材料】

1. 重点标本

油菜（*Brassica campestris* L.）或萝卜（*Raphanus sativus* L.）或菘蓝（*Isatis indigotica* Fort.）或白菜（*Brassica Pekinensis* Rupr.）有花果的新鲜植株。

2. 其他标本

独行菜（*Lepidium apetalum* Willd.）、菥蓂（*Thaspi arvense* L.）、蔊菜〔*Rorippa montana*（Wall.）Small.〕、白芥〔*Brassica alba*（L.）Hiern.〕、荠菜〔*Capsella bursapastoris*（L.）Medic.〕、播娘蒿（*Descurainia sophia* L. Schur.）。

【实验步骤】

1. 油菜（或萝卜、菘蓝、白菜）

取带花果的新鲜植株，注意观察：植株性状、叶形、花序及果实特征。取一朵花解剖，观察记录：花对称性，花萼及花瓣颜色、数目，排列情况，蜜腺位置，雄蕊类型，雌蕊心皮数，子房位置，胎座类型及假隔膜。

2. 观察其他药用植物标本

注意观察：植株性状；根和茎的形态；叶序、叶形、有无托叶；花序及花的各部分形态；果实或种子的形态等特征。

【作业与思考】

1. 绘制油菜花的花图式，写出花程式。

2. 归纳十字花科的主要特征。并列出常用药的植物及其药用部位。

3. 比较角果、蒴果、菁葖果、荚果的异同点。

（七）蔷薇科 Rosaceae

【实验材料】

1. 重点标本

绣线菊（*Spiraea salicifolia* L.）或麻叶绣线菊（*S. cantoniensis* Lour.）或珍珠梅〔*Sorbaria kirilowii*（Regel）Maxim〕带花果的新鲜枝条，金樱子（*Rosa laevigata* Michx）或月季（*R. chinensis* Jacq）或多花蔷薇（*R. multiflora* Thunb.）、掌叶覆盆子（*Rubus chingii* Hu）或插田泡（*R. coreanus* Miq.）或龙芽草（*Agrimonia pilosa* Ledeb.）或翻白草（*Potentilla discolor* Bge.）的新鲜植株或枝条，杏（*Armeniana vulgaris* Lam.）或桃（*Amygdalus persica* L.）或郁李〔*Cerasus japonica*（Thunb.）Lois.〕带花果的枝条，贴梗

海棠〔*Chaenomeles speciosa*（sweet）Nakai〕或山楂（*Cratargus pinnatifida* Bge.）、豆梨（*Pyrus calleryana* Dcne.）、苹果（*Malus pumila* Mill）新鲜带花果的枝条。

2. 其他标本

地榆（*Sangusorba officinalis* L.）、野山楂（*Crataegus cuneata* sieb et zucc.）、榠楂〔*Chaenomeles sinensis*（Thouin）Koehne〕、枇杷〔*Eriobotrya japonica*（Thunb.）Lindl.〕、蛇莓〔*Duchesnea indica*（Andrews）Focke.〕、水杨梅（*Geum aleppicum* Jacq.）。

【实验步骤】

1. 绣线菊（或麻叶绣线菊、珍珠梅）

取带花果的枝条，注意观察：托叶、叶序及叶形，花序及果实。解剖一朵花，观察记录：花托形态，花萼、花冠着生位置及数目，雄蕊及雌蕊的数目。

2. 金樱子（或月季、多花蔷薇）

取带花或果实的枝条，注意观察：枝条或叶柄有无刺，托叶形态，复叶、花序及蔷薇果的特征。解剖一朵花，观察记录：花托的形态，花萼、花冠着生位置，雄蕊与雌蕊的数目及特点。

3. 掌叶覆盆子（或插田泡、龙芽草、翻白草）

取带花果的新鲜枝条，注意观察：枝条和叶柄有无刺，叶形，托叶、花序及果实的特征。解剖一朵花，观察记录：花托形态、花萼及花冠着生位置、雄蕊及雌蕊的数目及特点。

4. 杏（或桃、郁李）

取带花果的枝条，注意观察：枝条上叶序、托叶、叶形、果实的特征。解剖一朵花，观察记录：花托形态，花萼、花瓣、雄蕊数目及着生位置，雌蕊心皮数、胚珠数及胎座类型。

5. 贴梗海棠（或山楂、豆梨、苹果）

取带花果的枝条，注意观察枝条有无刺，托叶、叶形、花序和果实的特征。解剖一朵花，观察记录：花萼与花瓣数目、着生位置，雄蕊数目，雌蕊的子房位置、心皮数、子房室数及胎座类型。

6. 观察其他药用植物标本

注意观察：植株性状；根和茎的形态；叶序、叶形、有无托叶；花序及花的各部分形态；果实或种子的形态等特征。

【作业与思考】

1. 根据对蔷薇科 4 个亚科的代表植物特点的观察，列出这 4 个亚科的异同点，写出它们的花程式。

2. 绘出杏（或桃、郁李）和贴梗海棠（或山楂、豆梨、苹果）的花的纵剖面图（注明萼片、花瓣、雄蕊、雌蕊）。

3. 列表记录所观察的标本特征。

植物名称	学　名	内　　容			
		植株性状（茎、叶）	花	果实	药用部位及功效

4. 蔷薇科植物的主要特征及药用价值是什么？结合具体药用植物说明。

（八）豆科 Leguminosae

【实验材料】

1. 重点标本

槐（*Sophora japonica* L.）或蚕豆（*Vigna faba* L.）或扁豆（*Dolichos lablab* L.）或野葛（*Pueraria lobata* Willd Ohwi.）带花果的植株或枝条，紫荆（*Cercis chinensis* Bge）或云实（*Caesalpinia sepiaria* Roxb.）或决明（*Cassia tora* L.）或皂荚（*Gleditia sinensis* Lam.）带花果的全株或枝条，合欢（*Albizia julibrissin* Durazz.）或含羞草（*Mimosa pudica* L.）带花果的枝条。

2. 其他标本

膜荚黄芪〔*Astragalus membranaceus*（Fisch.）Bge.〕、蒙古黄芪〔*A. membranaceus*（Fisch.）Bge var. *mongholicus* Bge. Hsiao.〕、扁茎黄芪（*A. complanatus* R. Br.）、甘草（*Glycyrrhiza uralensis* Fisch.）、光果甘草（*G. glabra* L.）、胀果甘草（*G. inflata* Bat.）、苦参（*Sophora flavescens* Ait.）、补骨脂（*Soralea corylifolia* L.）、密花豆（*Spatholobus suberectus* Dunn）、甘葛藤（*Pueraria thonsouii* Benth.）、胡芦巴（*Trigonella foenum – graecum* L.）、望江南（*Cassia occidentalis* L.）、苏木（*Caesalpinia sappon* L.）、儿茶〔*Acacia catechu*（L.）Will〕、广东金钱草〔*Desmodium styracifolium*（Osb.）Merr.〕、白扁豆（*Dolichos lablab* L.）、赤小豆（*Phaseolus calcaratus* Roxb.）、农吉利（*Crotalaria sessilifora* L.）、豌豆（*Pisum sativum* L.）、刺槐（*Robinia pseudoacacia* L.）。

【实验步骤】

1. 槐（或蚕豆、扁豆、野葛）

取带花果的枝条，注意观察：复叶、托叶、花序及果实的特征。解剖一朵花，观察记录：花的对称性，花萼、花瓣，雄蕊类型，雌蕊的心皮数，胎座类型。

2. 紫荆（或云实、决明、皂荚）

取带花果枝条，注意观察：单叶或复叶、托叶、花序及果实的特征。解剖一朵花，观察记录：花的对称性，花萼、花瓣数目及排列状态，雄蕊数，雌蕊的心皮数，胎座类型。

3. 合欢（或含羞草）

取带花果的枝条，注意观察：复叶、托叶、花序及果实的特征。解剖一朵花，观察记录：花的对称性，花萼、花瓣连合状况，雄蕊数目及长度，雌蕊的心皮数，胎座类型。

4. 观察其他药用植物标本

注意观察：植株性状；根和茎的形态；叶序、叶形、有无托叶；花序及花的各部分形态；果实或种子的形态等特征。

【作业与思考】

1. 写出槐（或蚕豆、扁豆、野葛）、紫荆（或云实、决明、皂荚）和合欢（或含羞草）的花程式；并绘出槐、紫荆花的花图式。

2. 归纳豆科植物的主要特征，从所观察的标本中选 10 种药用植物，写出药用部位，并列出它们的分种检索表。

3. 比较豆科三个亚科的异同点。

4. 描述 1~2 种药用植物的形态。

（九）芸香科 Rutaceae

【实验材料】

1. 重点标本

橘（*Citrus reticulata* Blanco）或酸橙（*C. aurantium* L.）或柚〔*C. grandis*（L.）Osbeck〕带花幼果的枝条，黄檗（*Phellodendron amurense* Rupr.）或黄皮树（*P. chinensis* Schneid）带花及幼果的枝条。

2. 其他标本

佛手（*Citrus medica* L. var. *sarcodactylis* Swingle）、香橼（*C. medica* L.）、酸橙（*C. aurantium* L.）、枸橘〔*Poncirus trifoliata*（L.）Rafin〕、白鲜（*Dictamnus dasycarpus* Turcz.）、花椒（*Zanthoxylum bungeanum* Maxim）、吴茱萸〔*Evodia rutaecarpa*（Juss.）Benth.〕、青椒（*Zanthoxylum schinifolium* Sieb et Zucc）、芸香（*Ruta graveolens* L.）、石椒草〔*Benninghausenia albiflora*（Hook.）Reichb.〕。

【实验步骤】

1. 橘（或酸橙、柚）

取带花幼果的枝条，注意观察：枝上有无刺，叶形及叶片上的透明腺点，揉碎后有香气。解剖一朵花，观察记录：萼片、花瓣的数目，雄蕊花丝连合及类型，雌蕊的子房心皮数、胎座类型，果实的特征。

2. 黄檗（或黄皮树）

取带花果的枝条，注意观察：枝条的木栓层内层颜色，复叶、叶表面毛茸，花序及果实。取雌雄异株各一朵花，注意观察：雄花的花萼、花瓣数目、颜色，雄蕊数目；雌花的花萼、花瓣数目，退化雄蕊，子房位置，柱头分裂数，心皮数。

3. 观察其他药用植物标本

注意观察：植株性状；茎的形态；叶序、叶形、有无托叶；花序及花的各部分形态；果实或种子的形态等特征。

【作业与思考】

1. 写出橘（或酸橙、柚）、黄檗（或黄皮树）的花程式。
2. 绘橘（或酸橙、柚）花的纵剖面图（注明萼片、花瓣、多体雄蕊、花盘、雌蕊）。
3. 描述 1~2 种药用植物的形态。

（十）大戟科 Euphorbiaceae

【实验材料】

1. 重点标本

京大戟（*Euphorbia pekinensis* Rupr.）或猫眼草（耳叶大戟）（*E. lunulata* Bge.）或泽漆（*E. helioscopia* L.）或狼毒大戟（*E. fischeriana* Steud.）的植株及花序，蓖麻（*Rianus communis* L.）的枝条、花序、果实。

2. 其他标本

甘遂（*E. kansui* T. N. Liou ex T. P. Wang）、续随子（*E. Lathris* L.）、地锦（*E. humifusa* Willd.）、巴豆（*Croton tiglium* L.）、叶底珠〔*Securinega suffruticosa* (Pall.) Rehd.〕、铁苋菜（*Acalypha australis* L.）。

【实验步骤】

1. 京大戟（或猫眼草、泽漆、狼毒大戟）

观察植株，注意茎、叶折断后有无白色乳汁流出。取 1 个杯状聚伞花序（大戟花序）观察，纵剖开，可见由总苞、中央的 1 朵雌花和周围的多朵雄花组成，注意总苞边缘裂片及腺体的数目及形状；雌花只有 1 个无花被、具 3 心皮的雌蕊；每朵雄花只具 1 个雄蕊，雄花有关节，关节以上为花丝，关节以下为花柄。

2. 蓖麻

注意观察：叶掌状分裂，叶柄是否具腺体；圆锥花序上部与下部的花是否相同；雌花具 3~5 萼片，花柱 3 裂，顶端又各 2 裂，子房具肉刺状毛，横切子房，3 室；雄花也仅有萼片 3~5，雄蕊多数，花丝下部合生成束，观察果实属何种类型。

3. 观察其他药用植物标本

注意观察：植株性状；根和茎的形态；叶序、叶形、有无托叶；花序及花的各部分形态；果实或种子的形态等特征。

【作业与思考】

1. 大戟科的主要特征有哪些？列出观察的药用植物及药用部分。
2. 以所观察的大戟属植物为例，描述杯状聚伞花序的构造，绘大戟属的花图式。
3. 绘蓖麻花的解剖图（注明各部分）。

（十一）锦葵科 Malvaceae

【实验材料】

1. 重点标本

木芙蓉（*Hibiscus mutabilis* L.）或锦葵（*Malva sinensis* Cavan.）或蜀葵〔*Althaea* rosea（L.）Cavan.〕枝叶、花、果。

2. 其他标本

苘麻（*Abutilon theophrasti* Medic.）、冬葵（*Malva verticillata* L.）。

【实验步骤】

1. 锦葵（或蜀葵）

观察枝条及叶形特征后，揉碎，注意有无黏液，有则说明具黏液道。取花观察解剖，注意花萼外有无副萼，有几枚；雄蕊是否连合为单体，有何特点；用放大镜看花药有几室；纵剖花丝管看雌蕊，子房上位，中轴胎座。

示教：取花粉粒做成水装片观察，花粉粒大而有刺。

2. 木芙蓉

注意观察：叶掌状浅裂，两面是否具星状毛；副萼5；花5基数；雄蕊是否连成单体，有何特点；纵剖花丝管看雌蕊，子房上位，柱头5裂，中轴胎座；蒴果近球形，密生何种毛茸。

示教：取花粉粒做成水装片观察，花粉粒大而有刺。

3. 观察其他药用植物标本

注意观察：植株性状；茎的形态；叶序、叶形、有无托叶；花序及花的各部分形态；果实或种子的形态等特征。

【作业与思考】

1. 绘锦葵科的花图式。

2. 绘木槿或苘麻花的纵剖图（注明副萼、萼片、花瓣、单体雄蕊、雌蕊等各部分）。

3. 锦葵科有哪些特征？

（十二）五加科 Araliaceae

【实验材料】

1. 重点标本

细柱五加（*Acanthopanax gracilistylus* W. W. Smith）或三叶五加〔*A. trifoliatus*（L.）Merr.〕或刺五加〔*A. senticosus*（Rupr. et Maxim.）Harms〕的枝条、花、果，人参（*Panax ginseng* C. A. Meyer.）、三七（田七）〔*P. notoginseng*（Burk.）F. H. Chen〕、西洋参（*P. quinquefolium* L.）带花果的植株。

2. 其他标本

大叶三七（珠子参、扭子七）〔*P. japonicus* C. A. Mey. var. *major*（Burk.）C. Y. Wu et K. M. Feng〕、羽叶三七〔*P. japomcus* C. A. Mey. var. *bipinatifidus*（Seem.）C. Y. Wu et K. M. Feng〕、楤木（*Aralia chinensis* L.）、土当归（食用楤木）（*A. cordata* Thunb.）、通脱木〔*Tetrapanax papyrifera*（Hook.）K. Koch〕、常春藤〔*Hedera nepalensis* K. Koch var. *sinensis*（Tobl.）Rehd.〕。

【实验步骤】

1. 细柱五加（或三叶五加、刺五加）

取带花果枝条观察，注意刺的形状和着生方向，叶为何种类型的复叶，伞形花序单生或再构成哪种花序。取 1 朵小花观察：萼筒与子房贴生，花 5 基数，雄蕊着生在花盘边缘，子房下位，花柱 2 裂。浆果。

2. 人参（或三七、西洋参）

取整株植物观察，注意根属何种质地，是否具根状茎，叶为何种类型的复叶，叶序属何种类型，花两性或杂性，排成顶生的伞形花序。取小花 1 朵观察：花 5 基数，子房下位，注意花盘何种形状。核果状浆果。

3. 观察其他药用植物标本

注意观察：植株性状；根和茎的形态；叶序、叶形、有无托叶；花序及花的各部分形态；果实或种子的形态等特征。

【作业与思考】

1. 绘五加科植物的花图式。

2. 绘五加属一种植物带叶的枝条及花的纵剖图（注明萼齿、花瓣、雄蕊、上位花盘、子房）。

3. 描述 1~2 种药用植物的形态。

（十三）伞形科 Umbelliferae

【实验材料】

1. 重点标本

当归〔*Angelica sinensis*（Oliv.）Diels〕或杭白芷（*A. dahurica* 'Hangbaizhi'）、柴胡（*Bupleurum chinense* DC.）或狭叶柴胡（*B. scorzonerifolium* Willd.）、野胡萝卜（*Daucus carota* L.）或胡萝卜（*D. carota* L. var. *sativa* DC.）、小茴香（*Foeniculum vulgare* Mill.）、旱芹（*Apium graveolens* L.）植株、花序、果实，茴香（或野胡萝卜、柴胡）果实横切制片。

2. 其他标本

川芎（*Ligusticum chuanxiong* Hort.）、藁本（*L. sinense* Oliv.）、白花前胡（*Peucedanum praeruptorum* Dunn）、紫花前胡〔*P. decursivum*（Miq.）Maxim.〕、蛇床〔*Cnidium monnieri*（L.）Cuss.〕、窃衣〔*Torilis japonica*（Houtt.）DC.〕、积雪草〔*Centella asiatica*（L.）Urban〕。

【实验步骤】

1. 当归（或杭白芷）

注意叶是复叶还是单叶，叶柄下部是否膨大成囊状的叶鞘；复伞形花序，小伞具有条形小总苞片；花 5 基数，子房下位；双悬果椭圆形，注意花柱基的形状。

取分果横切面永久制片观察，为背腹压扁，分清背棱、中棱、侧棱、合生面、油管。

2. 柴胡（或狭叶柴胡）

注意叶是单叶还是复叶，叶片的形状，是否全缘，叶脉属何种类型；复伞形花序的总苞及小总苞的形状；双悬果椭圆形或卵状长圆形，两侧略扁平，横切面圆形或近五边形，每棱槽中有油管 1~3，多为 3，合生面 2~6，多为 4，或全部不明显。

3. 野胡萝卜（或胡萝卜）

观察叶片是几回羽状分裂，叶基扩大成鞘状；复伞形花序，注意区分总苞片（成叶状、羽状分裂）、伞幅（有多条）、小总苞片（羽裂或不裂）。取 1 朵小花观察：花 5 基数，注意花柱基（上位花盘）的形状和子房的位置；果实由 2 个心皮构成，熟时由合生面分成 2 个分果，顶部悬挂在心皮柄上；每个分果背腹压扁，用放大镜观察，可见 5 条主棱和 4 条副棱（次棱），主棱上具较短的刚毛，副棱上具长刺毛；将分果自中部横切成薄片（或用永久制片），置解剖镜下观察，可见各主棱下有 1 维管束，各副棱下具 1 个油管，合生面有 2 个油管。

4. 小茴香

观察叶片的分裂数，叶基扩大成鞘；复伞形花序，注意花序无总苞和小总苞；小花黄色，5 基数，子房下位，横切可见 2 室。取双悬果观察分果是背腹压扁还是两侧压扁。

取分果横切面永久制片观察，可见 5 条主棱发达，棱下各有 1 维管束，棱间各有 1 个油管，合生面有 2 个油管。

5. 旱芹

植株具圆锥根和多数的侧根；茎具纵棱和直槽；基生叶具柄，一至二回羽状全裂，裂片卵形或近圆形，茎生叶楔形，3 全裂；复伞形花序多数，注意有无总花梗，有无总苞和小总苞，伞幅 7~15，萼齿小，花瓣卵圆形，花柱短，叉开；双悬果近圆形至椭圆形，果棱尖锐，条形。

6. 观察其他药用植物标本

注意观察：植株性状；根和茎的形态；叶序、叶形、有无托叶；花序及花的各部分形态；果实或种子的形态等特征。

【作业与思考】

1. 绘伞形科的花图式。

2. 绘野胡萝卜（或胡萝卜、茴香、白芷）花的纵剖图（注明萼片、花瓣、雄蕊、雌蕊、花柱基）及分果的横切图（注明主棱、副棱、维管束、油管）。

3. 描述 1~2 种药用植物的形态。

（十四）木犀科 Oleaceae

【实验材料】

1. 重点标本

连翘〔*Forsythia suspense* (Thunb.) Vahl〕、女贞（*Ligustrum lucidum* Ait.）、金钟花

（*Forsythia viridissima* Lindl）带花或果实的枝条。

2. 其他标本

梣（白蜡树）（*Fraxinus chinensis* Roxb.）、尖叶白蜡树（*F. Szaboana* Lingelsh.）、苦枥木（*F. insularis* Hemsl.）、小叶女贞（*L. quihoui* Carr.）、桂〔*Osmanthus fragrans* (Thunb.) Lour.〕等。

【实验步骤】

1. 连翘

落叶灌木；茎直立，枝条下垂，具4棱，节间中空；单叶对生，叶片全裂或3全裂。注意观察花冠颜色，簇生于叶腋中，花萼、花冠常4深裂，花冠管内是否分布有橘红色条纹，雄蕊数目及着生部位；蒴果狭卵形，呈木质，注意表面是否有瘤状皮孔，种子有无翅。

2. 金钟花

蔓性灌木；枝条下垂，具4条棱；单叶对生，注意叶缘的形状；花簇生于叶腋中，注意花冠颜色，花冠管内面是否有橘红色条纹，雄蕊数目及着生部位。

3. 女贞

乔木；全体无毛；注意观察花小，花冠颜色和形状以及花序类型；雄蕊2枚；核果矩圆形，微弯曲，成熟时由淡绿色转变成紫黑色，外被白粉。

4. 观察其他药用植物标本

注意观察：植株性状；茎的形态；叶序、叶形、有无托叶；花序及花的各部分形态；果实或种子的形态等特征。

【作业与思考】

1. 写出连翘、金钟花、女贞的花程式。

2. 绘上述植物中一种植物的花图式。

3. 检索并记录上述一种植物的检索过程。

（十五）夹竹桃科 Apocynaceae

【实验材料】

1. 重点标本

夹竹桃（*Nerium indicum* Mill）、黄花夹竹桃〔*Thevetia Peruviana* (Pers) K. Schum〕、罗布麻（*Apocynum venetum* L.）带花、果的枝条。

2. 其他标本

萝芙木〔*Rauvolfia verticillata* (Lour.) Baill.〕、络石〔*Trachelospermum jasminoides* (Lindl.) Lem.〕、长春花〔*Catharanthus roseus* (L.) G. Don〕、羊角拗〔*Strophanthus divaricatus* (Lour.) Hook. et Arn.〕、杜仲藤〔*Parabarium micranthum* (DC.) Pierree〕等。

【实验步骤】

1. 夹竹桃

取枝条仔细观察，注意枝条上叶着生的方式及叶形，然后观察其有无乳汁流出，是否为伞房状聚伞花序，花冠喉部具 5 枚阔鳞片状副花冠；雄蕊箭头形；果实为双蓇葖果。

2. 黄花夹竹桃

取枝条观察叶的着生方式及叶形，折断后有无乳汁。取一朵花观察花冠裂片在芽中如何旋转，萼裂片及花冠裂片各几枚，花冠喉部具 5 枚被毛鳞片，花粉粒是否成花粉块，子房上位、柱头 2 裂，核果倒三角扁球形。种子有毒。

3. 罗布麻

取带花的植株，注意观察叶的着生方式及叶片形状，折断后是否有乳汁流出、花序顶生还是腋生。取一朵花仔细观察：花基数、花瓣是否连合，雄蕊数目、连合与否，果实类型。

4. 观察其他药用植物标本

注意观察：植株性状；茎的形态；叶序、叶形、有无托叶；花序及花的各部分形态；果实或种子的形态等特征。

【作业与思考】

1. 写出夹竹桃、黄花夹竹桃和罗布麻的花程式，并任选一种绘其花图式。

2. 描述夹竹桃的主要特征。

（十六）唇形科 Labiatae

【实验材料】

1. 重点标本

益母草（*Leonurus neterophyllus* Sweet）、丹参（*Salva miltiorrhiza* Bunge）、黄芩（*Scutellaria balensis* Georgi）、薄荷（*Mentha haplocalyx* Briq）的植株及花序。

2. 其他标本

紫苏〔*Perilla frutescens*（Linn.）Britt.〕、藿香〔*Agastache rugosa*（Fisch. et Meyer）O. Ktze.〕、筋骨草（*Ajuga decumbens* Thunb.）、活血丹〔*Glecoma longituba*（Nakai）Kupr.〕、夏枯草（*Prunella vulgaris* L.）、毛叶地瓜儿苗（*Lycopus lucidus* Turcz. var. *hirtus* Regel.）等。

【实验步骤】

1. 益母草

取花枝和果枝的植株，观察其形态特征：茎为四方形，叶对生，揉碎鲜叶及幼茎有芳香味发出。注意其花序类型，花冠上唇和下唇的裂片数目，雄蕊类型，子房 4 深裂，注意花柱着生的部位，4 枚小坚果的特征。

2. 丹参

观察丹参茎的形态，叶的着生方式，叶片形状，花序类型，花冠上唇和下唇的裂片数目。注意观察其雄蕊有几枚，着生的位置，发育的二枚雄蕊的能育药室、不育药室、药隔、花丝的特点，雌蕊的子房 4 深裂，花柱基生。

3. 黄芩

观察黄芩的基部多分枝；叶对生、具短柄，披针形至条状披针形，注意叶下面是否被下陷的腺点，总状花序是否顶生，花序上的花偏于一侧，花基部具一枚苞片呈叶状，唇形花冠，二强雄蕊，小坚果卵球形。

4. 薄荷

注意植物体是否具有清凉香气，茎四棱，叶对生，注意叶片形状，叶两面是否都具有柔毛和腺鳞，轮伞花序腋生还是顶生，唇形花冠上唇和下唇的裂片数目，雄蕊类型，小坚果椭圆形。

5. 观察其他药用植物标本

注意观察：植株性状；根和茎的形态；叶序、叶形、有无托叶；花序及花的各部分形态；果实或种子的形态等特征。

【作业与思考】

1. 写出益母草、丹参、黄芩、薄荷的花程式，自选1种绘其花图式。
2. 检索并记录益母草、丹参、黄芩、薄荷（自选1种）检索过程。
3. 描述1~2种药用植物的形态。

（十七）茄科 Solanaceae

【实验材料】

1. 重点标本

龙葵（*Solanum nigrum* L.）、白花曼陀罗（*Datura metel* L.）或曼陀罗（*Datura stromonium* L.）、宁夏枸杞（*Lycium barbarum* L.）的植株、花、果实。

2. 其他标本

枸杞（*L. chinensis* Mill.）、白英（*S. lyratum* Thunb.）、酸浆〔*Physalis alkekengi* L. var. *franchetii*（Mast.）Makino〕、华山参（漏斗泡囊草）（*Phisochlaina infudibularis* Kuang）等。

【实验步骤】

1. 龙葵

取带花、果实的植株，注意观察叶片形状，叶在茎枝上着生的方式，萼片、花瓣的数目及连合情况，花冠是否为辐状。注意雄蕊数目及花药如何贴生成一圆锥状体围绕花柱，花药如何开裂，心皮数目以及胎座类型。果为浆果。

2. 曼陀罗（或白花曼陀罗）

观察曼陀罗叶的着生方式及叶片形状，花萼和花冠的形状，雄蕊数目和雌蕊的心皮数目，果实类型，果皮上是否具刺。

3. 宁夏枸杞

观察枝条上是否具棘刺；叶互生或丛生，花数朵簇生于短枝上，花萼和花冠形状和裂片数目，雄蕊的着生部位。浆果宽椭圆形。

4. 观察其他药用植物标本

注意观察：植株性状；根和茎的形态；叶序、叶形、有无托叶；花序及花的各部分形态；果实或种子的形态等特征。

【作业与思考】

1. 写龙葵、曼陀罗或白花曼陀罗及宁夏枸杞花程式。

2. 检索并记录龙葵（或曼陀罗、宁夏枸杞）的检索过程。

3. 描述 1~2 种药用植物的形态。

（十八）玄参科 Scrophulariaceae

【实验材料】

1. 重点标本

玄参（*Scrophularia nigpoensis* Hemsl.）、泡桐〔*Paulownia fortunei*（Seem）Hemsl.〕、地黄〔*Rehamannia gluinosa*（Gaertn.）Libosch. ex Fish et Mey〕带花、果实枝条。

2. 其他标本

北玄参（*S. buergerianan* Miq.）、洋地黄（*Digitalis purpurea* L.）、通泉草〔*Mazus japonicus*（Thunb.）O. Kuntze〕、阴行草（*Siphonostegia chinensis* Benth.）、腹水草〔*Veronicastrum axillare*（Sieb. et Zucc.）Yamazaki.〕等。

【实验步骤】

1. 玄参

取带花、果实的植株，注意观察叶在茎上排列的情况和叶片形状，聚伞花序的形状。花萼、花冠是否连合，花冠形状和颜色，雄蕊几枚，有无退化雄蕊，子房上位，花柱顶生，子房室数和胎座类型以及胚珠数目。

2. 泡桐

取带花和幼果的枝条，观察叶在茎上着生方式和叶片形状。注意花序的类型、花萼宿存、花冠二唇形，注意上唇是否反卷，二强雄蕊，子房 2 室，中轴胎座，蒴果木质，2 瓣裂。

3. 地黄

观察植株是否密被灰白色长柔毛及腺毛；叶基生成丛，叶片上面呈绿色多皱；注意总状花序顶生还是腋生，花冠颜色，花冠内面常有黄色带紫的条纹，花冠呈二唇，二强雄蕊，子房上位，子房 2 室，蒴果卵形。

4. 观察其他药用植物标本

注意观察：植株性状；根和茎的形态；叶序、叶形、有无托叶；花序及花的各部分形态；果实或种子的形态等特征。

【作业与思考】

1. 写出玄参、泡桐、地黄的花程式，绘制其中 1 种植物的花图式。

2. 检索玄参（或泡桐、地黄）检索过程。

4. 编制唇形科、马鞭草科、玄参科、茄科的检索表。

（十九）茜草科 Rubiaceae

【实验材料】

1. 重点标本

栀子（*Gardenia jasminoides* Ellis）、茜草（*Rubia cordifolia* L.）、鸡矢藤〔*Paederia scandeus*（Lour.）Merr.〕带花、果实的枝条。

2. 其他标本

钩藤〔*Uncaria rhynchophylla*（Miq.）Miq. ex Havil.〕、华钩藤〔*U. sinensis*（Oliv.）Havil.〕、巴戟天（*Morinda officinalis* How）、白花蛇舌草（*Hedyotis diffusa* Willd.）、白马骨〔*Serissa serissoides*（DC.）Druce〕、虎刺（*Damnacanthus indicus* Gaertn.）等。

【实验步骤】

1. 栀子

取带花和果实的茎枝，观察叶在茎枝上着生方式，叶片的形状、质地、托叶的形状，叶下面脉腋内是否簇生短毛。注意花冠辐射状，白色，具短柄，单生枝顶，花萼合成筒状，裂片 5~7 枚，萼筒有直棱翅，萼筒与子房合生；花冠高脚碟状，5~7 裂，花蕾呈旋转状排列；雄蕊 5~7 枚，插生于花冠管的喉部，雌蕊 2 心皮合生，子房下位，柱头呈棒状、二浅裂；果实革质，熟时黄色，外具翅状直棱 5~7 条，花萼宿存，种子多数嵌于肉质胎座上。

2. 茜草

注意观察茎上是否具四棱角，中空，棱上是否生倒刺。叶 4 片轮生（实际上 2 片为正常叶、余为托叶）具长柄，叶片卵状心形，基出脉 3~5，上面粗糙、叶柄和叶背面脉上常有倒刺，托叶呈叶状；聚伞花序常排成大而疏松的圆锥花序，顶生或腋生，花冠淡黄白色，5 裂；雄蕊 5 枚，着生于花冠管上，雌蕊 2 心皮合生，子房下位，花柱上部 2 裂，浆果双头状，常 1 心皮发育，球形，成熟时红色转黑色或紫黑色，种子 1 枚。

3. 鸡矢藤

取带花及果的茎藤。观察叶在茎藤上排列的方式，揉新鲜叶片有臭味发出，叶片形状和大小变异较大，托叶在叶柄间，呈三角形；聚伞花序，花萼管陀螺形或卵形，被毛，萼檐 5 裂、三角形，裂片宿存，花冠紫色，花冠管状或漏斗状，外被粉状柔毛，内面紫色，裂片 5，雄蕊 5 枚，着生于花冠管口部，花丝极短，子房下位，2 室，花柱 2，丝状，基部愈合，核果近球形或压扁，橘黄色，果皮膜质，熟时光亮，内有 1~2 核。

4. 观察其他药用植物标本

注意观察：植株性状；茎的形态；叶序、叶形、有无托叶；花序及花的各部分形态；果实或种子的形态等特征。

【作业与思考】

1. 写出栀子（或茜草、鸡矢藤）的花程式。
2. 描述 1~2 种药用植物的形态。

（二十）桔梗科 Campanulaceae

【实验材料】

1. 重点标本

桔梗〔*Paltycodon grandiflorus*（Jacq.）A. DC.〕、半边莲（*Lobelia chinensis* Lour.）、杏叶沙参（*Adenophora axilliflora* Borb.）的枝条、花。

2. 其他标本

党参〔*Codonopsis pilosula*（Franch.）Nannf.〕、四叶参〔*C. lanceolata*（Sieb. et Zucc.）Trautv.〕、管花党参（*C. tubulosa* Kom）、铜锤玉带草〔*Pratis numnlaria*（Lam.）A. Br.〕、蓝花参〔*Wahlenbergia marginata*（Thunb.）A. DC.〕等。

【实验步骤】

1. 桔梗

取带花、果实的植株，观察叶在茎上的排列方式，叶片形状，根的特征。将新鲜标本折断其茎枝及叶片，注意是否有乳汁流出；注意花单生还是集成花序，花冠的性状如何，什么颜色；雄蕊着生于花冠筒上，子房下位，注意心皮数目和胎座类型以及蒴果的开裂方式。

2. 杏叶沙参

取带花及果实的植株，观察根形状，根皮松软还是坚硬，折断根是否有白色乳汁；叶互生，阔卵形；注意花序类型，花冠性状和颜色，花柱基部是否有杯状的花盘，子房下位，心皮数目和胎座类型以及蒴果开裂方式。

3. 半边莲

取带花及果实的植株，观察植株形态，茎是否匍匐，单叶互生，无柄或近乎无柄，花单生于叶腋，无小苞片，花萼5裂，裂片狭三角形，注意花冠形状和颜色，花冠裂片是否偏向一侧，雄蕊花丝基部分离，上部及花药连合成筒状环绕柱头，下方两个花药顶端有髯毛，雌蕊由2心皮组成，子房下位，2室，柱头2裂，蒴果2瓣裂，种子细小、多数。

4. 观察其他药用植物标本

注意观察：植株性状；根和茎的形态；叶序、叶形、有无托叶；花序及花的各部分形态；果实或种子的形态等特征。

【作业与思考】

1. 写出桔梗（或杏叶沙参、半边莲）的花程式，选绘其中1种的花图式。
2. 检索并记录桔梗（杏叶沙参、半边莲）检索过程。
3. 描述1~2种药用植物的形态。

（二十一）菊科 Compositae

【实验材料】

1. 重点标本

向日葵（*Helianthus annuus* L.）、大蓟（*Cirsium japonicum* DC.）、蒲公英（*Taraxacum mongolicum* Hand. – Mazz.）的植株、花序。

2. 其他标本

菊芋（*Helianthus tuberosus* L.）、苍术〔*Atractylodes lancea*（Thunb.）DC.〕、白术（*A. macrocephala* Koidz.）、茵陈（*Artemisia capillaris* Thunb.）、黄花蒿（*A. annua* L.）、紫菀（*Aster tataricus* L. f.）、豨莶（*Siegesbeckia orientalis* L.）、野菊花〔*D. indicum*（L.）Des Moul.（*Chrysanthemum indicum* L.）〕、苦苣菜（*Sonchus oleraceus* L.）等。

【实验步骤】

1. 向日葵、大蓟、蒲公英

观察向日葵、大蓟、蒲公英的花序，分别由多朵小花集生在花序托（花序托是缩短的花序轴）上组成，花序托周围有1至多列苞生构成的总苞，分别解剖大蓟头状花序中的管状花、向日葵头状花序中的舌状花和管状花，注意其为两性花还是单性花，或是中性花，再观察蒲公英头状花序中的舌状花。

观察应由外向内进行，并注意下列几项：

（1）花萼有无特化成冠毛情况。

（2）舌状花及管状花的形态结构、心皮数目、子房类型。

（3）聚药雄蕊的特征。

（4）瘦果或连萼瘦果的特征。

（5）植物折断后是否会流出白色乳汁，属于哪个亚科。

2. 观察其他药用植物标本

注意观察：植株性状；根和茎的形态；叶序、叶形、有无托叶；花序及花的各部分形态；果实或种子的形态等特征。

【作业与思考】

1. 绘纵剖面的一朵管状两性花、一朵舌状雌花以及一朵舌状两性花（注明各部分）。

2. 检索并记录向日葵（或大蓟、蒲公英）的检索过程。

3. 编制菊科2个亚科的检索表。

（二十二）天南星科 Araceae

【实验材料】

1. 重点标本

半夏〔*Pinellia ternata*（Thunb.）Breit.〕、掌叶半夏（*P. pedatisecta* Schott）、天南星

（*Arisaema consanguineum* Schott）、异叶天南星（*P. heterophyllum* Blume）、东北天南星（*P. amurense* Maxim.）、石菖蒲（*Acorus tatarrinowii* Schott）的植株、花序。

2. 其他标本

独角莲（*Typhonium giganteum* Engl.）、犁头尖〔*Typhonium divaricatum*（L.）Decne.〕等。

【实验步骤】

1. 半夏（或掌叶半夏）

注意雄花着生在花序轴上部，雌花密集生于花序轴下部，雌花序与佛焰苞是否合生，有无增厚的横隔膜，是否每个雄花仅有 2 个雄蕊。一年生为单叶，成年植株叶 3 全裂，注意叶柄近基部内侧是否有珠芽，雌雄同株或雌雄异株，附属体是否细长伸出佛焰苞外。

观察并比较掌叶半夏与半夏的块茎大小和叶的特征。

2. 天南星（或异叶天南星、东北天南星）

观察块茎扁球形；注意叶是掌状全裂还是掌状复叶，叶片几裂（枚）；肉穗花序附属体为何形状；肉穗花序与佛焰苞是否合生；雌雄异株或雌雄同株；注意雄花的花药簇生，花丝愈合成短柄；雌花密集。

比较三种天南星叶的不同之处。

3. 石菖蒲

注意是否有浓烈香气，具根状茎还是块茎，何种叶序，中脉是否明显，佛焰苞与叶同形同色，不包被花序，花两性或单性，是否单被花，雄蕊与花被片对生还是互生。

4. 观察其他药用植物标本

注意观察：植株性状；地下茎的形态；叶序、叶形、有无托叶；花序及花的各部分形态；果实或种子的形态等特征。

【作业与思考】

1. 绘半夏（或天南星、异叶天南星）佛焰花序纵剖图（注明佛焰苞、肉穗花序附属体、雄花、雌花）。

2. 天南星科有哪些主要特征？

3. 编制天南星属、半夏属、独角莲属、菖蒲属的检索表。

（二十三）百合科 Liliaceae

【实验材料】

1. 重点标本

百合（*Lilium brownii* F. E. Brown. var. *viridulum* Baker）、黄精（*Polygonatum sibiricum* Redoute）、紫萼〔*Hosta ventricosa*（Salisb.）Steara〕、麦冬〔*Ophiopogon japonicum*（L. f.）Ker – Gawl.〕的植株、花。

2. 其他标本

知母（*Anemarrhena asphodeloides* Bge.）、玉竹〔*Polygonatum odoratum*（Mill.）

Druce〕、暗紫贝母（*Fritillaria unibracteata* Hsiao et K. C. Hsia）、浙贝母（*F. thunbergii* Miq.）、七叶一枝花〔*Paris polyphylla* Smith var. *Chinensis*（Franch.）Hara〕、藜芦（*Veratrum nigrum* L.）等。

【实验步骤】

1. 百合

花为喇叭形，花被片与雄蕊各为 6，花被片基部具蜜槽，蜜槽两侧和花被片基部具乳头状突起，注意子房室数和胎座类型。

2. 黄精

具根状茎，注意叶条状披针形，先端卷曲；花序腋生，2～4 朵花排成伞形状，下垂，苞片膜质，位于花梗基部；花近白色；注意花被片合生成管状，6 裂，雄蕊 6，子房上位，3 室，中轴胎座，浆果成熟时黑色。

3. 紫萼

注意花漏斗形，花被下部合生，上部 6 裂，雄蕊 6，子房上位，子房室数和胎座类型。

4. 麦冬

须根末端膨大成块根；叶基生成丛，条形；总状花序，花序比叶短。果实浆果状，成熟时暗蓝色；花被片与雄蕊各 6 枚，花柱基部宽阔而略成圆锥状；子房半下位。

5. 观察其他药用植物标本

注意观察：植株性状；根和茎的形态；叶序、叶形、有无托叶；花序及花的各部分形态；果实或种子的形态等特征。

【作业与思考】

1. 绘观察解剖的百合科植物的花纵剖图（注明花被、雄蕊、雌蕊）。

2. 百合科有哪些主要特征？

3. 百合属与黄精属各有什么主要特征？

4. 检索并记录 1～2 种药用植物的检索过程，并描述其植物特征。

（二十四）姜科 Zingiberaceae

【实验材料】

1. 重点标本

姜花（*Hedychium coronarium* Koen.）、山姜（*Alpinia japonica* Miq.）、姜黄（*Curcuema longa* L.）、阳春砂（*Amomum villosum* Lour.）的植株、花、果实。

2. 其他标本

草豆蔻（*Amomum katsumadai* Hayata）、高良姜（*Alpinia officinarum* Hance）等。

【实验步骤】

1. 姜花

穗状花序具多数覆瓦状排列的苞片，每苞片内具数花；取一朵花观察，注意花萼管状，先端具 3 齿；花冠管细长，裂片 3，条形；侧生退化雄蕊 2，花瓣状，唇瓣大，花瓣状，顶端 2 裂，能育雄蕊 1 枚，花药背着，注意轻轻分开能育雄蕊花丝的沟槽，从中可见雌蕊的花柱沿花丝沟槽从药室间伸出；子房下位，注意子房室数和胎座类型。

2. 山姜

注意与姜花的花区别；取一朵花观察，注意花萼一侧开裂呈 3 浅裂；花冠 3 裂，后方一片较大，兜状；唇瓣大，先端有时 2 裂，侧生退化雄蕊小，与唇瓣基部合生；能育雄蕊 1，注意雌蕊的花柱是否沿花丝沟槽从药室间伸出；子房下位。

3. 姜黄

注意根状茎卵形，侧根茎指状，是否具块根；叶片椭圆形至矩圆形，两面无毛。穗状花序从叶鞘抽出；取一朵花观察，花萼一侧开裂，先端 2～3 齿；注意花冠裂片 3，侧生退化雄蕊花瓣状，唇瓣大，能育雄蕊 1 枚，花药基部有距，雌蕊子房下位，注意花柱如何沿花丝沟槽从药室间伸出。

4. 阳春砂

具根状茎；叶 2 列，叶片长披针形，具尾尖，叶鞘上有凹陷的方格状网纹；花序是从根状茎上发出；注意果不裂，紫色，有刺状突起。

5. 观察其他药用植物标本

注意观察：植株性状；根和茎的形态；叶序、叶形、有无托叶；花序及花的各部分形态；果实或种子的形态等特征。

【作业与思考】

1. 姜科植物有哪些主要特征？

2. 编制姜黄属、姜花属、山姜属、砂仁属、姜属检索表。

3. 假种皮和种皮有什么不同？

（二十五）兰科 Orchidaceae

【实验材料】

1. 重点标本

白及〔*Bletilla striata*（Thunb.）Reichb. f.〕、构兰属（*Cypripedium*）带花的植株。

2. 其他标本

天麻（*Gastrodia elata* Bl.）、盘龙参〔*Spiranthes sinensis*（Pers.）Ames〕、石斛（*Dendrobium nobile* Lindl.）等。

【实验步骤】

1. 白及

取一朵花观察，注意花两侧对称，花被片 6，外轮为萼片，上方 1 片 称上萼片，侧方 2 片称侧萼片；内轮侧生的 2 片称花瓣，中间的 1 片称唇瓣，唇瓣 3 裂，上面有 5 条纵皱褶；子房下位，花梗状，由 3 心皮组成侧膜胎座；雌蕊的花柱与雄蕊合生为一体组成蕊柱（合蕊柱），顶端着生能育雄蕊 1 枚；注意花药生在蕊柱顶端的药床内，花药有药帽，中有药隔分为 2 室，每室各有 4 个花粉块（新鲜的花能看到，浸泡的花难于分辨），在雄蕊与柱头之间有一舌状突起（蕊喙），在蕊喙下面的凹陷部分能否看见柱头。

2. 构兰属

取花观察，注意花两侧对称，外轮为花萼，中萼片较宽大，2枚 侧萼片合生；花瓣 2片，注意唇瓣呈囊状，较大；可见2枚侧生雄蕊和1枚大型退化雄蕊，注意柱头顶生，稍3裂；花粉粒不黏合成花粉块。

3. 观察其他药用植物标本

注意观察：植株性状；根和茎的形态；叶序、叶形、有无托叶；花序及花的各部分形态；果实或种子的形态等特征。

【作业与思考】

1. 绘白及花的结构图（注明雄蕊、花粉块、柱头、扭转的子房）。

2. 比较姜科和兰科的异同点。

下篇 药用植物实验技术与方法

第八章 显微镜的构造及使用

第一节 光学显微镜的构造及使用方法

光学显微镜主要包括机械部分和光学系统两部分。光学系统是显微镜的核心部分，包括物镜、目镜、聚光器、虹彩光圈和照明光源等；机械部分用以支持和装置光学系统，包括镜座、镜筒、物镜转换器、载物台、调焦螺旋轮等。（图8-1）

一、机械部分

1. 镜座

镜座是显微镜基部的底座，支持整个镜体，使显微镜放置稳固。

2. 镜柱

镜柱是镜座上面直立的短柱，支持镜体上部的各部分。

3. 镜臂

镜臂是上连镜筒、下连镜柱的支架，取放镜体时手握的部分。直筒显微镜镜臂的下端与镜柱连接处有一活动关节，可使镜体在一定范围内后倾，便于观察。

4. 镜筒

镜筒是显微镜上部圆形中空的长筒，标准长度一般为160mm，上端安装目镜，下端与物镜转换器相连，镜筒使目镜和物镜保持一定距离，保护成像的光路和亮度。镜筒有两个，每个镜筒上装一目镜，称为双目显微镜。

5. 物镜转换器

物镜转换器是连接于镜筒下端用于转换和安装物镜的圆盘。盘上有3~4个安装物镜的螺旋孔。当旋转转换器时，物镜即可固定在使用的位置上，保证物镜处于目镜的光线合轴上。

6. 载物台

载物台是放置玻片标本的平台。载物台正中央有一圆形的通光孔，能让光线透过而进入被检样品上。载物台上装有压片夹或标本移动器，右侧下方有移动器柄，用以移动玻片标本。

7. 调焦装置

在镜臂或镜柱两侧各有一对粗、细调焦螺旋轮，用以调节物镜和载物台上玻片标本之间的距离，得到清晰的物像。通过旋转调焦螺旋轮可使镜筒上升或下降，粗调焦螺旋轮旋转一圈可使镜筒移动 2mm 左右，用于低倍物镜和粗调焦时应用，细调焦螺旋轮旋转一周可使镜筒移动约 0.1mm，用于高倍物镜和细调焦时应用。

8. 聚光器调节螺旋轮

在镜柱的一侧，调焦螺旋轮旋转可使聚光器上下移动，借以调节光线强弱。

二、光学系统

由成像系统和照明系统组成。成像系统包括物镜和目镜，照明系统包括反光镜、聚光器和光源（照明装置）。

1. 物镜

物镜安装于物镜转换器上，可将被检样品作第一次放大。按照放大倍数的不同可分低倍物镜、高倍物镜和油浸物镜三种。物镜外壳上刻有放大倍数、数值孔径（N. A）和工作距离（W. D）等。工作距离是指物镜最下面透镜的表面与盖玻片上表面间的距离，物镜的放大倍数愈高，工作距离愈小，所以使用时要特别注意。

2. 目镜

目镜安装在镜筒上端，可将物镜所成的像进一步放大。其上刻有放大倍数，如5×、10×、16×等。

3. 聚光器

聚光器装于载物台下，由聚光镜和虹彩光圈等组成。可将平行的光线聚集成束，集中于一点以增强被检样品的光量，使物像明亮清晰。通过聚光器调节轮上下移动聚光器以调节视野的亮度。

4. 虹彩光圈

虹彩光圈装在聚光器内，拨动操作杆，可调节光圈大小，控制通光量。

5. 反光镜

反光镜是位于聚光器下的一个圆形的两面镜（平面和凹面），平面镜能反光，凹面镜兼有反光和汇集光线的作用。反光镜具有转动关节，可作各种方向的翻转，将光线反射在聚光器上。

6. 照明光源

照明光源可以是自然光源，也可以是电光源。利用自然光源，只需要反光镜即可。电光源多为溴钨灯，又称为卤素灯（带集光镜、滤色镜座），灯外侧装有灯架，有利于保护灯泡和散热。底座上配有电源开关和亮度控制钮。

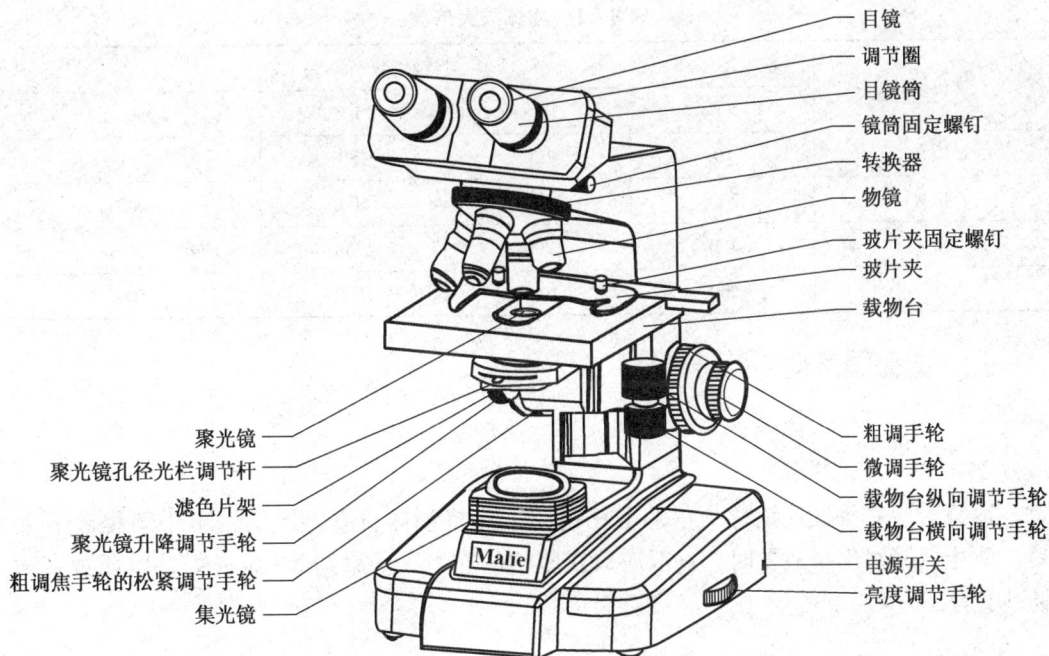

图 8－1 双筒复式显微镜

目镜
调节圈
目镜筒
镜筒固定螺钉
转换器
物镜
玻片夹固定螺钉
玻片夹
载物台
粗调手轮
微调手轮
载物台纵向调节手轮
载物台横向调节手轮
电源开关
亮度调节手轮

聚光镜
聚光镜孔径光栏调节杆
滤色片架
聚光镜升降调节手轮
粗调焦手轮的松紧调节手轮
集光镜

三、显微镜成像的光学原理

显微镜成像主要是依据凸透镜的成像原理。物像的扩大主要是物镜和目镜的作用。物镜是决定显微镜性能和确定分辨率高低的关键性光学元件，它将标本作第一次放大，由目镜再将第一次放大的物像进一步放大，其具体原理和过程见图 8－2。聚光器与物镜之间置放的标本 α 射入物镜的透镜以后，在目镜透镜的焦点下的稍内侧形成倒立的放大实像 α′，α′再经目镜折射产生放大的虚像 b 于明视距离处。

物体最后放大倍数为目镜放大倍数与物镜放大倍数的乘积（见表 8－1）。从表格中可以看出，显微镜最大放大倍数可达 2500 倍，但由于光波波长的限制，放大并能获得清晰分辨率的放大倍数只能达到 1400 倍左右。这是由于可见光波长最短波长为 $0.4\mu m$，所以光学显微镜的分辨力为 $0.17\mu m$，折合有效放大数只能达 1400 倍左右。

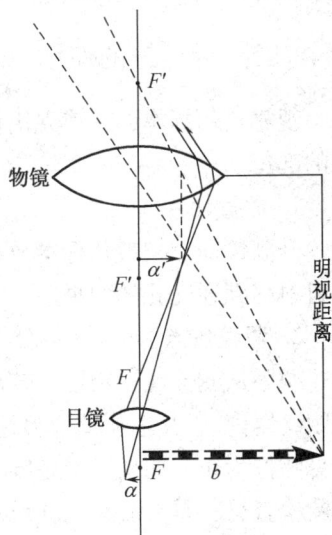

物镜
明视距离
目镜

图 8－2 显微镜成像的光学原理示意图

表 8 – 1　物体放大倍数

物镜倍数	目镜倍数			
	5 ×	10 ×	15 ×	25 ×
10 ×	50	100	150	250
40 ×	200	400	600	1000
90 ×	450	900	1350	2250
100 ×	500	1000	1500	2500

四、显微镜的使用方法

（一）取镜和放置

取镜时应右手握住镜臂，左手平托镜座，保持镜体直立，严禁用单手斜提着显微镜，防止目镜滑出。放置时，一般应放在座位的左侧，距桌边 5～6cm 处，以便观察和防止掉落。

（二）对光

采用日光灯做光源或由窗口进入的散射光，注意避用直射阳光，或直接打开镜座上的电源开关。通过移动旋转器（切忌手持物镜移动）使低倍镜对准载物台上的通光孔（转换时听到碰叩声），然后用左眼或双眼从目镜向下注视，转动反光镜，使镜面向着光源，光弱时可用凹面镜，或调节亮度控制钮，直到见到一个圆形而明亮的视野时，再调节聚光镜或虹彩光圈使视野内的光线均匀而明亮。

（三）低倍镜的使用

观察任何标本，一律先用低倍镜，因为低倍镜的视野大，容易发现目标和确定要观察的部位。

1. 放置切片

升高镜筒，把玻片标本放在载物台上的压片夹或标本移动器中并固定好，将要观察的材料移到通光孔的中央。

2. 调整焦点

两眼从侧面注视物镜，转动粗调焦螺旋轮，使物镜离玻片标本约5mm处（物镜工作距离以内）。用左眼或双目注视镜筒内，同时转动粗调焦螺旋使镜筒慢慢上升，直到看见物像为止，如果视野亮度不合适可调节聚光器或彩虹光圈大小。如看不到物像，应重新检查材料是否放在光轴线上，重新移正材料，再重复上述操作过程直至物像出现为止。转动细调焦螺旋使物像最清晰。当细调焦螺旋向上或向下转不动时，即表明已达极限，切勿再硬拧，而应重新调节粗调焦螺旋，拉开物镜与标本间的距离，再反拧细调焦螺旋，10 圈左右，（一般可动范围为 20 圈）。有的显微镜可把微调基线拧到指示微调范围的二条白线之间，再重新调整焦点至物像清晰为止。

3. 低倍镜的观察

焦点调好后，可调节标本移动器使要观察的部分在最佳位置上。找到物像后，还可根据材料的厚薄、颜色、成像反差强弱是否合适等再调节，如视野太亮，可降低聚光器或缩小虹彩光图，反之则升高聚光器或开大光圈。

（四）高倍物镜的使用

1. 选好目标

高倍物镜只能将视野中心的一部分加以放大，故使用高倍镜前一定要在低倍镜中选好目标并移至视野的中央，而且把物像调节到最清晰的程度，再转换成高倍物镜（因高倍镜工作距离很短，操作要小心，防止镜头碰击玻片）。

2. 调整焦点

转换成高倍物镜后，视野常出现模糊物像，需稍调动细调焦螺旋，即可见到最清晰的物像。

要注意高、低倍物镜是否能如上述情况很好转换？如果高倍物镜离盖玻片较远看不到物像时，需检查物镜安装螺丝是否拧紧；如果高、低物镜不配套，则需重新调整焦点，操作方法与低倍镜调整焦点相同。

3. 调节亮度

转换成高倍镜观察时，视野常变小变暗，可升高聚光器或放大虹彩圈来重新调节视野的亮度。

（五）油镜的使用

使用油镜之前，先用低倍镜、高倍镜观察，并将被检样品移到视野中心，再换用油镜。

使用油镜时，先在盖玻片上滴加一滴香柏油，然后慢慢转换油镜，同时从侧面水平注视镜头与玻片间距离。用油镜观察标本时，绝对不许使用粗调焦螺旋轮，只能用细调焦螺旋轮调节焦点。如盖玻片过厚，必须换成薄片方可聚焦，否则会压碎盖玻片损伤镜头。

油镜使用后，应立即以拭镜纸蘸少许清洁剂［乙醚和无水乙醇（7∶3）的混合液］擦去镜头上的油迹。

（六）显微镜使用后的整理

观察结束后，应先升高镜筒，取下玻片，再转动物镜转换器，使物镜镜头与通光孔错开，再降下镜筒，并将反光镜还原成与桌面垂直，擦净镜体，罩上防尘罩。仍用右手握住镜臂，左手平托镜体，按号放回镜盒中。

（七）显微镜的使用和保管的注意事项

1. 应随时保持清洁，机械部分可用软毛巾擦拭。光学部分的灰尘必须用镜头毛刷拂去，或用吹风球吹去，再用拭镜纸轻擦，切忌用手指或其他粗糙物如纱布等擦拭，以免损坏镜面。

2. 用显微镜观察时，必须用双眼，切勿紧闭一眼。要反复训练用左眼窥镜，右眼作图。

3. 所观察标本必须加盖盖玻片，制作带水或试剂的玻片标本，必须两面擦干再放载物台上观察，并且不可使用倾斜关节，以免溶液流出污染和腐蚀镜体。

4. 如遇机件失灵，使用困难时，绝不可强行转动，更不能任意拆修，应立即报告指导教师解决，以免造成损坏。

5. 不用时应加塑料罩，及时放回镜盒内。镜盒内应放一小袋蓝绿色的硅胶干燥剂防潮。

第二节　双筒解剖镜的构造及使用方法

双筒解剖镜的结构与普通显微镜相似，但其所成的像是直立的。在目镜下面各装有一组三棱镜即"正影"的装置，将所形成的像改换方向，变倒像成正像，所以在移动和解剖被检物体时，成像和实物方向一致。双筒解剖镜的特点是具有两组物镜和两组目镜组成的独立光学系统，用双目进行观察，可观察物体的不同侧面，成像时具有立体感，且工作距离很长便于解剖操作；另其放大倍率通常在 7～160 倍，在扩大镜与显微镜之间，表面投光便于观察物体的外形。

双筒解剖镜的使用方法与普通显微镜大致相同，但不需制成玻片标本，将实物直接放于镜台上就可任意解剖操作和观察记录。同时可以根据需要调换不同倍数的物镜和目镜，物镜有横插式或旋转式两种，后者更为方便，以达到观察时恰到好处的放大倍数。一般如剥制植物的茎尖、解剖花的结构等，均可以用双筒解剖镜，是植物学研究中常用的仪器。

第三节　电子显微镜的构造及使用方法

电子显微镜是用电子束和电子透镜代替光束和光学透镜，使物质的细微结构在非常高的放大倍数下成像的仪器。其放大倍数可达几千倍、几万倍以致几十万倍，在光学显微镜下不能看到的结构如内质网或生物如病毒在电子显微镜下就能看到。电子显微镜的另一个特点是分辨率高，即使是在同样的放大倍数的情况下，光学显微镜所有能看到或看不清楚的结构，在电子显微镜下都能看清楚。分辨率也叫做分辨本领，简单地说就是能够分辨得出尽可能近的两点的能力，用两点间最短的极限距离表示分辨率。

光学显微镜的工作原理是利用光线穿过被观察的样品，经过物镜和目镜的作用样品的象放大到几十倍、几百倍以至一千倍；电子显微镜则是利用电磁透镜的作用，使电子束会聚成一束，穿过样品再经电磁透镜（物镜与目镜）作用使样品的像放大几百倍、几千倍以至几十万倍，但因空气对电子束起着阻碍作用，因此电子显微镜内部需要保持真空状态。另外电子束的穿透能力很差，过厚的样品电子束不能穿透因而不能进行观察，所以必须要将样品切成超薄切片，厚度为 60~90nm。由于上述原因，电子显微镜的造价和使用条件要比光学显微镜的要求高得多。

根据电子束的性质种类及穿透能力不同，通常把电子显微镜分为透射电子显微镜和扫描电子显微镜两大类。

一、透射电子显微镜

利用透射电子成像的显微镜称透射电子显微镜。在各种电镜中所占比重最大，以超薄切片为样品，主要进行二维结构的观察。

一台电子显微镜大体上包括电子光学系统、真空系统、电路系统及附件等四个部分。电子光学系统是电镜的主体，下面将重点介绍其结构原理。

1. 电子枪

电子枪是电子显微镜的光源装置，由阴极、栅极和阳极三部分组成，位于电镜的最上端。电子束通过高速电压产生。

2. 聚光镜（电磁透镜）

聚光镜（电磁透镜）由漆包线绕成的线圈构成。当电流通过线圈时，即会产生磁场。而电子枪发射出的电子在这磁场中运动，就会显出与光学的玻璃透镜相似的会聚、发散、反射、折射和偏转等性质。

3. 样品室（台）

样品室（台）位于聚光镜的下面，用于装载和移动样品。

4. 放大部分

放大部分由物镜、中间镜和投影镜等三级透镜组成。各"镜"也是由线圈构成的，为电磁透镜。其放大倍数为三个透镜之积。

5. 物像显示（终像）

在光学系统的最下部有荧光屏，样品通过放大成像，可从荧光屏上显示，观察者可直接从观察窗来观察物像。此外，也可以利用电子感光板，通过曝光、显影所得照片进行观察分析；也可以通过电视来显示。

由于空气中的分子会阻挠电子束发射而不能成像，灯丝也会被氧化或被阳离子轰击而减少寿命，电子显微镜必须在高度真空的条件下进行工作。因此每台电子显微镜，除了主体电子光学系统部分外还有真空系统及复杂的电路系统。

二、扫描电子显微镜

扫描电子显微镜是电子学、光学、机械学、热学、材料学和真空技术等多门学科的综合应用，是 20 世纪 60 年代以后的一种新型研究仪器。已广泛地应用于生物学及其他各个领域。

扫描电镜与其他电镜相比，具有明显的特点。

1. 可使物体有真实感的立体图像，具有明显的三维结构特征，与景深长有关。

2. 放大倍数大，分辨能力高。只要调好焦距，能连续从几倍到一二十万倍无级放大，操作方便，分辨率可达几纳米。

3. 样品室大，可随意水平移动和转动，便以全面观察。从样品制备看，适应性大，操作比较简单。

4. 结合其他仪器，对样品的成分和元素分布进行分析。

三、电子显微镜的使用

电子显微镜属于高级精密仪器，操作要由电镜室专门人员负责。对于学习植物学或植物工作者来说，重点应放在超薄切片的制作方法和在电镜下如何识别亚显微结构的能力。因此，关于电镜的操作技术，这里以国产 D×201 型电镜为例，加以知识性介绍：

1. 开机：接通总电源，将电压调至 220v。

2. 抽真空：按机械泵开关约 5min，按扩散泵开关约 30min，将镜筒内的空气抽出。

3. 调整合轴：先后进行加高压，粗调照明系统，细调照明系统与物镜合轴，即中间镜、物镜与投影镜合轴，调电流中心，电压中心等过程，使机器的电子光学系统达最佳工作状态。

4. 消像散：只有把像散消到小于一定程度，才能获得较良好的照片。

5. 观察衍射图谱。

6. 拍照。

7. 关机。

第九章　药用植物制片技术

第一节　药用植物制片分类

在自然状态下，即使利用显微镜也是无法观察到植物体的内部组织构造，必须经过特殊的技术手段，将要观察的植物材料做成极薄的片状体，使光线能通过观察的材料，才能利用显微镜对植物组织结构进行观察研究。

药用植物的制片方法很多，常根据保存时间和制片方法进行分类。

1. 根据保存时间分为临时制片和永久制片

临时制片：是为了临时观察研究，不需要长时间保存的一种简便制片方法，也是教学科研中常用的一种方法。临时制片的方法很多，如新鲜材料的组织切片，药材粉末的临时装片，药材的解离装片等，可根据需要选用。

永久制片：是为了使切片长期保存的一种制片方法。这种制片方法较为复杂，特别是用新鲜的材料制片，必须经过固定、脱水、透明、包埋、切片、染色、封藏等过程。一些小的生物的整体制片及一些特殊需要研究的制片也常采用这种方法。

2. 根据制片的方法分为切片法和非切片法

切片法：是用切片刀或切片机将材料按要求切成一定厚度的薄片后进一步处理而形成切片。如徒手切片、石蜡切片、滑走切片、冰冻切片、火棉胶切片、超薄切片等方法。

非切片法：是用物理或化学的方法将材料分离成为组织碎片或单个细胞，也可将适当的材料进行整体封藏的制片方法。如粉末制片、压片、涂片、解离制片及整体装片等。

第二节　药用植物制片方法

一、石蜡切片法

石蜡切片法是显微制片技术中最常用的一种方法，无论是新鲜的还是干燥的植物经不同方法处理后，大多数都可利用这种方法制片。石蜡切片最大的优点是可切出极薄而连续的切片，并且清晰准确。石蜡切片的主要程序如下：

1. 取材

根据实验和研究的目的要求，选取典型而有代表性的材料。

2. 固定

首先将材料处理干净，注意保持原来特征不被损坏，再将材料按要求进行切割，切割后的材料直径一般不可超过0.5cm的小段，如果材料较粗，可在每小段的基础上经过中心做1/2、1/4、1/8、1/16等的等份切割。应注意的是，无论怎样切割，一定要保证观察的具体部位准确而不受破坏。常用的固定液是FAA液（50%或70%的乙醇90mL，冰醋酸5mL，37%~40%甲醛5mL），将处理完的材料放在事先配制好的固定液中12~24h，如果是干燥的药材，可事先用水或稀甘油浸泡一定时间后再进行固定。固定液的用量最少要是材料体积的20倍以上。材料放到固定液中以后，要用注射器进行抽气，特别是一些质地松软的材料，抽气一定要彻底，否则在以后的包埋中难以浸蜡。如果固定后的材料不马上制片，可将材料保存在保存液中（FAA液既是固定液，也是较好的保存液）。

3. 脱水

在透明和浸蜡之前，必须将材料中的水分除去，这个过程叫脱水。经固定后的材料在脱水前必须在流水中冲洗一昼夜，然后将材料按次序放进不同梯度的乙醇中逐步脱水。脱水的乙醇浓度分别为50%、70%、85%、95%、100%，100%的乙醇应重复一次，以保证彻底脱水。每级停留的时间应视材料大小而定，一般在2~4h，在95%、100%的乙醇中不可时间太长，因为纯乙醇可使材料变脆，影响切片的效果，如果一天不能完成全部脱水过程，应将材料放在70%的乙醇中保存过夜。

4. 透明

二甲苯为常用的透明剂。采用梯度的方法，逐渐增加二甲苯的浓度，与乙醇分别配制成25%、50%、75%、100%二甲苯。在每级停留2~3h，在100%的二甲苯中重复一次，以便将材料中的乙醇全部置换掉。

5. 浸蜡

浸蜡的目的是将溶于透明剂中的石蜡浸入到材料的组织中去，最后将由石蜡完全替代透明剂。浸蜡方法：选用熔点在48℃~50℃的石蜡并将其切成小块或削成碎末，然后在盛有材料及透明剂的玻璃管里放一条纸带，小心放入石蜡，其量与透明剂相同。然后将玻璃管放入35℃温箱中，6h后打开瓶盖将其移入50℃温箱中，让透明剂慢慢挥发，蜡的浓度逐渐变浓，2h后将原液倒掉，把材料放入盛有融溶石蜡的小烧杯中，2~4h换一次纯蜡，再过3~4h即可包埋。

6. 包埋

将溶化的石蜡连同材料一同倒入模具内，立即用加热的镊子把材料按需要的切面排列整齐，等石蜡表面凝固后，再将其连同模具一起浸入水中，待完全凝固后，即成蜡块。

7. 切片

先将蜡块修成六面体的小蜡块，再将其粘在小木块上，固定在切片机上，调整切面和切片刀的角度，调整厚度后便可开始操作。

8. 粘片

在清洁的载玻片上涂少量的黏合剂，然后滴加蒸馏水，用针或镊子将蜡片放在水面上，在约45℃的烘台上将切片展平。

9. 脱蜡

将粘好烘干的切片移入二甲苯中10～15min，再换二甲苯一次，使渗入组织中的石蜡全部溶去，只留下组织在载玻片上。

10. 染色制片

将溶去石蜡的切片转入以下几个梯度溶剂中，分别为：1/2的二甲苯与乙醇混合剂→100%乙醇→95%乙醇→85%乙醇→70%乙醇→番红溶液中染色0.5～1h，70%乙醇→85%乙醇→固绿中染色5～30s→95%乙醇→100%乙醇2min→100%乙醇2min→100%二甲苯10min→100%二甲苯10～30min→加拿大树胶封片。

二、粉末制片法

粉末制片法是将干燥的药材粉碎后，根据要求不同而采用不同试剂处理后封片观察。常用稀甘油或稀碘液直接封片，或经水合氯醛液透化后封片。

1. 稀甘油装片

稀甘油装片主要用于药材粉末中有无淀粉粒及淀粉粒的形态鉴定等。方法是取少量药材粉末放在载玻片中间，然后滴加1～2滴稀甘油，轻轻搅匀后用盖玻片封片放于镜下观察。

2. 稀碘液装片

因为淀粉粒遇碘液呈蓝紫色或蓝黑色，所以常用稀碘液来检测药材粉末中是否有淀粉粒的存在。方法是取少量药材粉末放在载玻片中间，然后滴加一滴稀碘液，于显微镜下观察，如果粉末中有淀粉粒存在，将在粉末中观察到被染成蓝黑色或蓝紫色的淀粉粒。

3. 水合氯醛液装片

水合氯醛液是一种常用的透化剂，它能将粉末中的淀粉粒、蛋白质、挥发油、树脂等物质溶解，使观察的粉末更为清晰易辨。另外，水合氯醛还能快速的透入组织中，使干燥的细胞组织膨胀。

在载玻片中间加水合氯醛2～3滴，放入粉末适量，并用镊子尖头或解剖针搅拌均匀，用镊子夹住载玻片，放在酒精灯上微微加热至将要煮沸，注意不要使火太急，以免烧干。再加水合氯醛1～2滴，重复2～3次，等载玻片略为冷却后，再滴加一滴稀甘油，以免水合氯醛液干燥后析出结晶，影响观察，然后加上盖玻片，用吸水纸吸去多余的液体，最后将其置于显微镜下观察。

三、表面制片法

表面制片法是临时制片的一种常用方法，特别适用于新鲜的叶类、草类药材的临时观察，也可用于一些干燥的叶类和草类等的药材经处理后的制片观察。如气孔器、表皮细胞及表皮上的毛茸等附属物的观察。

例如洋葱表皮细胞的观察。在载玻片中间滴加一滴蒸馏水，然后用镊子撕取一小片表皮，大约0.5cm见方（最好是在鳞片叶上用刀片划出小方块）放到载玻片上，再滴一滴蒸馏水，用针将其展平后用盖玻片封片观察。制片时应注意将盖玻片的一边先放到载玻片上，然后轻轻地放平，使其中的气泡尽量排出。

四、压片制片法

用压片的方法制片是细胞学研究、染色体观察、染色体核型分析等常用的一种方法。例如在染色体的核型分析过程，首先将选用的材料经盐酸或果胶酶等解离后，使材料变软，细胞易于分散，将其放到载玻片上封片后，轻轻敲击就可将细胞彼此分开，减少细胞彼此的覆盖，提高观察效果。

五、解离制片法

有些实验需要观察完整的单个细胞形态，而常用的组织切片和粉末制片等是难以做到的。利用某些特殊的化学试剂对药材进行解离，将细胞的胞间层溶解，使细胞彼此分离，这种方法叫组织解离法，利用这种方法制片叫做解离制片。

解离液的选择是根据要解离的药材来确定的，如果材料中木质化细胞少，可用氢氧化钾溶液，如果材料中木质化细胞较多，常选用硝铬酸或氯酸钾溶液。解离前，将材料切成火柴杆粗细，长约1cm的小条，放于试管中，加解离剂，其量约为材料的20倍。然后在酒精灯上或电炉上加热，也可放在恒温箱中加热，加热时间可根据具体要求来确定。

1. 氢氧化钾（钠）解离液

氢氧化钾（钠）解离液为5%的氢氧化钾（钠）溶液。

2. 硝铬酸解离液

硝铬酸解离液为20%硝酸和20%铬酸的等量混合液。用本解离液处理的材料，其木化细胞壁不再显示木化反应。

3. 氯酸钾解离液

于材料中加入50%的硝酸，另加少量的氯酸钾粉末，在微火上加热，等产生的气泡平息后再加入少量的氯酸钾以维持气泡稳定地发生直至材料被彻底解离。

六、徒手切片法

徒手切片法是在对某组织做临时观察时常用的一种方法。虽然切片常常薄厚不均、不完整，但这种方法简单、省事、省时，只用一个刀片就可以操作，是非常实用而又快捷的方法。

先将材料切成2~3cm的小块，直径一般不超过4~5mm。切片时左手拇指和食指夹住材料，材料上端突出1~2mm，两臂夹紧用右手持刀片，切前刀片先在水中蘸一下，以免粘片，刀口向内，从外向内水平匀力运刀，将切下的材料放在水中。如果材料太软，可用胡萝卜或通草等夹住再切。将材料切出数个切片后，在水中可选用薄而完整的切片放在载玻片上，根据需要加水、稀甘油或其他试剂封片。

七、滑走切片法

滑走切片法的制片方法与徒手切片性质类似，但其是用滑走切片机制片，所以能得到薄厚均匀、完整的切片，适用于木材或较硬的组织材料。

滑走切片机主要由控制厚度的微动装置、夹刀部分和夹物部分组成。夹刀部分是在滑行轨道上滑动的，而夹物部分是固定不变的，但可以升降，夹物部分下面连接控制切片厚度的微动装置，当夹刀部分在轨道上滑行一次，夹物部分上的组织块被切去一片。当夹刀再退回原处时，微动装置将材料上升一片的厚度。切片的厚度是由厚度计来调节的。

八、冰冻切片法

冰冻切片法适用于含水较多的材料。新鲜材料可以不经固定脱水，利用制冷装置将材料迅速冻成冰块，然后在滑走（或旋转）切片机上切片。冰冻切片方法制片速度快，并可以保持生活状态，是组织鉴定常用的方法，但切片较厚，不能做连续切片是它的主要不足。具体操作步骤如下：

1. 将冷冻装置安装好，接通水源和电源。
2. 将材料放置在冷冻台上，随着材料冻结而向材料四周滴水，将材料包于冰块内。
3. 组织块冻结后，切片前先降低电压，回升台温，使冰块软化适中时再行切片。
4. 每切一片，即用盖片裱巾一片（将盖片上涂一层粘巾剂），用毛笔将切片移至盖片中央，也可将切片移至水中，然后用涂有粘贴剂的载片捞取。

九、环氧树脂薄切片法

环氧树脂薄切片方法即可用超薄切片包埋切成薄切片，在光学显微镜下观察，为超薄切片的精选和定位，也可在此基础上将包埋块利用超薄切片法制片进行电镜观察。

首先将材料切成 $1 \sim 2mm$ 的小块，然后按以下步骤进行。

1. 用 $1\% \sim 3\%$ 戊二醛室温下固定 $2 \sim 3h$。
2. 用与固定液内相应的缓冲液冲洗 2 次，每次 $1 \sim 2h$。
3. 用 1% 锇酸固定 $1h$。
4. 用相应的缓冲液清洗 2 次，每次 $1 \sim 2h$。
5. 用不同浓度乙醇脱水，直至 100% 乙醇，每级 $15 \sim 30min$。
6. 用树脂混合液浸 $1 \sim 2h$，换 2 次。在新鲜包埋液中过夜，次日将样品和新鲜包埋剂放入胶囊内在 70℃ 下过夜聚合。
7. 将修整好的包埋块放在超薄切片机上，切 $1 \sim 2mm$ 的薄片。然后将切片放在载玻片的水滴上进行烤片，使切片粘在载玻片上。
8. 选用甲苯胺蓝－O 于切片上，在 60℃ ~ 80℃ 温台上加热至四周刚干时，立即用水冲洗，放在温台上烤干。用香柏油或环氧树脂封片，为避免切片褪色，最好封片后立即照相。

十、透射电镜超薄制片法

透射电子显微镜是用来研究细胞的超微结构，要求切片的厚度不能超过 0.1mm，主要有以下几个过程：

1. 取材：将新鲜材料放在低温条件下，切成截面为 $1mm^2$ 的小条。取材时要注意到材料的位置。

2. 固定：超薄切片通常要经过两次固定才能使材料的各种成分保持生活状态和完整。

第一次固定用 2%～5% 戊二醛（0.1mol/L 磷酸缓冲液配制，pH 值为 7.2～7.4）在 4℃ 条件下固定 2h，然后用 0.1mol/L 磷酸缓冲液冲洗 2h。

第二次固定前先将材料再切成 $1mm^3$ 的小块，用 1% 锇酸（0.1mol/L 磷酸缓冲液配制），在 4℃ 条件下固定 2h，然后再用缓冲液或重蒸馏水冲洗 5～15min。

3. 脱水：用不同浓度的丙酮脱水。在 4℃ 条件下从 30%→50%→70%→80%→90%，每级 15min，在室温条件下→100%→100%，每级 10min。

4. 将材料置于准备好的环氧树脂 618 包埋剂，在 37℃ 温箱中浸透一夜，然后再将材料移至胶囊底部倒入包埋剂，于 80℃ 温箱中使其聚合，1.5～2 天。最后取出包埋块在 50℃ 温水中洗去胶囊，干燥后于干燥器中保存。

5. 先将包埋块修理成大小适中并将材料露出梯形小块，安装在切片机上，用事先安装好的玻璃刀进行切片，选择 500～700Å 的切片，放入平皿中干燥。

6. 用醋酸双氧铀滴染 15min，再用重蒸馏水冲洗 3min，吸干后滴染枸橼酸铅液 15min，再用重蒸馏水冲 5min，吸干后，放入平皿中以备观察。

第十章 药用植物绘图与摄影技术

药用植物绘图和摄影是药用植物科学工作的重要组成部分，是对文字描述的形象补充和印证，图文相辅相成，不仅可以更为详尽地记载植物体宏观的形态特征和微观的内部构造，而且能够准确地反映植物的某些典型特征和种间区别。利用摄影技术，还能真实地记录药用植物的形态特征、生态环境，以利于对植物进行鉴别和开发利用。因此，药用植物绘图和摄影技术是学习药用植物学必须掌握的基本技能之一。

第一节 药用植物绘图技术

一、绘图要求

植物绘图是一项对植物形态特征和内部构造进行科学记录的过程，是对绘图对象进行客观反映，因此必须以科学的态度和方法对待，要求达到科学性和艺术性的统一。

植物绘图不是依样画葫芦，绘图前要选择完整无缺和特征典型的植株，最好是根、茎、叶、花或果实、种子齐全。应充分对绘画对象、版面布局进行构思，首先确定绘画对象的主体和重点以及从属部分，构图时力求突出重点、兼顾一般、布局合理。有了"意在笔先"，才能做到画面统一、生动活泼、主次分明，辅以一定的艺术性，绘出既有准确的科学内容又有完美的艺术形式的植物图。

在绘制原植物图和器官形态图时，常采用必要的对比手法处理好主体部分与次要部分之间的关系，即将主体部分画大、放在画面的中心位置，将次要部分画小、放在从属位置，使主体部分突出。

由于植物绘图是黑白点线图，也称墨线图，采用圆点的疏密和衬影线条表示植物器官、组织的明暗对比和质量差异。但应注意轻重适宜、有疏有密、层次分明，统一体现整体和突出重点。切忌用涂抹阴影的方法代替点线。图注应用铅笔正楷书写，一律用平行线引出在图的右侧。图题和所用材料的名称及部位均写在图的下方，必要时应注明放大倍数。

二、药用植物绘图的分类及其用具

植物科学绘图包括形态图和构造图，一般是绘制墨线图，所以用具较为简单。

笔：实验报告绘图只用铅笔，常用 HB 中性（用以勾画图形的轮廓，便于修改）和 2H~3H 硬性铅笔（描绘物象）。为印刷或出版物绘图，则常用钢笔或专用绘图笔。

纸：实验报告常用无格的实验报告纸，为印刷或出版物绘图，则用专用绘图硫酸纸。

直尺、比例尺、绘图橡皮等。

此外，如为了印刷或出版需用钢笔在硫酸纸上绘图，则需准备绘图专用黑墨水（最好带有蘸水器）、遮护板、双面刀片等。

三、药用植物形态图的绘制

植物绘图就是黑白画的工笔白描，应结合标本的特点将构思、构图、统调、渐层、对称、对比、比例、虚实等原理灵活地运用到画图中，使画图达到科学性和艺术性的完美统一。原植物形态图包括植物全株图和器官形态图。

（一）绘图方法

1. 勾绘轮廓法

此法适宜描绘鲜活全株标本。方法是：将植物标本放在灯光与墙壁之间，在墙壁上映出的标本影子上蒙一张白纸，描出影子的轮廓，然后根据标本的特征仔细绘制、修改并填绘细部结构。此法的特点是方便、快捷，中心部位误差小，但是边缘的误差较大，因此必须注意投射的影子不宜太大。

2. 蒙绘轮廓法

此法适宜绘制大型复叶标本，因为复叶尤其是小叶形小而多的类型，叶片较大，对照绘制过于琐碎。方法是：将复叶平铺并固定在桌上，用透明纸蒙覆在标本上勾绘轮廓，然后对照标本进行加工修改并填绘细节部分。此法的特点是方便、准确。

3. 透光绘制法

此法适宜已经压干，尚未上台纸的标本。方法是在：将标本置于透图桌上（桌面中央为玻璃，下面安装一只灯泡），标本上蒙一张薄而质优的绘图纸，打开灯光即可描出轮廓，然后对照标本再加工。此法的优点是植物的质地、厚薄特征明显。

4. 按比例绘制法

此法较为常用。方法是：首先熟悉标本的整体形态和各部分特征，用卡尺或比例尺量取各部分的长宽，分别标于纸上，绘出轮廓，然后在填绘各部分的微细特征。

以上方法在绘图过程中，可以结合标本的实际情况灵活运用。

（二）绘制形态图的注意事项

1. 根

根通常向下生长，自上而下渐细。绘图要突出主根的形状、长短，侧根和纤维根的生长部位。如有块状、纺锤状、球状膨大部分，应作为重点放在明显的位置，描绘清楚，肥厚多汁的圆锥根、圆球根或圆柱根，宜用光滑流利的线条表现，用反光表现其质地。如为攀缘根、寄生根等变态根，还应明确绘出被攀附物体或寄主。可用圆点的疏密或平行线的长短表示某些较暗部位。

2. 茎

注意茎的形状、质地、分枝情况和表面特征。幼茎和草质茎比较柔软多汁，绘图线条要圆滑流利，阴影线要少而细滑；多年生木质茎表面粗糙，裂纹较多，要用刚硬线条表现其明暗和质地。还应注意腺点、毛茸、卷须、叶痕、皮孔、枝刺、裂纹等特征。采用疏密、明暗等手法表现分枝情况。

3. 叶

叶形是鉴别植物的重要依据，可用透视法和比例法结合准确绘制，向光一侧的叶缘用线要细，背光一侧的叶缘用线稍粗。主脉从叶基用双线向叶端逐渐过渡至单线，下表面侧脉用单线，上表面侧脉向光一侧用细线，背光一侧用粗线分出明暗，用渐细的单线画向叶缘，细脉则用极细的线条绘出。用线、点的粗细、疏密表现叶的质地。用短线条勾出叶表面的毛茸等。

4. 花

先画外形，花瓣较薄，一般不用或少用衬影。花萼常用衬影，以表现花萼上毛茸等附属物的虚实明暗。雄蕊应根据其数目、长短、连合与否绘制，花药的背光一侧常用衬影。雌蕊应根据其子房形状、花柱粗细长短、柱头分裂数目绘制。如绘花的剖面图，注意不可缺少花各部分尤其是花萼和花冠的剥离痕迹。

5. 花序

首先根据花序的外形和小花的排列方式、开花顺序绘出轮廓。若花轴上的小花较大（如轮伞花序），应将面朝绘图者较近的花仔细刻画，背着绘图者较远的花虚描；若花轴上的小花较小（如伞形花序），则不必细画出每朵小花，只需绘出大概外形。花序轴已开放的小花应细画，未开放的小花画出轮廓即可。

6. 果实和种子

肉质果如浆果、瓠果、梨果等富含液汁，线条应光滑流畅，少用衬影，果皮如有白粉如葡萄、苹果等，用小点衬影；坚果果皮坚硬，用刚性线条绘其表面；翅果用柔性线条表现其果翅；果皮上如有腺点，可用大小不一的小点衬影。种子形态图的绘制基本方法和要求同果实。

在绘制植物分类插图时，应注意将各器官合理地安排在一幅图中，通常是将完整植株或枝条作为主体绘制，留下部分空间绘出部分重要器官如花、果实或种子，以利鉴别。有些叶的特征如蕨类植物叶的孢子囊群，也应绘出部分放大图。

四、药用植物构造图的绘制

药用植物的构造图即显微绘图，是在显微镜中观察的基础上，绘制出植物细胞、组织和器官内部构造的特征，包括绘制组织详图和简图，器官内部构造图又可分为横切面、纵切面和表面观图。

（一）组织简图

此类图是用线条表示各种组织的界限，用特定的符号表示某些特殊组织类型和特

征，无须绘出细胞形状的构造图。(图 10 – 1)

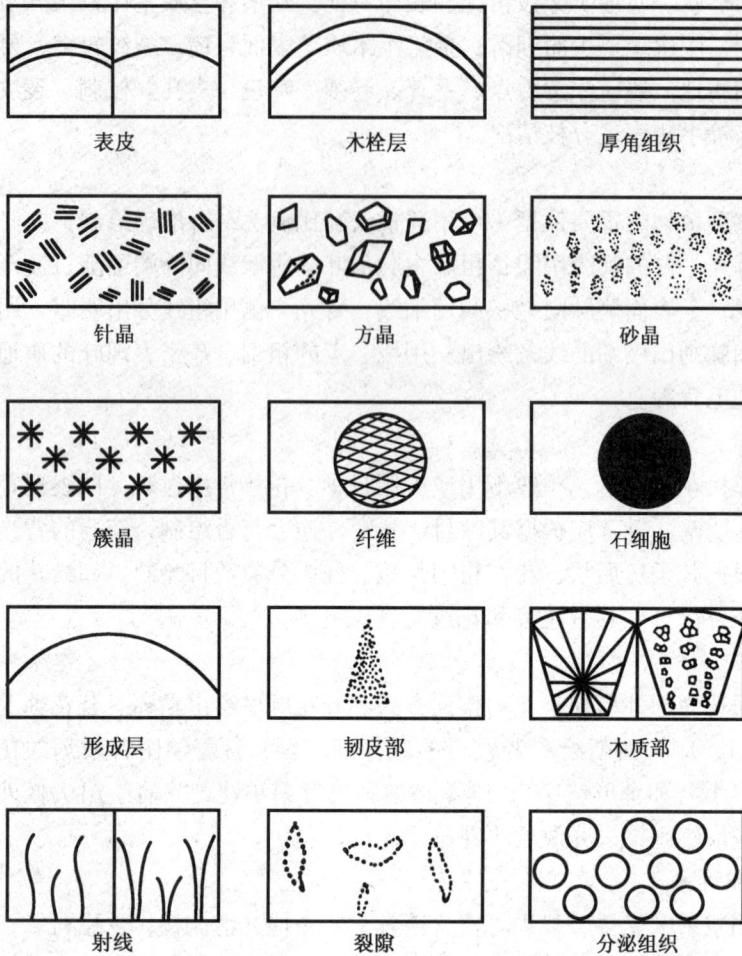

图 10 – 1　植物组织简图常用符号

（二）组织详图

此类图是以细胞的详细形状和特征（细胞壁厚度、增厚的层纹、典型内含物等）以及分布特点绘制的器官、组织、细胞的构造图。组织详图包括器官构造图、解离组织图、组织粉末图等，其中器官构造图可根据要求和观察内容绘制全图和局部图。

（三）绘图方法

显微图的主要绘图方法有徒手绘图法、网格绘图法、利用显微描绘器绘图法和显微摄像绘图法。

1. 徒手绘图法

将绘图纸平铺于显微镜右侧的工作台上，左眼观察显微镜内的物象，右眼注视绘图纸。选择特征较为典型的部分，用 2H 铅笔在绘图纸上勾绘出草图，再仔细观察标本内容，进行修改，如此反复，直至满意，最后用 HB 铅笔描绘成型。

此法的优点是简便易操作，不需特殊仪器用品。但要求绘图者不仅能熟练进行显微镜操作之外，而且应具有一定的绘图经验，否则难以准确绘出细胞组织的形状和各部分之间的比例，容易失真。

2. 网格绘图法

在显微镜的目镜装一个网格测微尺，此测微尺玻片中央有 1cm 见方的四方格，方格划分成 100 个或 10000 个小方格。在绘图纸上根据放大倍数画上方格。按常规方法测出网格测微尺上每小格边长的校正值，再乘以预定的放大倍数（即为绘图纸上方格的边长），绘图。

此法适用于在低倍镜下描绘形状较大的观察对象，绘制的图像较为准确，同时也需要正确地测量。

3. 利用显微描绘器绘图法

显微描绘器有多种，其基本原理相同。现以阿贝式描绘器为例，介绍描绘器的构造和使用方法。

阿贝描绘器由一个装有两个棱镜的扁圆筒和套环以及一个带有长柄的平面反射镜组成。两个直角棱镜，其黏合面除留有一个圆形面外均涂有水银，在显微镜中观察到的物像即通过这个小圆面进入观察者的眼中；反射棱镜，可将绘图面的图像反射到观察者眼中。所以，观察者同时看到显微镜中的物像和绘图的图像相互叠合在一起。使用时，取下显微镜的目镜，将描绘器的套环套在镜筒上，放回目镜，盖上带有直角棱镜的扁圆筒，调节位置并将其固定，再将反射镜上的方形长柄插入扁圆筒的方形孔内，将反光镜面调至与绘图纸面成 45°角，调节反射镜的水平位置至显微镜视野中只能看到绘图纸，固定反射镜长柄上的螺钉。调整显微镜中的物像至清晰，调节描绘器下边及右边的滤光镜片，直到显微镜视野中和图纸上的亮度一致为止。此时，显微镜中的物像和铅笔尖均清晰可见，即可描绘。

此法较为常用，所绘组织构造比较真实准确。

4. 显微摄像绘图法

将拍摄的标本按绘图所需放大率制成相应的相片，然后描到硫酸纸上即可。此法适用于绘制器官构造图。

（四）显微绘图的注意事项

1. 注重科学性，所绘的图一定要真实地反映显微观察的内容，一般不宜做任意的艺术加工。不可涂阴影。

2. 根据观察的内容和实验要求，选择典型的、特征明显的部分绘图，在绘好草图（底图）并经过反复观察、修改后再描成图像。

3. 线条应徒手绘制，不可使用直尺、曲线板等工具，线条应均匀圆润，颜色深浅一致，每根线条都不可重复涂绘，连接处应注意不重叠。绘草图的铅笔尖要细长而尖，注意经常削磨，保持其顶端尖细。绘图时用笔要轻，以便于修改，图像描好以后将多余的线条擦干净，保持图面洁净。图中的点应小而圆，分布均匀，其疏密应根据绘图部位明暗而定。

4. 绘制组织简图的线条和点以及各种细胞组织的表示方法，应前后一致。

5. 绘制组织详图时，通常是选择组织中比较典型而有代表性的细胞画下来，每个细胞的形状、细胞壁的厚度、层纹、纹孔等尽可能地画准确。同一组织中的细胞内含物如淀粉粒等，只需在一部分细胞中画出即可。

6. 显微图绘好后，应标明注字。将需要标明的部位或特征用直尺画引线，一般应在图的右边注字。引线要细、直而平行，间距要适当，避免太拥挤影响美观。引线的起点一定要指在需标明的部位，终点要整齐。注字要准确、工整、清晰、大小适中，如图注太多，可在图的右边代以阿拉伯数字，在图的下方再用汉字相应标注。

（五）图像放大倍数的计算方法

1. 预先确定放大倍数

预先设定需放大的倍数，以载台测微尺代替标本玻片，放一根直尺在绘图纸上，调整好焦距和光线后，移动直尺，使直尺的刻度线与载台测微尺的刻度线平行，调整显微镜与绘图纸之间的相对位置，使两种尺两条重合线之间的长度之商等于预定的放大倍数，即可进行描绘。如预定绘制放大 400 倍的图，调整直尺上的 40mm 正好与载台测微尺上的 10 小格相重合即可。其计算方法为：

$$放大倍数 = \frac{直尺长度 \times 1000 \mu m}{测微尺格数 \times 10 \mu m} = \frac{40 \times 1000 \mu m}{10 \times 10 \mu m} = 400（倍）$$

2. 已绘图像的放大倍数计算

如计算已经绘制好的图像的放大倍数，可用直尺量出图像的大小（一般为长度或直径），然后用目镜测微尺量出绘图对象的大小，以所绘图像的大小，除以绘图对象的大小，即得所绘图像的放大倍数。

五、显微测量法

在观察植物的显微构造和绘制显微构造图时，常需测量其长度、面积、厚度、体积等，需要采用显微测量的方法。

（一）测微尺简介

显微测量常用两种标尺：载台测微尺和目镜测微尺。

1. 载台测微尺

载台测微尺的外形与载玻片相似，玻片中央印有一条微细的特制标尺。标尺全长 1mm，精确等分为 10 大格，100 小格，因此每小格的长度是 0.01mm，即 10μm。标尺的外围有一小黑圈，以便于在显微镜下找到标尺的位置。标尺上面覆盖有一个圆形的盖玻片，用以保护标尺（图 10 – 2）。

载台测微尺并不用来直接测量物体的长度，而是显微长度测量的标准，是用来校正目镜测微尺和其他相关测量工具的。

2. 目镜测微尺

目镜测微尺是装在目镜内的一个圆形小玻片，玻片的一面刻有标尺，全长 1cm 或 0.5cm，精确等分为 100 小格或 50 小格。使用时，旋开目镜的接目透镜，将目镜测微尺有刻度的一面向上，装入目镜中部的光阑上，旋上接目透镜，将目镜插入镜筒内即可。

目镜测微尺可用于直接测量物体长度，但其刻度所代表的长度随显微镜的镜筒长度、物镜和目镜的放大倍数而改变，因此在使用前必须用载台测微尺来校正，以确定目镜测微尺上的每一小格所代表的实际长度。目镜测微尺有直线式和网格式（图 10 - 3）。

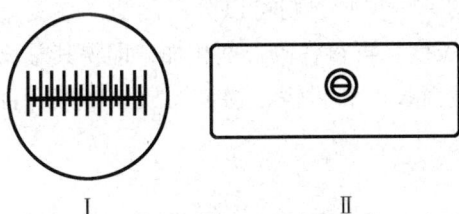

图 10 - 2 镜台测微尺
Ⅰ 标尺的放大　Ⅱ 具标尺的载玻片

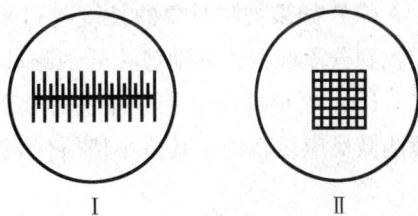

图 10 - 3 目镜测微尺
Ⅰ 直线式　Ⅱ 网格式

（二）测量的方法

1. 目镜测微尺的校正

在目镜内安装好目镜测微尺以后，将载台测微尺放在镜台上，在低倍镜下调焦并找到目镜测微尺的刻度。转动目镜，以使两种量尺的刻度线平行，移动载台测微尺，使两种测微尺左边的"0"刻度重合。再向右找出第二条重合线，根据两条重合线之间两种测微尺的小格数，即可计算出目镜测微尺每小格所代表的实际长度。计算公式为：

$$\text{目镜测微尺每小格代表的实际长度（μm）} = \frac{\text{两条重合线之间的载台测微尺的小格数} \times 10}{\text{两条重合线之间的目镜测微尺的小格数}}$$

举例如下：

如图 10 - 4 所示，在 5 × 目镜，40 × 物镜下，目镜测微尺的 100 小格与载台测微尺的 50 小格相当，则目镜测微尺每小格所代表的实际长度是：$50 \times 10 \div 100 = 5$（μm）。

2. 实物的测量方法

（1）平直长度的测量　在显微镜下确定测量对象并调焦至清晰，用已校正的目镜测微尺测量目的物，用测得的小格数乘以目镜测微尺在该显微镜条件下的每小格所代表的长度，即得所量物体的长度。

（2）弯曲长度的测量　先用显微描绘器将

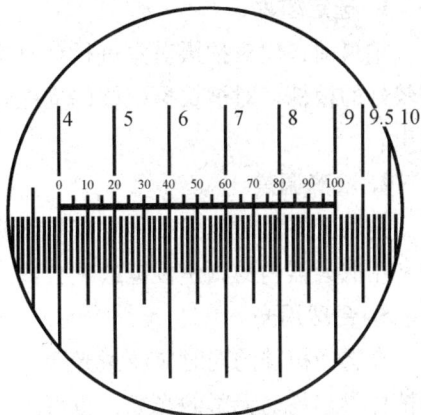

图 10 - 4 测定目镜测微尺每格的实际长度

测量对象描绘在绘图纸上，然后用一根线沿图像放好，剪去多余部分，再把先拉直，用直尺量取其长度，除以放大倍数即得。

（3）细胞壁厚度的测量　如测量纤维和导管分子壁的厚度时，应观察纵切片或解离组织装片，选择细胞中部进行测量，测量时需作数个具有代表性部位的测量，包括数值最小和最大的。一般不可在横切面上测量纤维等长轴细胞壁的厚度。

3. 注意事项

（1）在测量实物时，一般采用高倍镜组合，因为此时目镜测微尺每小格所代表的长度值较小，故测量误差也小。

（2）如果被测对象的长度超过显微镜的一个视野，则可以分段测量。在测量对象上找到分段标记，移动玻片分别测量各段的长度，再将各段长度相加，即得其总长度。

（3）测量过程中，不宜改变显微镜的镜筒长度和目镜、物镜的放大倍率，否则目镜测微尺应重新校正其每小格所代表的长度。

第二节　药用植物的摄影技术简介

从事药用植物研究和药用植物资源调查工作，一般都要求记录植物的形态特征、一株或一个居群植物的生长环境、生殖器官、药用部位、植物的典型特征特写等方面内容，需要用到摄影资料。摄影包括鲜活植物摄影、干制标本摄影和显微摄影等。

拍摄植物用的数码照相机，注意选择成像质量好的镜头，可根据拍摄对象的大小、距离的远近，选用标准镜头、变焦镜头或微距镜头。为防止曝光时引起相机震动，可配置快门线。野外拍摄还应准备摄影包、三脚架等。干标本的摄影可准备翻拍架，选用可多向调整、钢强度较高、稳定性好的 4 灯翻拍架，亦可用普通照相机三脚架、2 具或 4 具 100W 蛇形管台灯配合使用。

一、鲜活植物标本的摄影

1. 选定植株

拍摄前，应对拍摄对象进行认真选择，注意选择生长状态良好、形态特征典型、造型较好的植株。对被拍摄植株的周围环境进行简单清理，使其与周围植物有一定间隙而突出。

2. 准确调焦

前后上下移动相机或伸缩变焦镜头，使在取景器中所见的植株达到适宜的尺寸。充分利用取景器内的调焦棱镜或重合圈或裂线的功能，精确调焦，直至最清晰为止。

3. 合理用光

在选择植株的同时应注意光源，观察植株顶部、周边和下部的光源情况，尽量使被摄植株得到均匀无影的光线，也可利用侧光源突出植株上的某一部位。侧光对植物光照造型效果好，立体感强，层次分明，阴影和反差适度，色彩明度和饱和度对比和谐适中。逆光能突出植物枝叶上的毛茸，还能让花朵看上去更加晶莹剔透。偏振镜在拍摄鲜花时十分有用，除能加深天空的蓝色外，还能减少花瓣和叶子上的反光，使它们的颜色看上去更加浓郁。

4. 参数设置

照相常用的几个参数：ISO、白平衡、光圈、快门。拍摄者可依据自己经验值设定，相机说明书上也有相应的设定值。

ISO：根据环境光照水平设置 ISO 感光度，数值越大，亮度就越高，以高 ISO 感光度拍摄时，可能会容易看到噪点（条纹、亮点等）。天气晴朗的室外，一般建议用100，阴天或傍晚，也可适当选择高些。

白平衡（WB）：可使白色区域呈现白色。不同的相机设有不同调节白平衡的方式。一般有自动白平衡，分档设定白平衡，精确设定白平衡（手动设定模式）。普及型数码相机大都采用自动白平衡，准专业数码相机大都设有分档设定白平衡，专业的数码相机设有精确白平衡（手动设定模式），可根据使用者的不同需要而选用。植物摄影主要是根据天气或环境光线做调整，晴天一般选择自动白平衡（AWB）就行。

光圈：拍摄鲜活植株尤其在野外拍摄，应根据不同的光线强度选择适当的光圈。如果拍摄群居植物，需要一定的景深深度，光圈可适当收缩。如果需要突出单株植株或特写部分器官，光圈可适当放大。一般以 $f/8 \sim f/11$ 为好。拍摄也可以选择程序自动曝光（P）或光圈优先自动曝光（Av）模式，较大的 $f/$ 数值（较小的光圈孔径）可将更多的前景和背景纳入可获得的清晰范围，较小的 $f/$ 数值（较大的光圈孔径）可将较少的前景和背景纳入可获得的清晰范围。

快门：快门速度依据光圈定，快门和光圈为一组值，如光圈大，快门速度就要快。如天气晴朗时，ISO 为100，光圈 $f/8$ 时，快门速度为 1/125s；当光圈 $f/11$ 时，速度就相应改为 1/60s。

二、植物干制标本的摄影

干制标本包括药用植物腊叶标本、器官干燥标本及药材标本等。

由于干制标本的拍摄主要是平面拍摄，且多在室内进行，因此除了应用一般的拍摄技术以外，还应注意以下事项：

1. 妥善放置标本

拍摄前，应详细观察标本情况并认真构图，同一幅拍摄的标本，应注意大小分开、高低适宜，尽量不要重叠，使标本留有一定的空隙和间距。

2. 选择合适背景

拍摄干制标本的背景选择直接关系到拍摄效果。除拍摄腊叶标本外，均应精心设计背景。可用于制作背景的材料有各种颜色的无光纸、布或丝绒。注意从突出主体出发，尽可能地使被摄标本的颜色与背景色成一定的对比关系，但是也不能使用过分的冷暖对比。最好采用较为近似的对比关系，如黄色标本选用橙黄色背景，以使拍摄画面色调和谐统一。

3. 精心调整光源

室内拍摄干制标本与室外拍摄鲜活标本最大的区别在于光线的运用。使用人造光源不受时间、季节和气候的影响，便于控制。仔细调整标本的顶部、周边、底部的光源，合理使用主副灯光的强度，调节灯光时要用光栅遮挡，使主光集中照射在标本上，防止光的漫反射进入镜头而造成光晕。如需突出标本的某一特征面，可使一侧光源略强于对侧光源。依据光源类型不同，可适当调整 ISO 值。

4. 合理选择光圈

如拍摄腊叶标本，不求景深深度，光圈可适当开大；拍摄凹凸不平的器官或药材标本，可缩小光圈，使画面更加清晰。

5. 正确选择曝光量

室内拍摄的曝光，相对于室外拍摄要稳定得多，但室内灯光总不及室外自然光强，因此曝光速度一般较慢，需使用固定架和快门线。可使用测光计在标本的四角和中心测得投射光数据，调整光源，直到四角和中心数据完全相同，根据选用光圈的大小，换算出正确的曝光量，确定曝光速度。

三、显微摄影

在观察和研究药用植物内部构造时，除了可以绘制显微组织图对文字进行形象补充外，还可以用显微摄影的方法直接拍摄观察到的植物构造，拍摄良好的照片比绘制的图像更真实可靠、快速简便，目前已广泛使用于植物鉴定工作中。

显微摄影现一般采用数码摄影显微镜。显微镜连有 CCD 和电脑。操作步骤为：

1. 正确连接主电源，视频插头。
2. 打开主电源开关。
3. 显微镜使用前需按白平衡按钮 3s，使背景为白。
4. 标本观察清晰后，打开 CCD 电源，拉开光路拉杆，使显微图像进入照相目镜中。
5. 通过电脑主机进行软件操作采集显微图像。

采集图像前将电脑中的数据归零，注意调节白平衡。色彩调节栏中主要调节曝光适中；对比度适中，使细胞轮廓与周围环境反差不要太大，颜色尽量调至与显微镜中切片的原色彩一致。

电脑中图像处理软件有图片拼接功能，即将较大的结构分成几部分拍摄，注意连接处图像要重叠一部分，便于软件识别，不发生拼接错误。如观察的结构立体感较强，还可以在不同焦距层面拍下照片后，利用软件合并功能，将多张不同平面的照片合成一张有立体感结构的照片。

软件还有测量功能，可测量细胞的大小和面积。

第十一章　药用植物的分类鉴定

第一节　植物分类检索表的编制和应用

植物分类检索表（key）是鉴定植物类群的重要资料工具之一，在植物志和植物分类专著中都有检索表。

一、检索表的类型

按内容分有分科检索表、分属检索表、分种检索表，分别鉴定科、属、种，所用的特征分别用科的特征、属的特征和种的特征。一般植物分类参考书中均有此 3 种检索表。也有在某一地区把该地区的植物不按科、属系统而编制成某地区植物检索表，还有运用树木冬季形态编制成树木冬态检索表等。

根据其编排的形式分通常有以下 3 种类型。

（一）定距检索表

定距检索表是一种比较古老又较常用的检索表，依据二歧归类原则，在表中每一对相对应性质的特征给予同一号码，并列在书页左边相等的距离处，然后按检索主次顺序将一对对特征依次编排下去，逐项列出。所属的次项向右退一字之距开始书写，因而书写行越来越短（距离书页左边越来越远），直到在书页右边出现科、属、种等各分类等级为止。

这种检索表的优点是：条理性强，脉络清晰，读者可一目了然，便于使用，不易出错，即使在检索植物过程中出现错误，也容易查出错在何处，目前大多数分类著作均采用定距检索表。缺点是：如果编排的特征内容（也就是涉及的分类群）较多，两对应特征的项目相距必然甚远，不容易寻找（克服办法是标出对应特征的项目的所在页码），同时还会使检索表文字向右过多偏斜而浪费较多的篇幅（克服办法是当另起一页时，最左边的一行向左移至顶格的位置，其余的也作相应的移动）。《中国植物志》《浙江植物志》等书的"种子植物分科检索表"均采用这种形式的检索表。

例如：植物 7 大类群检索表。

1. 植物体构造简单，无根、茎、叶的分化，无多细胞构成的胚（低等植物）。
　2. 植物体不为藻类和菌类所组成的共生体。
　　3. 植物体内含叶绿素或其他光合色素，营自养生活 ·················· 藻类植物

　　3. 植物体内无叶绿素或其他光合色素，营异养生活 ………………… 菌类植物
　2. 植物体为藻类和菌类所组成的共生体 ……………………………… 地衣类植物
1. 植物体构造复杂，有根、茎、叶的分化，有多细胞构成的胚（高等植物）。
　　4. 植物体有茎、叶和假根的分化，而无真根和维管组织 ………… 苔藓植物
　　4. 植物体有茎、叶和真根，且具维管组织。
　　　5. 植物以孢子繁殖 …………………………………………………… 蕨类植物
　　　5. 植物以种子繁殖。
　　　　6. 胚珠裸露，不为心皮所包被 ……………………………………… 裸子植物
　　　　6. 胚珠被心皮构成的子房包被 ……………………………………… 被子植物

（二）平行检索表

　　平行检索表的编排是将每一对相对应性质的特征相邻地编排在一起，供读者对照和比较。在每类特征描述之末，提供往下继续查找的项目号码，或给出植物某分类等级，此号码可引导读者查阅另一对特征，如此继续下去，直至出现欲查分类等级为止。这种检索表的优点是排列整齐，便于对照，弥补了定距检索表的不足，但没有定距检索表那样一目了然，而且篇幅同样也较浪费。

　　例如：植物 7 大类群检索表。
1. 植物体无根、茎、叶的分化，无胚胎（低等植物）……………………………… 2
1. 植物体多有根、茎、叶分化，有胚胎（高等植物）………………………………… 4
2. 植物体为菌类和藻类所组成的共生体 ……………………………… 地衣类植物
2. 植物体不为菌类和藻类所组成的共生体 ……………………………………… 3
3. 植物体内含有叶绿素或其他光合色素，营自养生活 ………………… 藻类植物
3. 植物体内不含叶绿素或其他光合色素，营异养生活 ………………… 菌类植物
4. 植物体有茎、叶和假根的分化，而无真根和维管组织 ……………… 苔藓植物
4. 植物体有茎、叶和真根，且具维管组织 ……………………………………… 5
5. 植物以孢子繁殖 ……………………………………………………… 蕨类植物
5. 植物以种子繁殖 ………………………………………………………………… 6
6. 胚珠裸露，不为心皮所包被 ………………………………………… 裸子植物
6. 胚珠被心皮构成的子房包被 ………………………………………… 被子植物
这种检索表目前已经很少见到，一般都改用下面的平行齐头检索表。

（三）连续平行检索表

　　连续平行检索表，又称动物学检索表，在处理方法上综合了定距检索表和平行检索表的优点，即将具有相对应的特征的植物排在一起，便于对照，用起来较方便，同时，把检索表的各项特征均排在书页左边的一直线上，显得较整齐也节约篇幅，因而现时在植物分类检索表中也较多采用。

　　例如：植物 7 大类群检索表。

1（6）．植物体无根、茎、叶的分化，无胚胎 ……………………………… 低等植物

2（5）．植物体不为菌类和藻类所组成的共生体。

3（4）．植物体内含有叶绿素或其他光合色素，营自养生活 …………… 藻类植物

4（3）．植物体内不含叶绿素或其他光合色素，营异养生活 …………… 菌类植物

5（2）．植物体为菌类和藻类所组成的共生体 ………………………… 地衣类植物

6（1）．植物体多有根、茎、叶分化，有胚胎 ……………………… 高等植物

7（8）．植物体有茎、叶和假根的分化，而无真根和维管组织 苔藓植物

8（7）．植物体有茎、叶和真根，且具维管组织。

9（10）．植物以孢子繁殖 ……………………………………… 蕨类植物

10（9）．植物以种子繁殖 ……………………………………… 种子植物

11（12）．胚珠裸露，不为心皮所包被 ………………………… 裸子植物

12（11）．胚珠被心皮构成的子房包被 ………………………… 被子植物

二、植物分类检索表的编制

植物分类检索表的编制，必须掌握植物的特征，首先作者对被编制的植物类群的形态特征要非常熟悉，特别是精确掌握每一类群的各种变异和变异幅度，然后找出各类群（科、属或种）之间的共同特征和主要区别，才能进行编制。检索表的编制，一般要考虑类群间的亲缘关系和系统发育；但通常为了方便应用，可以不考虑它们之间的亲缘关系，而是按照人为的方法进行编制，只要能把各类群能精确地区别开来就行。

植物分类检索表采用二歧归类的方法编制而成，对一群植物先把各个类群植物的分类性状特征进行比较分析，抓住相同点和不同点，选取某一个或几个性状，根据是与否、上与下、这样与那样等，将该群植物分成相对的两部分，然后分别对其中的每部分用别的某个或几个性状分成两部分……直至分到所要求的分类单位为止，最后把分的过程和所用的性状，按一定格式排列出来就成了检索表。

编制检索表的基本步骤是：

1. 首先要决定编制的是分科、分属还是分种的检索表。接着对各分类群的形态特征进行认真观察和分类性状比较分析，列出相似特征（共性）和区别特征（特性）的比较表，才能进行编制。

2. 在选用区别特征时，最好选用稳定的、明显相反的特征，如单叶或复叶，木本或草本，或采用易于区别的特征。尽可能不采用似是而非的、渐次过渡的特征，如叶的大小、植株毛的多少等特征作为划分依据。如选择蓝花和红花作为划分依据，则会难倒手持紫花的鉴定者，因为同种植物的花色受发育阶段等多种因素影响而发生变化，有些种类的花色甚至在一天之中也有变化，如牵牛花在早晨为蓝色，中午渐变为红色（花中所含的花青素颜色随细胞液由碱性变为酸性而变色）。

3. 采用的特征要明显，最好选利用肉眼、手持放大镜或解剖镜就能看到的特征，防止采用需要显微镜或电镜才能看到的显微或亚显微解剖特征。

4. 检索表的编排号码，每个数字只能并且必须用两次。

5. 有时同一种植物，由于生长的环境不同而产生形态特征的变化，既有乔木，也有灌木，遇到这种情况时，在乔木和灌木的各项中都可编进去，这样就保证可以查到。

6. 在编制分科（属）检索表时，由于有些植物的特征不完全符合所属的某一分类群的特征，如蔷薇科的心皮从多数到定数，花从上位、周位到下位，果实有聚合蓇葖果、聚合瘦果、核果、梨果，为保证能查到各种植物，在编制时都要考虑进去。因此，在检索表中常常会在不同的地方出现相同的分类等级，如在"种子植物分科检索表"中蔷薇科、虎耳草科、旋花科等科会出现多次。因此，初学者在编制检索表时，必须持谨慎的态度。

7. 为了证明你编制的检索表是否实用，还应到实践中去验证。如果选用的特征准确无误，且在实践检验中不导致错误鉴定，那么，此项工作就算完成了。

判断一个检索表好坏，除编制的格式是否正确外，从内容上可从以下三方面去分析：一是检索表中所用的特征对于被检索的植物类群来说是否是稳定的和主要的，一般来说应该是划分这些类群的主要依据；二是利用这些特征去把其中的某一部分植物划分成两部分时，界线是清楚的，切忌模棱两可；三是被应用的特征是直观的、便于应用的，一般都是能在标本上或野外记录上能直接反映出来的。

三、如何利用分类检索表来鉴定植物

随着中国植物志和地方植物志的陆续出版，为我们鉴定植物种类提供了很大的方便。因为检索表所包括的范围各有不同，所以，有全国检索表、地方检索表，也有观赏植物或药用植物检索表等。在具体使用时，应根据不同的需要，选择合适的检索表。最好是根据要鉴定植物的产地确定检索表，如果要鉴定的植物是浙江产的，那么，最好利用《浙江植物志》，如无产地的植物检索表，有时也可用邻近地区的相应检索表。

鉴定植物的关键，是检索者必须有良好的植物学形态术语方面的基础知识。在检索前，必须对被检索的植物形态特征做仔细的观察研究，特别对花、果实的各部分构造，要作认真细致的解剖观察，如花冠和雄蕊的类型、子房的位置、心皮和胚珠的数目、胎座和果实的类型等，都要搞清楚，一旦描述错误，就会出现差错。

关于如何利用植物分类检索表来鉴定植物，现以十字花科植物诸葛菜为例加以说明。我们对诸葛菜的标本进行观察可以发现：诸葛菜为一年或二年生草本，茎、叶有白粉；单叶互生，基生叶和茎下部的叶片呈大头羽状分裂，有叶柄，茎中、上部的叶片无柄，基部两侧耳状抱茎；总状花序顶生，花淡紫红色；萼片4，花瓣4，成十字形花冠，雄蕊6，成四强雄蕊（花丝4长2短），雌蕊由2个合生心皮组成，子房上位；长角果具喙，线形，具四棱，成熟时裂成两瓣，中间具假隔膜，内含有多数种子。根据这些特征就可以利用检索表从头按次序逐项往下查，首先要鉴定出该种植物所属的科，再用该科的分属检索表，查出它所属的属；最后利用该属的分种检索表，查出它所属的种。

根据上述特征，我们利用《浙江植物志（第一册）》所附"被子植物门分科检索表"，检索的过程为：1 – 2 – 3' – 70 – 71 – 72' – 93' – 103 – 104 – 105 – 106 – 107' – 111 – 112' – 114 – 115 – 116 – 117（十字花科），（上面数字中标有 "'" 的是指检索表中相同并列编码的第二个数字，即该序号的次项，也可以写为 $3_{次}$、$72_{次}$ 等）；再查《浙江植物志（第三册）》，把诸葛菜与十字花科的特征进行对比，符合十字花科的特点；进一步查浙江的十字花科分属检索表，过程为：1'-4'-14-15（诸葛菜属），验证确实属于诸葛菜属；诸葛菜属在浙江省有 1 种 1 变种，核对结果，证明该种植物是属于十字花科（Cruciferae）、诸葛菜属（*Orychophragmus* Bunge）、诸葛菜〔*Orychophragmus violaceus*（Linn.）O. E. Schulz〕。

四、鉴定植物时的注意事项

为了保证鉴定结果的正确，一定要防止先入为主、主观臆测，不能倒查检索表，要遵照以下要求：

1. 标本一定要完整

除营养体外，要有花和（或）果实。有的植物，如异叶茴芹（*Pimpinella diversifolia*），基生叶为单叶，茎生叶为三出复叶，采集标本时要注意别漏掉基生叶；另外，仔细挖掘、观察地下部分，对有些种类的鉴定相当重要，如玉竹（*Polygonatum odoratum*）与黄精（*Polygonatum sibiricum*），玉竹的根状茎呈扁圆柱形，而黄精的根状茎通常结节状，膨大部分大多呈鸡头状，一端粗，一端渐细，故又称鸡头黄精。

2. 要全面、仔细地观察标本

特别是花和果实的特征，写出要鉴定植物的花程式，最好能画出花图式。

3. 依次查阅检索

鉴定时，要根据观察到的特征，从检索表的起始处按顺序逐项往下查，不能跳查。检索表的结构都是以两个相对的特征进行编写的，相对的两项特征具有相同的号码和相对称的位置；你所要鉴定植物的特征到底符合哪一项，要仔细核对，每查一项，必须对相应的另一项也要看看，否则容易发生错误，然后顺着符合的顺序依次往下查，直到查出为止。查检索表的过程，是环环相扣、步步相连，假如其中一步错了，就不可能有正确结果。

4. 准确理解基本概念

在查检索表的过程中，通常会遇到诸如子房位置、复叶、雄蕊、胎座、果实类型等植物学术语，如果没有很好掌握，就会查不下去，这说明对相应的概念没有真正理解，需要马上去补习，掌握后才能继续。因此，查检索表的过程就是检验对基本理论知识是否掌握的过程，如果能顺利完成检索，说明已基本掌握。查分科、分属、分种检索表的方法和过程是基本一致的。

5. 同一分类等级出现在不同序号中

在检索表中常常会在不同的地方出现相同的分类等级，如《浙江植物志（第一卷）》所附"被子植物门分科检索表"中蔷薇科出现 6 次、虎耳草科出现 10 次，另外毛茛科、十字花科、罂粟科、旋花科等科也出现多次。但对具体一种植物而言，检索步骤一般是唯一的。

6. 核对检索结果

为了证明鉴定结果是否正确，应该找有关的专著或资料进行核对，检查是否完全符合该科、该属、该种的特征，植物标本上的形态特征是否和书上的文字、图片一致。如果基本符合，就可证明鉴定的结果是正确、可靠的，比较谨慎的说法是，根据现有的资料，该标本可能是该分类群，或说与该分类群接近。实际工作中，不符合的情况是经常发生的，应该努力去寻找原因。常见的原因有：一是查错；二是所用的检索表没有包含标本所属的分类群（科、属、种等），无论哪种原因都必须仔细观察或解剖标本，再去认真地检索一次，对于判断不准的相对两项，可两条分别检索，再用植物志、图鉴等进行核对。如仍不符合，还要搞清楚在哪几条特征上不符合、不符合的程度如何，是否是地区或生境不同造成的变异（区分是否是变异是比较复杂的），然后才能得出所用检索表没有包含标本所属分类群的结论，此时应找别的检索表和文献资料查对。至于新分类群，只有在查阅了大量的文献资料，特别是最近的和专门研究的资料后才有可能下结论，往往还需要请教有关的专家。

在使用检索表的过程中，常常会出现的情况是，在检索表中所用的特征在标本上缺失，如检索表上用的是花的特征，而标本上只有果，或检索表中用的是果的特征，而标本上只有花而无果，这时可另找检索表进行检索；若仍无济于事，此时只能根据标本现有的特征去分析推断看不见的特征，如根据花去推断果的形态，或根据果去分析花的特征等等；或者是按前面所说的，将检索表的相对两项同时检索，然后用文献资料核对，最后也许能解决一点问题。

第二节　药用植物野外识别方法及鉴别技巧

在野外实习中，要学会运用已学过的分类原理和方法去提高识别科、属、种的能力。如何才能真正提高这种鉴别能力呢？最有效的方法是到实践中去把学过的分类理论和实际的东西结合起来，而药用植物分类学的野外实习，正是这种最有效的实践活动。虽然在前面我们学习了利用分类检索表鉴定植物种类的方法，这是最基本也是最可靠的方法，但花费时间较多，且在实际工作中特别是实习中经常会碰到标本不完整的情况，如有花无果、有果无花、甚至花果均无的标本，这时单靠检索表就难以鉴定。要解决这些问题，除多实践外，掌握一些便捷的方法和技巧也是很好的途径。这些方法和技巧归纳起来有以下四点：

一、药用植物野外识别方法

当我们在野外见到某一种植物时应当仔细地观察植物的全貌。从该植物的下部看到上部、从外部看到内部，观察其根、茎、叶、花、果实、种子等器官的形态和结构、气味及其附属物等。通过眼看、手摸、鼻闻、口尝等方法正确地辨别相似种类。

（一）眼看

1. 看叶

当野外观察、采集往往可以看到各种植物的叶形各有特点，有时一株植物上生着两种以上不同的叶形。譬如中华常春藤（*Hedera nepalensis* var. *sinensis*），不育枝上的叶片为三角状卵或戟形，能育枝上的叶片常为长椭圆形。

2. 看茎

在野外常见到各种植物有不同类型的茎，有的直立，有的匍匐在地面上，有的缠绕，有的攀援，特别是同类型的茎它们的外形相似，而且常常生长在同一个环境中，但只要仔细观察，可以看出它们的茎各有不同。譬如活血丹（*Glechoma longituba*）与积雪草（*Centella asiatica*），活血丹茎方，积雪草茎圆。再如鸡屎藤（*Paederia scandens*）与牛皮消（*Cynanchum auriculatum*）它们外形很相似，茎都为圆形，均为缠绕草本、单叶对生，但鸡屎藤茎上有毛，具托叶，牛皮消的茎近无毛，无托叶。又如南五味子（*Kadsura longipedunculata*）与哥兰叶（*Celastrus gemmatus*），它们往往长在一起，都为木质藤本、茎圆无毛、单叶，但南五味子茎红褐色，几无皮孔，而哥兰叶茎上有明显的皮孔；又如锦鸡儿（*Caragana sinica*）与截叶铁扫帚（*Lespedeza cuneata*）都为直立小灌木，茎上都具有棱线，但前者小叶常为 4 片、茎上有刺，后者常为三出复叶，茎上无刺。再如小连翘（*Hypericum erectum*）与地耳草（*Hypericum japonicum*），二者都为草本，单叶对生，无柄，叶片背面都有透明腺点，不仔细看很难区别，其实小连翘茎圆柱形，地耳草茎方形。

3. 看毛茸

有些植物在茎、叶上常着生有长短不一的毛，这对区别相似植物也是很重要的，譬如毛茛（*Ranunculus japonicus*）与石龙芮（*Ranunculus sceleratus*），它们常长在同一环境中，外形又相似，但只要仔细看一下，毛茛全体生柔毛，石龙芮全体光滑无毛。同样如钝叶酸模（金不换）（*Rumex obtusifolius*）与牛蒡（*Arctium lappa*）在幼小时候很难区别开，但牛蒡的叶背密生白色绒毛，整个背面成灰白色，而钝叶酸模全株无毛。

4. 看刺

有不少的植物茎、叶上长着不同的刺：譬如野蔷薇（*Rosa multiflora*）茎上生着向下弯的刺，长柱小檗（*Berberis lempergiana*）茎上着生三分叉的刺。如明党参（*Changium smyrnoides*）与小窃衣（*Torilis japonica*）幼小时，外形相似，但明党参全株光滑而小窃衣的茎与叶柄上生着短细小刺。

5. 看地下部分

仔细挖掘、观察地下部分，对有些种类的鉴定相当重要。中药、药学专业对植物的地下部分比较重视，因为根、根茎类药材的药用部位就是植物的地下部分；有的同学在采集标本时，对植物的地下部分通常没有引起足够的重视，到鉴定时发现缺少地下部分的特征，产生鉴定困难。如天名精（*Carpesium abrotanoides*）和地黄（*Rehmannia glutinosa*）这二者在未开花期容易搞错，天名精的根为细白色而地黄的根为橘黄色。羊乳（*Codonopsis lanceolata*）根为圆锥状，有乳汁。丹参（*Salvia miltiorrhiza*）、紫参（*Salvia chinensis*）二者外形相仿，丹参根的主根为红色肉质根，紫参为须根。鸡屎藤与牛皮消二者在地下部分区别更明显，牛皮消具白色乳汁的块根，而鸡屎藤无块根。

（二）手摸

用手摸、折也是鉴别植物的一个方法。伸手去摸一摸，体会一下叶片的厚薄、叶面粗糙光滑状况、刺的硬度与牢度，如毛蕊花（*Verbascum thapsus*）的叶片像厚绒布一般柔软而富有弹性，蜡梅（*Chimonanthus praecox*）的叶粗糙如砂皮纸，皂荚（*Gleditsia sinensis*）的刺非常尖锐，硬而脆，很难从树干拉下；用手折一折树枝、拉一拉树皮，辨别它们的性状，看它们是坚韧还是性脆，如瑞香科、桑科、荨麻科及锦葵科部分植物的皮具有丰富的纤维，不易折断，马齿苋（*Portulaca oleracea*）、凤仙花（*Impatiens balsamina*）等性脆，一折即断；杜仲枝、叶、皮部折断后有绵密具弹性的银白色橡胶丝；有的植物折断后有乳汁，蒲公英（*Taraxacum mongolicum*）、地锦（*Euphorbia humifusa*）折断流白色乳汁，博落回（*Macleaya cordata*）折断流橙红色液汁，鳢肠（*Eclipta prostrata*）断面发黑。

有时自己所经历的切身体会，会让你终身难忘，如采集蝎子草（*Girardinia chingiana*），其螫毛扎入皮肤，像被蜂螫过一样，一小时左右难忍的疼痛会让你时时不忘蝎子草的特征。秋季手剥山核桃（*Carya cathayensis*）的核果后，蜡黄的双手会让你维持三天的记忆。漆树（*Toxicodendron vernicifluum*）的过敏也会让你记忆尤深。秋季牛膝（*Achyranthes bidentata*）、淡竹叶（*Lophatherum gracile*）的果实牢牢地粘在你的衣裤上，一个个拿下来会花费好长时间，让你体会这类果实能借助于人或动物传播、散布，鬼针草（*Bidens pilosa*）、窃衣（*Torilis scabra*）、小槐花（*Desmodium caudatum*）等的果实也会让你有同样的感受。

（三）鼻嗅

有些植物具有特殊的气味（香、臭、鱼腥味等），可以采摘少量的叶片或花果搓碎嗅其气味，这也能帮助我们鉴别植物。一般说，樟科、芸香科、唇形科、姜科等植物常含有芳香气味，马鞭草科大多数植物有臭味。如天名精与地黄，除看其根外我们也可将叶子搓碎嗅一下就能鉴别天名精或地黄，因为前者有臭气，后者无。鱼腥草（*Houttuynia cordata*）全株有鱼腥气，山鸡椒（*Litsea cubeba*）、樟树（*Cinnamomum camphora*）和薄荷（*Mentha haplocalyx*）等具有香气。

（四）口尝

除了用眼看、手摸、鼻嗅以外尚可摘少量的根、茎、叶等器官尝尝味道，也可以帮助我们鉴别出相近的种类。冬青科和山矾科的植物多是单叶、革质、常绿，但前者的叶片是苦的，后者的叶片却是甜的。辣蓼（*Polygonum hydropiper*）的叶片是辣的，酢浆草（*Oxalis corniculata*）的叶片是酸的，姜科植物的根具有辛辣味，细辛（*Asarum sieboldii*）具香辛味，龙胆（*Polygonum hydropiper*）、黄连（*Coptis chinensis*）、苦参（*Sophora flaveacens*）等味极苦，白茅（*Imperata cylindrical var. major*）根有甜味，五味子（*Schisandra chinensis*）有甘、酸、辛、苦、咸五种味道（果肉酸、甘，核中辛、苦，皆有淡淡的咸味）。

但有些植物具有剧毒，如异叶天南星（*Arisaema heterophyllum*）、乌头（*Aconitum carmichaeli*）、博落回（*Macleaya cordata*）、半夏（*Pinellia ternata*）等尝味时要特别谨

慎，事先准备好解毒药物和茶水，切记不宜多尝和吞咽，以免中毒。

上述一些辨别植物的方法，都能帮助我们加深对植物的记忆和鉴别。

此外，我们在野外还会碰到另一种情况，如有一些一年生或二年生的植物，从幼苗到成体的发育阶段中，变化很大。如异叶茴芹（*Pimpinella diversifolia*）在幼苗时的基生叶为单叶，长到成体时茎上叶都为三出复叶；益母草（*Leonurus heterophyllus*）在幼苗时的基生叶常为 5~9 浅裂，但在第二年茎上的叶常为 3 深裂。

二、抓住主要分类依据，采用层层缩小的方法提高识别能力

为了便于掌握这种方法，在此举例加以具体说明，希望能起到举一反三的作用。当我们在野外采到一种不认识的植物时，首先要观察它的全部特征，然后根据观察到的特征，运用已学过的各个类群的主要分类依据，采用层层缩小的方法，去鉴别这种植物到底应属于哪一科、哪一属的植物。

如果见到这种植物具有真正的花（形成果实），那可肯定是属于被子植物；如果这种植物具有羽状或网状叶脉，花的基数又是 4~5 数，直根系，那么就不可能是单子叶植物，而应是一种双子叶植物。其次，可观察该种植物的营养体和花、果的特征，如果我们看到的这种植物是一种具有卷须的草质藤本植物，而且卷须是侧生于叶柄基部或叶腋、单性花、子房下位、侧膜胎座、瓠果等特征，就可确定它是属于葫芦科的植物了。最后根据花药卷曲，雄蕊 3 〔$A_{(2)+1}$〕，花瓣呈流苏状的特征，便可知道它是属于葫芦科的栝楼属（*Trichosanthes*）中的植物。本属在天目山地区有二种，即栝楼（*Trichosanthes kirilowii*）和王瓜（*Trichosanthes cucumeroides*）。它们之间的区别在于：栝楼种子为卵状椭圆形，1 室，压扁，果实通常为近球形，果梗较长；王瓜种子为横长圆形，3 室，中央室呈凸起的增厚环带，两侧室大，中空，果实通常为卵圆形或卵状椭圆形，果梗较短。

要是看到的那种植物，是一种具有卷须的木质或草质藤本植物，卷须与叶对生，两性花，雄蕊与花瓣对生，浆果等特征的话，那么这种植物就不是葫芦科的植物，而是属于葡萄科的植物了。葫芦科的绞股蓝属（*Gynostemma*）与葡萄科的乌蔹莓属（*Cayratia*）两属植物外形上非常相似，均为多年生草质藤本，具卷须，鸟趾状复叶，肉质浆果，一不注意就会搞错，但只要抓住以下特征就不会搞错：

	乌蔹莓（*Cayratia japonica*）	绞股蓝（*Gynostemma pentaphyllum*）
卷须着生位置	卷须与叶对生	卷须是侧生于叶柄基部或叶腋
托叶	有，早落	无
花及花程式	两性花； $\female * K_4 C_4 A_4 \underline{G}_{(2;2;2)}$	单性异株；$\male * K_{(5)} C_{(5)} A_5$ $\female * K_{(5)} C_{(5)} \overline{G}_{(3;3;2)}$

只要我们能把课堂上讲授的重点科、属特征和室内做过实验的科、属、种特征进行比较，并能从分类依据上进行重点把握，那么采用这种方法，就是一种行之有效的方法。

三、使用倒查检索表的方法提高识别能力

关于植物检索表的编制和运用，在前面已有详细的说明。运用植物检索表来鉴定植物，是提高我们识别科、属、种能力的最有效的方法。因此，在平时的学习和野外实习中要求每一个同学都能掌握，并能熟练运用。在以后的实际工作中，通常会碰到自己不认识的种类，在没有老师指导的情况下，就需要自己根据掌握的基础知识，加上实践经验的积累，运用植物分类检索表，进行检索。不要忘记植物分类检索表是掌握鉴别植物种类的钥匙。

在这里，给大家介绍一种特别的方法——倒查书本和检索表。

大家知道，检索表是要从前往后查的，需要有足够的耐心和认真，否则常常查到最后，自己都不知道查对了没有，况且这样查很费工夫，在紧张的实习阶段往往没有充裕的时间做这项工作。可是实习阶段要是不练习使用检索表，自学能力难以提高，为此提供一种对初学者来说省时省力的学习方法——倒查书本和检索表。实习过程中教师对多数植物名称已有指点、启发或作过介绍，学生应充分利用已掌握的信息，每天选择几种有花、有果、特征明显的植物作为提高独立鉴定植物能力的材料。具体方法是：先通过索引找到描述该植物形态特征及其插图的页次，仔细阅读书中该植物的特征描述，从中逐步纠正自己对植物学名词术语不确切的理解。这点非常重要，只有理解确切了，才能正确地使用检索表。然后阅读该植物所在属和科的检索表，从中掌握两方面的知识，一是这类植物有哪些共同特征，二是各种植物之间的鉴别要点是什么。例如，山茶科柃属多种植物有相似的外形，通过倒查检索表得知它们的共同特征是灌木，单叶互生、革质，花小、单性异株、腋生，它们之间的鉴别要点通常不在花部，而在茎是否有棱，茎和芽是否有毛。这样就为进一步认识该属植物抓住了鉴别要点。再举一个例子，毛茛属多种植物之间的鉴别要点在于基生叶的形态、毛的有无及聚合果的形态，花的结构则是它们共有的特征。有了这方面的知识，在继续实习中就应该把注意力集中到这类植物的鉴别要点上，唯有牢牢抓住鉴别要点，才能节省鉴别的时间，提高野外鉴别的效果。需要说明的是，倒查书本和检索表的目的是为了尽快掌握某一类群植物的鉴别要点和共同特征，而通常查检索表的目的是为了查出植物的名称，二者的应用环境和目的是不同的。

四、利用鉴别性特征提高识别科的实际能力

各个学校野外实习时间一般为 1~2 周，要在如此短的时间内认识几百种药用植物，会有一定困难。药用植物生长有很强的季节性，在野外实习过程中，通常会碰到要识别有花无果、有果无花、甚至无花无果的植株（标本）；另外，在中草药的原植物鉴定时，常会碰到不完整的中草药标本或药材碎片（如叶类药材等），会遇到较大困难，甚至束手无策，无从下手。

为了更好地帮助大家进行植物分类鉴定和药材鉴别，根据多年的实践经验，参考有关文献资料，把某些容易鉴别的突出特征在被子植物各科中可能出现的情况列出一份清单。我们可以利用这份清单，根据某些特征，对不完整的中草药植株（标本）或药材

碎片进行鉴定，首先判断可能属于哪一科（或属），再根据有关资料进一步核实，最后鉴定其属、种。

（一）依据药用植物营养器官的主要性状特征，识别药用植物种类

1. 具块根的类群

蓼科（何首乌）、毛茛科（乌头属、天葵、单叶铁线莲）、防己科（千金藤属）、樟科（乌药）、豆科（土圞儿、野葛）、葡萄科（白蔹）、萝藦科（牛皮消）、旋花科（甘薯）、玄参科（玄参属、地黄属）、葫芦科（栝楼属）、禾本科（淡竹叶）、百部科（百部）、百合科（天门冬属、萱草属、山麦冬属、沿阶草属）。

2. 具块茎或球茎的类群

罂粟科（紫堇属）、茅膏菜科（光萼茅膏菜）、茄科（马铃薯）、葫芦科（雪胆属）、莎草科（荸荠属）、天南星科、百合科（部分）、薯蓣科、姜科、兰科。

3. 具鳞茎的类群

酢浆草科、百合科（部分）、石蒜科。

4. 茎方形的类群（仅包括草本植物）

苋科（牛膝属）、大戟科（山靛属）、金丝桃科（黄海棠、地耳草）、野牡丹科（多数种）、报春花科（少数种）、马鞭草科（部分）、唇形科、玄参科（部分）、茜草科（部分）、爵床科。

5. 茎上有刺的类群

（1）枝刺 榆科（刺榆属）、桑科（柘属）、蔷薇科（火棘属、山楂属、木瓜属、梨属）、豆科（皂荚属）、芸香科（枸橘属、金橘属、柑橘属）、鼠李科（雀梅藤属、鼠李属）、大风子科（柞木属）、仙人掌科、胡颓子科（胡颓子属）、柿科（柿属部分种）、茄科（枸杞属）。

（2）皮刺 桑科（葎草属）、蓼科（蓼属中的杠板归、刺蓼等）、蔷薇科（悬钩子属、蔷薇属）、豆科（含羞草属、云实属）、芸香科（花椒属）、葡萄科（刺葡萄）、五加科（五加属、刺楸属、楤木属）、茜草科（茜草属）、百合科（菝葜属）。

（3）叶刺、托叶刺或叶柄刺 小檗科、苋科（苋属刺苋）、豆科（刺槐属）、鼠李科（枣属）、茜草科（虎刺属）、清风藤科（清风藤）。

6. 节及其附近膨大成关节状的类群（仅包括草本具对生叶的科）

金粟兰科、苋科（牛膝属）、爵床科、透骨草科。

7. 具卷须的类群

葫芦科（卷须侧生于叶柄基部）、葡萄科（卷须与叶对生）、豆科（野豌豆属、香豌豆属、豌豆属）、百合科（菝葜属）。

8. 具叶柄下芽的类群

豆科（刺槐属、香槐属）、悬铃木科。

9. 有白色或黄色乳汁的类群

桑科（桑属、榕属、柘属、构属）、罂粟科（血水草属、荷青花属、博落回属）、

漆树科（漆树属）、大戟科（油桐属、乌桕属、大戟属）、夹竹桃科、萝藦科、旋花科（甘薯属）、桔梗科、菊科（舌状花亚科）。

10. 叶或茎有腺体的类群

此处的腺体是指具有一定的位置（常位于叶柄、叶柄顶端、叶轴上或叶片近基部的边缘，稀在叶缘锯齿上）、一定的形状（疣状、脐状、盾状、粒状及腺毛状），而且数量极少。有杨柳科（响叶杨）、蔷薇科（李属）、豆科（部分）、苦木科（臭椿属）、大戟科（油桐属、乌桕属）、凤仙花科、萝藦科、紫葳科、忍冬科（荚蒾属、接骨草属）。

11. 叶具油点或腺点的类群

油点是一种埋藏在组织中油质的、球形或条形的囊状体，对光视之，为半透明；腺点是指外生的、黄色、红色或黑色的油状或胶状物质，其中有的是无柄的腺毛。油点和腺点在叶上无一定的位置，而数量通常是多数的。有胡桃科、芸香科、苦木科、藤黄科、桃金娘科、紫金牛科、报春花科、马鞭草科（部分）、唇形科（部分）、玄参科（部分）、忍冬科（部分）。

12. 叶具钟乳体的类群

钟乳体是一种埋藏在组织中的碳酸钙结晶体，通常呈点状或短线状。有桑科、荨麻科、爵床科。

13. 叶盾状着生的类群

蓼科（杠板归）、睡莲科、防己科（千金藤属、轮环藤属、蝙蝠葛属）、小檗科（八角莲属）、蔷薇科（盾叶莓）、大戟科（蓖麻）。

14. 互生、羽状复叶（包括羽状三出复叶）的类群

（1）木本　胡桃科、木通科（猫儿屎属）、小檗科（十大功劳属、南天竹属）、钟萼木科、蔷薇科（花楸属、悬钩子属、蔷薇属）、豆科（许多属）、芸香科（花椒属、枸橘属）、苦木科（苦木属、臭椿属）、楝科（楝属、香椿属）、大戟科（重阳木属）、漆树科（黄连木属、盐肤木属、漆树属）、省沽油科（瘿椒树属）、无患子科（无患子属、栾树属）、清风藤科（泡花树属）、五加科（楤木属）。

（2）草本　毛茛科（牡丹属、毛茛属、唐松草属、银莲花属）、小檗科（红毛七属、淫羊藿属）、十字花科（泡果荠属、碎米荠属）、虎耳草科（落新妇属）、蔷薇科（假升麻属、水杨梅属、委陵菜属、草莓属、龙牙草属、地榆属）、豆科（许多属）、芸香科（松风草属）、茄科（茄属马铃薯）。

15. 互生、掌状复叶（包括掌状三出复叶）的类群

（1）木本　木通科（木通属、鹰爪枫属、野木瓜属、大血藤属）、葡萄科（蛇葡萄属、爬山虎属）、五加科（鹅掌藤属、五加属）。

（2）草本　毛茛科（天葵属）、白花菜科（白花菜属）、蔷薇科（委陵菜属、蛇莓属）、豆科（车轴草属）、酢浆草科（酢浆草属）、葡萄科（乌蔹莓属）、葫芦科（雪胆属、绞股蓝属）。

16. 具对生复叶的类群（仅包括双子叶植物）

（1）掌状复叶　七叶树科（七叶树属）、马鞭草科（牡荆属）。

（2）羽状复叶　毛茛科（铁钱莲属）、芸香科（黄柏属、吴茱萸属）、省沽油科（省沽油属、野鸦椿属）、槭树科（槭树属部分种）、木犀科（白蜡树属、连翘属）、紫葳科（凌霄花属）、唇形科（丹参属部分种）。

17. 具轮生叶的类群（仅包括双子叶植物）

景天科（八宝属、景天属部分种）、金鱼藻科（金鱼藻属）、小二仙草科（狐尾藻属）、五加科（人参属）、夹竹桃科（夹竹桃属）、玄参科（石龙尾属）、苦苣苔科（吊石苣苔属）、茜草科（茜草属、拉拉藤属）、桔梗科（桔梗、轮叶沙参）。

（二）依据药用植物繁殖器官的主要性状特征，识别药用植物种类

1. 具特殊花冠类型的类群

花冠的形状往往成为不同类别植物所特有的特征。

钟形花冠——桔梗科植物　　　　　　十字形花冠——十字花科植物

蝶形花冠——豆科蝶形花亚科植物　　假蝶形花冠——豆科云实亚科植物

唇形花冠——唇形科、玄参科植物　　管状花冠、舌状花冠——菊科植物

漏斗形花冠——旋花科和部分茄科植物

2. 具副花冠的类群

副花冠（corona）是有些植物在花冠和雄蕊之间的瓣状附属物，如萝藦科、石蒜科（水仙属）。

3. 具副萼的类群

有的植物在花萼之外还有一轮萼状物（苞片），称副萼，如蔷薇科（水杨梅属、委陵菜属、蛇莓属、草莓属）、锦葵科（蜀葵属、棉属、木槿属）。

4. 花有距的类群

花萼或花冠基部向外延长成管状或囊状突起，称其为距（spur），如毛茛科（乌头属、翠雀属、飞燕草属）、罂粟科（紫堇属）、牻牛儿苗科（天竺葵属）、凤仙花科（凤仙花属）、堇菜科（堇菜属）、兰科（大部分属）。

5. 具有典型雄蕊类型的类群

单体雄蕊——锦葵科植物

二体雄蕊——(9)+1或(5)+(5) 型：蝶形花亚科植物

　　　　　　 (3)+(3) 型：罂粟科紫堇属植物

多体雄蕊——藤黄科、楝科植物

二强雄蕊——唇形科、玄参科植物

四强雄蕊——十字花科植物

聚药雄蕊——菊科植物

6. 具特征性果实的类群

连萼瘦果——菊科植物　　　　　颖果——禾本科植物

双悬果——伞形科植物　　　　　荚果——豆科植物

角果——十字花科植物　　　　　柑果——芸香科柑橘属植物

瓠果——葫芦科植物　　　梨果——蔷薇科梨亚科植物
椹果——桑科桑属植物　　　隐头果——桑科榕属植物

7. 叶（苞片）上开花（花序）、结果的类群

椴树科（椴树属）、山茱萸科（青荚叶属）、百部科（蔓生百部）。

第三节　药用植物分类鉴定室内工作

一、药用植物标本整理及分类鉴定

（一）药用植物分类鉴定的程序

药用植物观察及分类鉴定的程序，一般分为以下几个步骤：

1. 形态观察与描述

对制作完成、合格的药用植物标本进行细致的形态观察与描述。标本一定要完整，只有枝叶而无花、果的标本是不完全的标本，在分类上的价值不大。单靠枝条、叶形来鉴定药用植物是不够的，只有少数植物就是没有花、果也能确定"种"，如银杏具有特殊的扇形叶，不易与其他植物混淆。对于特征不全的标本，以后需要深入产地，补充采集，以便进一步鉴定。

观察标本上细小的特征，如花的结构、腺点、毛茸，可以借助 10～20 倍的手持放大镜，最好有一台体视显微镜（也称解剖镜，带数码摄影功能的更佳），还要有解剖针、镊子、刀片等用具。

仔细观察腊叶标本，首先对根、茎、叶、花、果实、种子等器官进行观察，特别是繁殖器官（花、果实、种子或孢子囊、子实体等）的特征。如果解剖标本上面的干花，需要先放在热水中浸泡，即可变软，便于解剖，也不易破碎；要注意观察花被的有无、数目及卷迭方式，子房的位置，心皮的数目、合生还是离生，胎座的类型，胚珠的数目等，及时写出花程式、绘制花的解剖图，做好详细的观察记录，用形态术语进行描述。有条件的话，还可以进行数码摄影，打印后附在台纸上，是很理想的资料，新鲜材料，效果更佳。

2. 利用文献进行核对

根据对观察到的药用植物的形态特征，结合自己的分类学知识和经验，首先确定其大的分类等级，如门、纲、科。若不具备此能力，则必须查阅分门、分纲、分科检索表。确定了科，就可以进一步查阅植物分类方面文献。

分类文献的选择应结合标本的产地。一般先查省、地区等地方植物志、植物手册、植物检索表等资料，若在地方资料上鉴定不出来或无地方资料时，可用全国性或世界性资料进行鉴定，如《中国植物志》《中国高等植物图鉴》《中国高等植物》《中国高等植物科属检索表》《世界有花植物科属检索表》，这些资料中多载有分科、分属、分种检索表可供检索。检索顺序是先查到科，然后根据要鉴定的药用标本核对科的文字描述，如对不上，则要重新检索、核对，直到正确为止，再查相应科下的分属检索表，同理查到正确的属；继续查相应属下的分种（或种下分类单位）检索表，查到相应的种（或种下分类单位）的学名，如与文字描述符合，鉴定就正确了。

3. 核对标本

如果有条件的话，可以到植物标本馆（或标本室）核对已定名的标本，以帮助确定标本的正确学名，通过核对，可以鉴定相当一部分标本。但核对标本的方法有一定的局限性，要求标本馆已定名的标本必须鉴定正确，否则以讹传讹。

根据文献和标本核对结合，能正确鉴定绝大多数种类。

由于药用植物有不同的分布区、生长于不同的环境以及生长期和采集季节差异等原因，植物形态有一定的变异，有时可能会很大。即使同一植株上，叶的形状、大小也不全相同，花和果实的大小、毛的疏密、颜色的深浅都可能存在变异，因此在核对文献和标本时，也常不可能完全符合。一般出入不大的差异在自然界中是常见的，所以核对时要清楚哪些是主要特征，哪些是次要特征，哪些是科的特征，哪些是分属、分种（或种下分类单位）的特征。例如文献上描述某一植物的叶阔卵形，而要核对标本的叶多为卵形，少阔卵形，这种差异不能说明两者不是同一种植物，应该进一步核对花与果实的特征。鉴定药用植物是一项细致的工作，简单、潦草的核对，特别是通过简单的描写或比较粗放的绘图来鉴定，是很容易出错的。

4. 深入研究

在药用植物标本的整理和研究工作中，只靠上述核对标本的方法有时还是不够的，如标本馆里的标本定名可能有不正确的，同时有些资料的记载可能是不完善的，种的鉴定也可能有错误，对科研、生产、应用均不利。特别是对难以鉴定的种类，如果用一般核对的方法难以解决问题时，必须进行深入查对原始文献或模式标本进行鉴定。

可以查阅《邱园植物索引》（Index Kewensis），找出这些种由何人、何时发表于何刊物上，找到原始文献中所记载的特征，一般原始文献上附有图和照片，对鉴定工作帮助很大。如能找到模式标本，结合原始文献，在核对时更为可靠。

利用原始文献或模式标本是一种可靠的方法，但存在很大的局限性，一般标本馆不可能有齐全的文献，更缺少模式标本。因此，有时会将难以定名的标本送到分类学专家处帮助鉴定。请专家鉴定标本时，每一份标本上必须有一个同号标本的号签，并连同这一号的野外记录一起送出。按照惯例，这份请求鉴定的标本，就留在鉴定人那里了，不再退回，这是鉴定人对该标本负责的表示，以作将来复查之用，如以后更改学名时，便于根据标本来通知对方。鉴定者只需须根据标本的号码，抄写一个学名名单寄回即可。所以，必须保存几份相同号码的标本，以备送鉴。

如果在鉴定药用植物标本时查阅一个省的地方植物志或《中国植物志》时，均查不到，极有可能是一次有价值的发现，你手头的植物是该省的新分布种，甚至是一个新种。

（二）药用植物标本整理及修复

药用植物标本经过采集、压制、消毒和装订等步骤后，需要对标本进行一定的整理；干燥的材料会变得很脆，而容易损坏，如果标本有疏松或破损的，则要进行必要的修复。

制作完成一份合格的药用植物标本应具备以下条件：①要求标本一定要完整，能提供详尽的鉴定特征，并附有药用部位；②植物体各部位的安置可清楚地显示各项特征，方便使用者观察；③尽量使各器官维持原状，且保存良好，没有虫蛀发霉的情况；④简明但准确地记载植物的各个器官的大小、颜色等特征和产地、生境；⑤最好有生境、全植株、各部位等的清晰照片。

首先，应该根据野外记录册将标本号顺序排好，然后按照采集号的顺序，在每号标本的若干份中挑选一份比较完整的标本，作为正号标本，其余作为副号标本。在保管条件允许的情况下，正号标本也可有若干份。

有的特别大型的药用植物，如博落回，把同一植株剪成地上部分（上、中、下）、地下部分等多个部位分别压制，挂同一采集人、采集号而且要文字注明，往往装订在多张台纸上，整理时必须根据采集号把装订好的多份标本作为同号标本处理，收于同一种名夹纸内，便于鉴定。入药部位要取特征明显的部分装订于台纸上，如果另有药材标本和浸制标本，应注明采集人、采集号，以便今后核对，增强科学性。

检查标本上是否已经贴上野外记录签，如没有贴上，应找到贴在台纸的左上方，右下角作为贴定名签的位置（也可以把定名签的格式直接印制在台纸的右下角）。

药用植物标本干后会变得脆弱。有疏松或脱落部分，最好是一见到就马上处理。如标本中的叶片松开或脱落，可用调色刀或硬纸条在叶背面刷胶水（植物胶），减少弯曲所引起的损坏，按照自然姿态贴好，阴干。花、果、种子等物易脱落，脱落的部分，必须及时收起，随手装入纸袋或纸包中，附贴于原标本台纸上，便于查考，并应在纸袋注明采集人和采集号。枝茎断裂的要用醋酸乙烯胶粘贴。

如果标本有灰尘，用软毛刷扫去台纸上的灰尘；如标本的茎干和叶片粗壮，也可同样方法处理。但花和其他精致易碎的结构必须小心避免损坏。

发霉和虫蛀的标本，用毛笔蘸95%酒精或10%福尔马林液洗刷，干后用毛笔刷除霉斑。

标本修复，经过整理和修复后，有条件的话，可以一份标本套上大小合适的透明塑料袋，或在标本上附上保护衬纸，以防标本互相摩擦损坏，然后收于种夹纸内。

移动标本，手脚要轻，不要翻转颠倒。台纸和盖纸破损的要调换新的。

（三）药用植物标本鉴定结果的技术处理

标本实施鉴定后，管理人员必须及时按照鉴定结果，打印鉴定标签，用胶水粘贴在台纸的右下角部位。有的标本馆直接把鉴定标签的格式印刷在台纸上，有的则把鉴定结果直接写在相应的位置。

有的药用植物标本，经过深入研究后，可能会发现原有的鉴定错误，需要改正名称及加注意见，须使用各标本馆提供的鉴定标签，使用墨水笔或铅笔清楚地写上鉴定人全称和日期。不得在台纸或原有的鉴定标签上直接书写，更不能涂改或撕毁原鉴定标签；

新的鉴定标签不得覆盖原有的鉴定标签。

(四) 药用植物标本的归档、入库

1. 药用植物标本流水号标签的制作

标签为 7.5cm×10.5cm 长方形纸条，标本馆专用，上面主要有标本馆流水号、采集号、采集人、鉴定人，粘贴在台纸的右下角空白位置上。如果标本太大，则把标签纸的右两角用胶粘在台纸上，左边两个角不粘，这样查阅者可以揭开标签纸观察被盖住的标本。

2. 药用植物标本入库登记手续

在标本台纸上选择合适的位置盖上标本馆印章；盖国别和省别章，根据标本采集地选择国别章盖在台纸的右上角，若是本国的药用植物标本则盖上省别印章，本省的药用植物标本则盖上各市县印章；用号码机在流水号标签、标本馆印章及采集记录纸上分别编上流水号，每份标本有三个相同的标本馆流水号，以防时间长以后标签脱落或丢失时仍能在标本的台纸上找到相应的流水号。

3. 药用植物标本数据库处理（有条件的标本馆建议采用）

新标本编号手续完成后，下一步是由工作人员把标本信息输入数据库贴上条形码，并用数码相机对标本拍照，才能入库归柜。所有的标本数据及其图片都能在本馆的电脑和网页上查询到。

4. 药用植物标本入库

把已编号的药用植物标本归到标本馆的正确位置，否则标本将会因放错位置而被遗忘，失去其应有的价值。标本室中的标本应按一定的顺序排列，科通常按分类系统排列，也有按地区排列或按科名拉丁字母的顺序排列；属、种一般按学名的拉丁字母顺序排列。

归柜前先将标本按科、属、种分类，然后逐一归柜。如果是新增加的种或属，则需要另找种夹和属夹，并在种夹和属夹的正面左下角用铅笔分层写上科号、属、种加词（或变种、变型），然后才归柜。注意每个属夹、种夹所包裹的标本不应超过 30 份。注意干燥、防蛀（放入樟脑丸等除虫剂）。

未定名标本：定名到属的标本放在单独的种夹、属夹内，并在种夹和属夹的封面左下角注明科号、属名，然后归在该属的最后。定名到科的标本则归在该科的最后面，同样注明为"sp."或"spp."。

二、药用植物标本的保存

入库的药用植物标本是很重要的资料，要永久性地保存好。药用植物标本的保存原则是安全、方便使用，保存中的难点是防虫、防霉和消尘。保养要注意以下几点：

1. 温度、湿度的控制

标本档案的温度一般控制在 20℃~23℃，湿度控制在 55%~60%；内部环境应保持干净。梅雨季节严禁开窗，经常用吸湿机保持室内干燥防止药用植物标本的发霉。干

燥和低温有利于防止标本的霉变和虫蛀。

2. 隔绝虫源和有害生物的防治

隔绝虫源，要求门、窗安装纱网，标本柜的门能紧密关闭；新标本或借出归还的标本入柜前更应严格消毒杀虫。对标本档案威胁最严重的是有害生物，如：药材窃蠹、烟草窃蠹、西洋衣鱼、书虱、蟑螂等等。需经常对标本进行抽查，隔年对所有标本进行熏蒸杀虫。时间一般选择在梅雨季节之前。

3. 防火

必须加强严密的防火措施，保证标本的安全。

4. 标本的清洁与修补

标本上承积的尘埃、虫卵等，需要定期进行清除处理、修补破损，以保持标本档案的清洁和完好。

5. 标本更换

为了保持标本的质量，当标本出现破损、虫蛀等情况时，应及时进行更换。

6. 轻取轻放

在查阅和植物标本管理时，一定要按顺序轻取轻放，平拿平放，不能任意从中间抽出。

7. 药用植物标本的解剖

凡确因研究而需要解剖标本的，在有副号标本的情况下，一般用副号标本进行解剖，解剖后应绘一张解剖图，并将脱落的部分装入纸袋内，并贴附于原号标本上。

8. 模式标本和珍稀濒危标本的管理

模式标本是药用植物分类学家赖以从事系统分类研究必不可少的科学依据，也是开展专科、专属研究，编写植物志，进行植物区系研究、调查、开发利用和保护植物资源的重要资料。对模式标本要单独存放和保管，予以特别重视。

第十二章　药用植物资源调查

第一节　药用植物资源调查的意义和任务

我国是世界"生物多样性大国"之一，也是药用植物资源最为丰富的国家。据统计，仅高等植物就有近 30000 种，居世界第三位，药用植物有 11146 种（含变种）。随着社会的发展，人口增长，对药用植物的需求量必然不断增加，为充分开发利用这个宝藏，做到合理采挖，持续利用，就必须首先进行资源调查研究。

我国 1958 年、1966 年和 1983 年进行了三次全国性的大规模药用植物资源普查，基本掌握了当时的药用植物的种类、分布、重要品种的资源和蕴藏量。但是，随着自然环境条件的变化、人类生产活动和生活条件的影响，药用植物资源也在不断地发生变化。因此，药用植物资源调查需要定期进行，由全国性、地区性的调查到专项调查，从普查到定点动态监测，掌握药用植物资源情况，更好地合理利用资源，满足人们医疗、保健的需要，为促进经济发展服务。

药用植物资源调查的主要任务是：

1. 种类和分布

这是进一步开发利用药用植物的基础。种类作为群落的组成部分应调查它所在群落的类型、产地条件。调查可以是针对某一项目或某一种类进行，如芳香性药用植物调查，薯蓣类植物调查等。调查时，还应收集当地民间使用中草药的经验、单方、验方，这是寻找新药用植物的重要途径。

2. 蕴藏量调查和测算

对某些药用价值大的种类，必须调查其蕴藏量，并进行经济量、年允收量的测算，以便合理采收和资源利用。

3. 资源更新的调查研究

对药用植物的生物学、生态学、植物群落、自然更新规律研究，为人工更新和引种栽培提供理论和可行性依据。

第二节　药用植物与自然环境的关系

药用植物与其生活环境关系密切，不同的药用植物对生活环境条件的要求不同，有生长在高山、平原、干旱地方的，也有生活于水中或潮湿地带的。环境条件不仅影响药用植物的生长、发育和繁殖，也影响它的外部形态、内部构造、生理、化学成分的合成和含量。影响药用植物是综合性的环境因子，它包括许多性质不同的单因子，每个因子在环境中的质量、性能、强度对药用植物都起着不同的作用，而影响药用植物的因子主要有气候、地形、土壤、生物和人为等因子。

1. 气候因子

气候因子包括光照、温度、水分、空气等因素。

（1）光照　光是提供生命活动的能源，是一切绿色植物生长发育过程中的重要因素，对植物具有非常重要的生态作用，包括光强度、光谱成分等。光照强度随着纬度、海拔高度、地形、坡度、坡向、季节、昼夜的长短而改变。光照强度从两极到赤道，随着纬度减少光照强度渐强；海拔高度越高光照强度越大；坡向在北半球则南坡接受的光照强度大，南半球则相反；光照强度在季节上则夏季最强，在一天中则中午最强。光谱成分，高纬度和低海拔的长波光多，低纬度和高海拔的地区短波光多；在季节上，夏季的短波光多。光照强度不仅影响植物的形态而且同样影响植物的生长发育。

植物在长期适应不同的光照强度下而形成阳生植物、阴生植物、耐阴生植物等三种类型。阳生植物，生于高山、旷野、向阳坡地，是只有在强光照环境中才能生长发育健壮的植物，如雪莲花、蒲公英、白茅等。阴生植物，生于林下、阴坡，是只有在较弱的光照条件下才能发育健壮的植物，如人参、三七、黄连、细辛等。耐阴生植物，它们能在向阳地生长良好，也能在较阴的地方生长，是介于阳生和阴生植物之间的类型，如沙参、桔梗、玉竹、党参等。阳生植物与阴生植物在外部形态和内部构造都有明显的区别。阳生植物茎较粗，节间较短，分枝多，叶表面角质层较厚，常有柔毛，气孔较小，栅栏组织和海绵组织分化明显，开花结实多。阴生植物茎比较细长，节间长，分枝少，叶表面角质层薄或无，叶肉组织分化不明显，细胞排列疏松，细胞间隙大。

植物对日照长度的适应，可分为长日照植物，短日照植物和中间型植物三种类型。了解光照对植物发育的影响，对于植物的引种栽培有重要的意义。因此在引种栽培植物时，一定要了解该植物原产地的日照情况。

（2）温度　植物的生理活动和生化反应必须在一定温度范围内进行。温度升高，植物生理生化作用加快，生长发育也会加快，反之则减慢。如果超过植物所能适应的范围，就会使植物受害甚至死亡。同一种植物在不同发育阶段对温度的要求也不尽相同。

温度的变化常受空间（纬度、海陆位置、海拔高度、地形）与时间（季节和昼夜）的制约。从赤道到两极，纬度每增加1度，其年平均温度降低约0.5℃，据此可以把地球划分成6个气候带：① 热带：全年气温在20℃以上。② 亚热带：夏季炎热的时间长。③ 温热带：夏季炎热。④ 温寒带：夏季温暖，冬季寒冷。⑤ 寒带：全年有1～4个月温暖，其余的月份寒冷。⑥ 极带：全年气温在 -10℃以下。海陆位置对温度影响主要表现在沿海地区受海洋季风影响而温暖湿润，属海洋性气候。离海远的内陆地区，夏季酷热，冬季寒冷，年温差较大，属大陆性气候。海拔高度每升高100m，气温下降0.5℃～0.6℃，因此海拔高度变化明显影响气温的变化。

植物因一年中温度的寒暑节律性变化，表现出与此相适应的植物发育规律，称为物候。植物在不同季节的气温下表现出发芽、生长、现蕾、开花、结实、果实成熟、落叶和休眠等生长发育阶段，称为物候阶段或物候期。植物的物候期直接受当地气温的影响，间接受经度、纬度、海拔、地形的影响。某些起源于北方或高海拔的植物，种子必须经过一定时间的低温刺激后方能发芽，秋播就是这原因。如生长在高海拔的贝母属植物，必须经过一段时期的低温刺激后才能发芽。低温刺激还必须有适量的水分和氧气相配合。

温度不仅对植物的生长发育有很大影响，而且对产品的质量也起着很大作用，如欧乌头（*Aconitum napellus*）在温暖的气候条件下含乌头碱多，而在寒冷的低温条件下含量少。小麦在成熟前 15 ~ 20 天内蛋白质含量随气温的升高而增高，但在成熟前 5 天内若气温高于 32℃，其蛋白质的含量反而随气温的升高而下降。物候期也反映植物产品的质量，如槐在花蕾期芦丁含量最高，开花后降低。浙贝母鳞茎中的生物碱含量在 4 月下旬最高。根和根茎类药材，一般在冬季植物地上部分枯萎和次年春季发芽前有效物质含量最高，这时采收质量最佳。因此，对各种药用植物在不同的物候期有效物质含量的研究，对药材生产具有重要的实用价值。

（3）水分　水是植物体内原生质的重要组成部分，植物的一切生理活动都必须在有水的条件下才能进行，根据水的分布情况，有大气水（包括空气湿度、雨、露、雾、霜、雪），土壤水和地下水（潜水）。根据植物生活环境中水分的多少，将植物划分为水生植物和陆生植物两大类。水生植物是生于水中植物的统称。依据水层的深浅分为沉水植物，浮水植物和挺水植物。陆生植物是陆地生长植物的统称，根据所依赖水分情况又可分为湿生、中生、旱生植物三大类型。湿生植物生长在潮湿环境中，抗干旱能力小。根据对光照的要求，分为阴性湿生和阳性湿生植物，阴性湿生植物主要生长在阴湿的林下，如黄连属、重楼属、人参属植物。阳性湿生植物主要生长在阳光和水分都充足的地方，如灯心草等。中生植物生长在水湿条件适中的土壤中，这类植物种类最多，分布广，具有中等的抗旱和抗涝性。旱生植物是指生于少水干旱环境中的植物，能忍受土壤和大气的长期干旱，保持正常生长发育和维持水分平衡。根据植物形态、生理上的抗旱方式把旱生植物分为少浆植物和多浆植物。少浆植物是一类含水量极少的植物，叶片小，退化，如麻黄属、天冬属等植物。多浆植物是一类含水量较多的植物，叶肉质肥厚，含大量水或叶退化为棘刺，而茎发达内含大量的水分，如芦荟属、景天科、仙人掌科植物等。

2. 土壤因子

土壤是提供植物以生活空间、水分和无机盐的基础，土壤对植物的关系包括土壤的质地、结构、土壤水分、土壤肥力、土壤空气、土壤温度、土壤的酸碱度等因素。土壤的质地是按构成土壤土粒的大小而分的，有壤土、黏土、砂土三类。壤土质地均匀，通气、保水、保肥能力强，它是植物生长最好的土壤。黏土保水保肥力强，但透水力和通气差，养料易流失，容易干旱。土壤水分直接来源于降雨、降雪和灌水。土壤中的水分和能溶解于水中的无机盐供植物根吸收利用，但过多的水分则致通气性差而引起根腐烂，过少又引起植物枯萎死亡。土壤中的空气来自大气和由土壤中的生化过程所产生，其组成与大气中不同，氧气较空气中少，二氧化碳量较高。土壤温度主要来源于太阳能，土温随土层深度增加而下降。土壤温度对植物种子的萌发、无机盐的溶解及根的吸收都有直接影响。

土壤酸度是土壤中无机盐类的综合反映，用 pH 值表示，分为五级：强酸性，pH 小于 5.0，酸性 pH 为 5.0 ~ 6.5，中性 pH 为 6.5 ~ 7.5，碱性 pH 为 7.5 ~ 8.5，强碱性 pH 大于 8.5。根据植物对土壤酸碱度反应和要求不同，可把植物分为酸性土植物（pH 6.5），如石松、茶、杜鹃、马尾松。中性土植物（pH6.5 ~ 7.5），如甘草、枸杞等。碱性土植物（pH7.5 ~ 8.5），如地肤、树柳、罗布麻等。大多数植物适宜于中性偏酸性土壤中生长。植物在生长发育过程中需要从土壤中吸收 C、O、H、N、P、K、S、Ca、Mg 等大量无机元素，还需要少量的微量元素如 Mn、Zn、Cu、Mo、Ba、Ni 等。微量元素是植物生长作用中不可缺少的，因此了解土壤因子与植物的关系，对植物的引种栽培有重要实用意义。

3. 地形因子

植物生长环境内的地形对植物的生活虽不发生直接影响，但因地形限制光、温、水等气候因子，所以对植物的生存仍起着决定性的作用。地形的巨大起伏（高山、丘陵、平原、低谷）和局部地形的变化（坡度、坡向）都能影响气候及其他因子的变化，从而影响植物的生长发育和分布。如有些绝对高山植物和绝对平原植物，若对调环境，常因不能适应新的生存环境而死亡。阳坡生长喜光的植物，阴坡生长喜凉喜阴的植物。海拔高度对药用植物有效物质也有影响，常随种类的不同而有差异。

4. 生物因子

地球上任何植物都受上述几种因子的影响，同时也受生物因子的影响，有动物和植物之间的影响。动物可以帮助传播种子，如许多果实色艳味美，动物吃食，同时也把种子传播到别处；有些果实带有钩刺等附属物，它黏附动物体上被带到远方，如鬼针草属（*Bidens*）、苍耳属（*Xanthium*）、淡竹叶（*Lophatherum gracile*）等。昆虫可以帮助传粉。草原上禾本科和豆科的植物被动物吃了而一些有毒或带刺的植物则得以蔓延。牲畜群的放牧，对植物界起了很大的作用。动物将粪便撒于土壤中，使土壤更加肥沃。同时又因践踏土壤，破坏了土壤结构，间接地影响到某些植物不能繁殖。有的动物如旱獭、黄鼠等掘挖土穴，又以草为食，起了破坏草原植物的作用。

植物与植物之间的关系和相互影响也是多种多样的，有寄生、共生、附生。寄生是某种植物全部或部分从另一种植物体内吸取养料，如桑寄生属（*Loranthus*）、列当属（*Drobanche*）、菟丝子属（*Cuscuta*）等植物，若寄生植物大量繁殖生长就会使寄主死亡。共生关系中最明显的是豆科植物和根瘤菌，根瘤菌在胡颓子属（*Elaeagnus*）等植物中也有，共生关系种类最多的是地衣植物。附生是指某一植物的个别部分，如树干、枝、部分叶片作为另一植物的生长场地，附生植物和被附生植物之间没有生理上的联系，如在温暖潮湿的地区中有兰科植物和蕨类植物附生在别的植物的茎干或叶上；另有一些藤本植物则依赖于其他乔木的支持作用而得到正常生长。

5. 人为因子

由于人类的经济活动对植物的影响巨大，人类有意识的生产活动，对植物产生作用，把野生植物变为家种，对已栽培成功的植物进行质量和产量上的提高，扩大了某些植物的分布区，如南药北移，北药南种。例如美洲产的西洋参在北京市的怀柔县实验栽培成功；三七在四川引种生长良好等。人类对植物既有着积极作用，也由于对森林的采伐不当，对有经济价值的植物过度采伐，使生态失去平衡，以至于产生水土流失，造成灾害。因此，合理开发利用植物资源，建立自然保护区，退耕还林，大量植树造林，才是保持生态平衡的必要措施。

第三节　植物的分布规律

地球上植物的分布规律主要受水分、热量因素制约。地球表面热量随纬度而改变。水分又随距离海洋的远近和大气环流而变。水、热的结合导致了气候和土壤的变化，从而引起植被纬度和经度地带性变化。在山地水、热的分布随海拔高度而改变。因此，某个地区植被分布的特点是由该地区的纬度地带、经度地带和垂直地带三者结合而决定，这就称为"三向地带性学说"。而纬度分布和经度分布合称为水平分布。

由于太阳辐射到地球表面的热量从赤道到两极呈规律性的递减，形成不同的气候带，植被也形成纬向地带分布，热带雨林→亚热带常绿阔叶林→温带落叶阔叶林→寒温带针叶林→极地苔原。这就是植被分布纬向地带的表现。

陆地距离海洋的远近，大气环流和大地地形等综合作用的结果使从沿海到内陆降雨量递减。因此在同一气候带由于水分不同，植被分布也发生明显变化，呈植被的经向地带分布。如我国温带地区、沿海地区空气湿润，降雨量大，分布着夏绿阔叶林；距离海洋较远的地区，降雨量减少，旱季变长，分布着草原植被；而到了内陆地区，降雨量更少，气候更加干燥，分布着荒漠植被。

山地植被分布随着海拔的升高，气温逐渐降低，降雨量和土壤改变，生长季节逐渐缩短，植被也形成条带状更替，并有一定的垂直厚度，植被带与山坡的等高线平行，这种现象称为植被的垂直地带性。山地植被垂直带的排列与更替顺序形成一定的体系，称为植被的垂直带谱。各山地由于所处的地理位置不同，垂直带谱也不相同，如位于亚热带地区，四川西部的巴朗山，由山脚（海拔1200m）到山顶（海拔5000m）的植被垂直带谱依次为：亚热带常绿阔叶林→常绿阔叶和落叶阔叶混交林→针阔叶混交林→亚高山针叶林→高山灌丛→高山草甸→流石滩植被和高山荒漠。而位于温带海洋性气候的长白山，从山脚到山顶的植被垂直带依次为：落叶阔叶林→针阔叶混交林→寒温带常绿针叶林→矮曲林→高山冻原。

植被的分布规律与野生药用植物的分布、生态环境、产区都有密切的关系，因此了解植被的分布规律性，对于开发利用药用植物资源以及引种栽培有着极其重要的意义。

第四节　药用植物资源调查的准备和工作方法

一、调查前的准备工作

调查人员首先必须明确调查的目的和意义。调查地区常是高山深谷，戈壁沙漠，人迹罕至之地。因此，根据调查任务组建一支有吃苦耐劳精神、有各类专业人员参加、有较丰富工作经验、熟悉调查方法、掌握调查技术的调查队是完成调查任务的有力保证。制定好调查计划，包括目的、任务、调查的内容、方法、日程安排、总结以及经费来源与开支范围等。

对调查地区的有关资料要详尽地收集和查阅，如地区性的植物调查报告，地方植物志、中草药手册、地区的自然地理情况、气候、土壤、地形、农林业、交通、居民点等情况；以及有关该调查区的植被图、地形图、行政图；中草药历年收购的数量、种类、分布、产地。对于还缺少资料的地区，可以召集药农、农村医生以及中药店、药材公司、药材收购站等的工作人员开座谈会来获取需要的资料。但必须注意的是，不能只从当地目前收购使用种类的多少来代表该地区药用植物的种类，事实上有些地区的药用植物资源还未被当地充分发掘利用。因此，可以根据该地区的气候、地形、土壤、海拔高度等自然条件的关系与邻近地区的自然条件、植物种类、植被情况等来推测出所要调查地区的药用植物资源概况。

通过对上述各种资料的收集整理，确定调查点，并根据气候条件、交通情况、植物花果期以及中草药的采收季节等因素来制定调查路线及顺序，做到点面结合，并拟定出切实可行的工作日程表。

二、野外调查工作

1. 调查方法

（1）样地调查及产量计算　对于开发利用保护药用植物资源是重要的数据指标。估计蕴藏量，主要是调查某些重要的种类，或供应紧缺和有可能资源枯竭的种类，而其他种类就没有必要调查。

样地设置和调查：在调查区内，选择不同地形、海拔、坡度、坡向的不同植物群落设置样地，并在样地的一定距离设置长方形、方形或圆形样方，乔木和大灌木为 $100m^2$，灌木为 $10\sim40m^2$，草本为 $1\sim4m^2$。样方调查的方法有两种：一是面积样方，用投影盖度法计算产量；二是记名样方，用记名记数法（样株）计算产量。

面积样方的调查和用投影盖度法计算产量：面积样方就是统计样方内某种药用植物在整个样方面积内所占的百分数，用投影盖度法调查产量时使用。投影盖度法主要适用于在群落中占优势的草本或灌木，它们成丛生长，很难分出单株个体来，计算公式：

$$U = X \times Y$$

式中：U 为样方内药材平均蓄积量，g/m^2；

X 为样方内其植物的平均投影盖度，%；

Y 为 1% 投影盖度药材平均重量，g。

记名样方的调查可用记名计数法计算产量：记名计数法就是统计样方内某种药用植物的株数后，再用样株法计算产量。样株法适用于大而稀疏生长的草本、木本、单株生长的灌木。方法是选择样方中带有代表性的植株称出湿重数，乘以株数，得到样方中的总湿重数。对药用植物，测出湿重样品后进行干燥，得出干重的重量，就可计算出湿重与干重的比率。这样就可以粗算出单位面积上药材的蕴藏量。

样地调查无论应用哪种方法，都应当记录调查地点、日期、样方号、样方面积、药用植物存在的群落、生态环境及伴生植物。药材要挂上号牌，标明样方号和物候期。

（2）线路调查　就是按照事先制定的调查路线和预定的日程进行调查采集、植物群落和生态环境观察。

①标本采集：在药用植物资源调查中采集标本，目的是取得可靠的资料，以便准确鉴定其科、属、种，为生产科研、临床运用提供保障。因此，在采集标本时应注意其代表性及完整性，除必要的药用部位外，尽可能采到具有花、果实及根、茎、叶等部位的标本。对于雌雄异株的植物，两株都应采集，而对于某些植物的基部叶和茎上叶，幼株上的叶和老枝上的叶，营养株和开花株上的叶，同种植物在不同部位、不同时期所生的叶可能有不同形状，这些标本都应采集，这样才能准确地进行鉴定。（详见"药用植物标本的采集、压制和保存"）

②实验材料采集：药材质量的优劣常随植物的光照、土壤、海拔高度、干燥条件等影响。因此，供中药鉴定学、药理学、化学、临床医学研究应用的实验材料，必须按照一定的规格采收，每种材料必须一次采够，立即进行干燥，避免霉变。在采集时应注意以下几点：根皮类药材应在返青前采，将采挖到的样品混合均匀后再取样。茎皮类应在春天采，多株树干一定部位上用刀割取样品。叶类应规定采收时间，未开花或将开花时采集，是嫩叶还是老叶，是上层还是中下层叶。全草类应规定物候期取样，是否带地下部分，将茎、叶分别干燥。花类应规定采收时期（蕾期、花前期、盛花期）、采收部位的部分。果实类（包括种子）应规定果实的成熟度，应在将成熟时采收。有毒植物应特殊包装加以注明。

③植被和群落的观察：植物群落就是在一定地段上由一定植物种类共同生活在一起，并表现出一定层片和外貌，在植物之间，植物与环境之间有一定相互关系的植被。如果某一地区所覆盖的各种群落的总和就是该地区的植被，植物群落的名称是以群落中的优势种类命名的。如果群落中有成层现象，就以各层的优势种命名，在同层中种名与种名之间则以"＋"连接，异层间则以"－"连接，如麻栎＋鹅耳栎－荆条－糖芥群落；落叶松－兴安杜鹃－草类植物群落。

在植物群落观察中，还应注意药用植物的密度、盖度、郁闭度和频度。

密度是指群落内某种药用植物的个体数目。确定密度的方法有两种，一是目测估计法，只是一种粗略的算法，因计算速度快，故仍在使用；它是用相对概念表示：非常多（背景化＋＋＋＋＋）、多（随处可见＋＋＋＋）、中等（经常可见＋＋＋）、少（少见＋＋）、很少（偶见＋）。表示某种药用植物在群落中数量的另一种方法是记名记数法，它直接统计出样地中各种植物的个体数目，计算公式：

某种植物的密度＝样地面积内该种植物的个体数目/样地中全部种的个体数×10

这种方法多用于具有高大乔木的群落或对群落进行详细研究时采用。

盖度是指植物（草本或灌木）覆盖地面的程度。它分为基部盖度和投影盖度。基部盖度是指某种植物的基部在一定面积的土地上所占的面积。投影盖度是指某种植物的枝叶在一定面积的土地上投影覆盖土地的面积，广义的盖度指的就是投影盖度。两者都是以覆盖样地的百分数表示，例如，某种植物投影面积（或基部占有面积）占样地的35%，它的投影盖度（或基部盖度）为35%。

郁闭度是指乔木郁蔽天空的程度。如样地内树冠盖度为50%，它的郁闭度则为0.5。

频度是指药用植物在群落中分布的均匀度，或者是某种药用植物在群落中出现的样方百分率。统计方法是，在该种植物群落的不同地点，设若干样地，然后以设的样地总数除以统计出现该植物的样地数所得商换算成百分率。公式为：

频度 = 某种植物出现的样地数／全部样地数 ×100%

例如鹿角杜鹃在某个"马尾松－鹿角杜鹃－草类"群落中的频度调查，共设有样地15个，经调查统计，有6个样地中出现了鹿角杜鹃（不管密度如何），其频度为6/15 ×100% =40%。在测定各种植物频度时，样地面积要小，设置数量应在10个以上。

（3）蕴藏量调查　药用植物资源的蕴藏量就是在一定面积上可以获得的植物的药用部分（根、茎、叶、花、果实、种子、树皮、全草等）的数量。

蕴藏量度 = 单位面积产量 × 总面积

但是至今仍没有简单易行和结果精确的方法，一般采用样地统计法和估算法。

样地统计法：就是在调查地区选择药用植物分布具有代表性的点，设置一些样地，并进行样地内药用植物的数量和重量统计，然后求出样地面积药材平均产量，在此基础上换算成每公顷单位面积产量，再从植物资源分布图（植被图或林相图）（以1∶5000 ~1∶10000为适用）计算出该调查地区某种药用植物资源所占面积及蕴藏量。

估算法：就是请当地有经验的药农、药材收购人员等座谈，并参照历年收购资料及调查印象来估算产量。用这种方法统计出来的蕴藏量，只能供参考，并不准确。

三、药用植物资源调查总结

药用植物资源调查结束，要做工作总结，写调查报告，报告内容包括下列项目：

1. 前言：说明调查的目的和任务，组织机构及调查队伍情况，调查起讫日期、路线和地区，协助调查的有关单位和人员，技术方案及经费执行情况等。

2. 调查地区的自然环境：地理位置、幅员、地形、地貌、气温、降水量、土壤、植被（如森林、草原、构成群落的种类等）情况。

3. 药用植物种类及资源利用情况：要写明本地区药用植物资源的主要种类（包括栽培种）、分布、采收情况。

4. 重要中药资源植物的蕴藏量：经济量、年允收量。经济量是指某一时期该调查地区有经济效益的那一部分蕴藏量（指达到采收标准和质量规格的量）。年允收量是指在一年内允许采收的量（不影响自然更新）。

蕴藏量度 = 单位面积产量 × 总面积

经济量 = 蕴藏量 × 比率（指达到采收质量标准又有经济效益的量占蕴藏量的比

例)

年允收量 ＝ 经济量×比率（比率值的经验数据：茎叶类药材为 0.3～0.4；根茎类为 0.1）

5. 中药的加工、贮藏与保管情况。

6. 有效单方和验方的收集。

7. 某些新药用植物的化学、药理、临床实验情况。

8. 对本地区药用植物资源的开发利用及保护意见。

四、寻找药用植物新资源的途径

随着现代科学技术的飞速发展，世界经济和社会生活日益现代化，对天然产物的需求越来越大，世界各国医药工业在寻找新药物上正朝着纯天然、无污染、无毒副作用、防病治病、延年益寿的方向发展。全力以赴对植物界进行全面筛选，寻找新药，新农药、香料、保健食品、天然色素等。我国植物资源丰富，是研究开发新药、新型食品的巨大宝库，因此，利用先进技术研究国产新药是医药学工作者的重要任务。寻找新的药用植物资源途径可以从以下几方面进行。

1. 从历代本草著作中寻找

中医药学是寻找新的药用植物资源的重要源泉，新药的发掘和研究，首先要以历代本草和民间药为基础，认真研究《神农本草经》《本草纲目》《新修本草》《植物名实图考》等大量经典著作。它们为新药研究提供了重要线索和实践经验。除了研究我国古代医药文献外，还要研究国外的民间医药文献，做到"古为今用""洋为中用"，从中取其精华。同时还应特别重视那些为临床所证明具有肯定疗效的药用植物。如黄花蒿（*Artemisia annua* L.）治疗疟疾，后从中提取出抗疟成分青蒿素。

本草文献如实反映了各历史时期药物品种的变迁情况，也反映了药用植物新品种、新资源不断被利用的情况。有许多中药都是来源于多种植物，如大黄、贝母、柴胡、黄柏、五加皮等，这也为寻找新药、新资源提供了有利依据。而国际上所发现的一些具有特殊治疗效果的活性成分，也多是从民间植物药中发现的，如吗啡（镇痛）、阿托品（解痉、镇痛和解磷中毒）、麻黄碱（平喘）、洋地黄毒苷（强心）等。

2. 从民族医药中发掘新药

我国有 56 个民族，各民族都有着悠久的传统医药历史，据不完全统计，少数民族使用的民间草药有 3700 种以上，现已陆续出版了中国民族药物志专著。各民族在应用丰富的民族药资源防病治病的长期实践中，总结、流传下来许多安全有效的天然药物，这是人类防治疾病的巨大药物宝库。运用现代科技方法去筛选、研究民族药，必将找到许多新成分、新用途、新药和新资源。如美洲印第安人使用的箭毒是从防己科的 *Chandodendron tomentosum* R. et P. 中提取得到筒箭毒碱（curine），具有肌肉松弛作用。后从我国云南的傣族药亚呼鲁（防己科锡生藤属的 *Cisampelos pareie* L.）和黎族药防己科海南轮环藤属的 *Cyclea tonkinensis* Gagnep. 中也找到了类似肌松剂。从上述例子证明，通过民族药物的研究，扩大了药源，减少了药品进口量。因此，民族医药是寻找新药的源泉。

3. 应用植物化学分类学原理寻找

根据植物"亲缘关系相近化学成分具有相似性"的规律及化学成分在植物分布的状况，可以预测或有目的、有范围地在某些植物类群中寻找新成分、新药源。它包括目内科间，科内属间，属内种间。如龙胆科植物中多含苦味素；麻黄科、毛茛科、罂粟科、小檗科、防己科、夹竹桃科、茜草科、马钱科、百合科、石蒜科等植物多含有生物碱；樟科、唇形科、芸香科、伞形科等植物含有不同类型的挥发油。

治疗肿瘤的秋水仙碱，最初是从国外产的百合科植物秋水仙（*Colchicum autumnale*）的球茎和种子中分离得到的，后在我国产的同科植物丽江山慈菇（*Iphigenia indica*）中也找到了秋水仙碱。

同属植物含有相同或相似化学成分的例子很多。如 20 世纪 50 年代我国使用的降压药利血平，大量从印度进口蛇根木（*Rauwolfia serpendina*）作为原料，后我国科学家从国产的同属萝芙木（*R. verticilata*）中提取出了这类活性成分，该属我国有 9 种，从而结束了进口这种药材的历史。

4. 从国外科技文献信息中发现

在科学技术高速发展的今天，各种科技信息使人眼花缭乱。因此，有目的浏览这些信息资料，就可以从众多的国内外科技文献信息中了解到本学科及相关学科的研究动态和进展、已解决与待解决的问题等，从中寻找研究信息，并吸取理论、思想、方法、技巧、规律及正反两方面的研究经验。根据掌握的信息资料，开展有关研究工作，就能在短时间内较快地寻找到新的药物、新的药用植物资源。

5. 进行综合开发利用研究

我国药用植物资源种类繁多，蕴藏量较大，但由于人口众多，而人均占有资源和药材量却远低于世界的平均水平，资源相对贫乏是实际国情。由于资源存在严重不足，加上有大量浪费和严重破坏，这就使资源从本来紧缺变得更加匮乏。因此，要在设法充分利用现有资源的同时，加强保护和综合开发利用。

中药商品药材按传统仅用药用植物的某些特定部分，而在其余部分多被废弃，这是对资源的一种浪费。而事实上，许多被废弃部分仍含有与药用部分相同的成分或有其他用途的成分。在中药制剂及天然原料药物的生产过程中，除分离、提取某些需要成分外，还可提制不同用途的其他活性成分，这样就可扩大原料的使用价值。因此，对药用植物不同部位，中药生产的原料进行综合开发利用研究，可减少资源浪费，间接地保护资源，同时也是寻找新药、新资源的途径。

五、药用植物资源的保护

随着医疗卫生事业的迅速发展和人们保健意识的提高，对药用植物需求的种类和数量日益增多。除了大面积栽培外，还必须采挖大量的野生药材才能满足市场需要。长期以来，由于认识上的错误，对一些中药资源实行掠夺式的采挖，以及不适当的垦植和滥伐森林，对大自然过度开发利用，超过了生态系统所能承受的压力，而使森林面积减少，草地退化，沙漠扩大，环境污染等多种原因，破坏了许多药用植物赖以生存的生态环境，减弱了再生能力。特别是一些名贵种类已濒临灭绝，也使一些种类的优良种质消失和解体，导致了中药资源下降和枯竭。据估计，我国受威胁的药用植物有近千种。1984 年 10 月，国务院环境保护委员会公布的《中国珍稀濒危保护植物名录》第一册，受保护的植物 388 种，其中药用植物有 163 种。1987 年 10 月，国务院又颁布了《野生药材资源保护管理条例》，将国家重点保护的野生药材物种分为三级。

药用植物资源的保护和管理在我国已经起步，它涉及宣传教育、立法、行政管理、经济贸易、科研等多方面的复杂问题，应全面综合进行。首先应宣传教育人们认识自然界资源是有限的，尤其是在人口过快增长的今天更加如此。宣传教育提高人们对药用植物资源保护重要性的认识，是搞好资源保护的关键。同时还应加强立法，使现有中药有关的法规法制化，并应用法律手段加强药材贸易管理，控制资源利用量。对濒危种类应采取多种措施进行保护，根据不同地区的自然条件，采取分区轮流采收是保护资源的一个较好的方法，它有利于资源植物的恢复和更新。对濒危植物种类可在不同的自然带建立不同类型的自然保护区进行就地保存，或将濒危种类迁移到种植场、植物园进行迁地保存，也可建立濒危种类种子库和基因库，以保存其种子和各种繁殖材料。

第十三章　植物标本采集及制作方法

第一节　藻类植物的采集和标本制作

一、藻类植物的采集和培养

藻类植物生活于水中及阴湿的环境中，不同种类藻类的生态环境不同。海藻植物生活在海水中，而淡水藻则生活在江河、湖泊、温泉、小溪以及雨后积水中，也有些藻类植物生于潮湿土壤、墙脚、花盆基部等环境中。故不同的藻类植物要在不同的环境中用不同的方法采集，并要注意有些藻类植物的生活周期受到温度等环境条件的影响，采集藻类标本时，应在其生活或生殖的旺盛季节采集。

1. 蓝藻植物的采集和培养

由于各种藻类的分布和生活习性各不相同，因此要根据实际情况适时、适地采集。

（1）念珠藻的采集　一般生于水中、湿土上或岩石上，在雨季湿地上或阴湿的岩石上常可找到念珠藻，采集时在土壤上及岩石上刮少许呈蓝绿色的藻体即可。

（2）颤藻的采集　常生于湿地或浅水中，在污水中生长旺盛，呈暗绿色（或稍带褐色，成泡沫状），一片片浮生于水面。故在雨后路边的浅水坑，低洼地周围积污水处，均可采集到。

（3）蓝球藻的采集　可在池塘、河沟、泉水及湿地上，甚至在花盆的壁土上均可采集到。

蓝藻植物除野外采集外，还可以人工培养获得。蓝藻的简易培养法如下：

可取稻田土置于培养皿中，加水保持湿度并加盖（不要见明水）放在20℃左右，散射光处培养一周左右可见土壤表面有蓝藻产生，其中颤藻、席藻、林氏藻常出现较早，除外还可见到项圈藻、念珠藻等其他蓝藻。

2. 绿藻植物的采集和培养

（1）衣藻的采集　衣藻常生活在有机质丰富的活水中，因此，在雨季水坑内、临时积水中、洼地积水处、冬季家养鱼缸内，甚至在废弃的粪缸中（缸内有积水的），均可顺利地采集衣藻。

（2）水绵的采集　水绵生活在较洁净的水域中，分布很普遍，而且自开春化冻至结冻前都能采集到新鲜标本（以春季最盛）。由于水绵碧绿滑腻，并常成团浮于水面，故采集时可以将这些特征作为初步鉴别的特点。因此，在池塘、沟边、小溪边的水面均可采集到。

（3）衣藻和水绵的培养 衣藻和水绵也可以人工培养获得。衣藻简易培养法：用白菜水培养液（即取白菜叶榨取其汁液得到细胞液）稀释至5%，并煮沸消毒备用，将白菜培养液接种后，在温度20℃放置3天左右，水液即可转绿色，就可采集到衣藻。用完后应处理掉，否则会很快污染，为防止其污染应采取以下措施：①培养缸要加玻璃盖。②每天用专用消毒玻璃棒搅拌几次，用以通气不使衣藻贴壁。③培养3~4天后如不及时使用，应该换培养液分离培养，以免沉淀或污染。

水绵可用土壤浸出液和人工培养液培养（培养时应注意培养缸内不宜接种材料过多，否则容易"闷死"）。将水绵的培养液中加一定量的碳酸氢钠（0.1g碳酸氢钠放在烧杯内，加100mL水，用玻璃棒搅拌，使培养液成为二氧化碳的饱和溶液），培养几天后，可得到有性生殖的材料。

3. 红藻和褐藻的采集

红藻和褐藻大部分生活在海水中，许多海藻均有固着器，固着在岩石上营固着生活，因此采集甚为简便。采集海藻可在潮间带进行（潮间带是指大潮期间，潮水涨落之间的地带）。潮间带有岩石礁、石缝、水峡、沙砾等不同的环境，均有海藻生长，褐藻和红藻多生长在潮间带和潮下带。海藻一年四季都能生长，其中四五月份是海藻生长最旺盛、种类最多的时期，六七月份是生殖时期，在此期间为采集海藻标本最适宜的时期。

二、藻类植物的制片方法

藻类植物一般比较小，故其标本制作均为整体封藏。藻类植物整体封片法较多，下边介绍几种常用方法。

1. 水藏法

水藏法仅适用于暂时封藏，新鲜标本或液浸的标本均可。该制法简单易放，但水易蒸发，不能长期保存。

具体操作如下：制片用的材料是浮游藻类时，用吸管取少量材料滴在清洁的载玻片上，在显微镜下检查，如有要观察的材料，再滴一滴清水，盖上盖玻片即可。观察的材料具鞭毛、运动迅速、不宜观察时，可将载玻片静放20min左右，待一部分水蒸发后再观察，也可用吸水纸自封好的盖玻片的一端吸出一部分水，这时藻体的运动减慢即可观察；也可用鲁格液杀死后观察。观察的材料是丝状藻类时，先在载玻片中央滴一滴水，然后用解剖针或小镊子取少许材料，放在载玻片上的水滴中，并用解剖针将藻体分开，盖上盖玻片即可。切记取材料不要太多，材料过多反而不易观察。

2. 甘油封藏法

甘油封藏法简单，保存时间较长，但此种制片只能平放，不能竖放在切片盒内，盖玻片上的积灰不能擦，只能用气吹。

具体操作步骤如下：

（1）标本用4%甲醛固定12h。

（2）在清洁的载玻片上滴 1 滴 10% 的甘油。

（3）在解剖镜下选出要制片的材料，放入载玻片上的甘油滴中，用解剖针轻轻拨动，使材料充分散开，注意不要出现气泡。

（4）将载玻片置干燥器中，防止灰尘落入，待甘油中水分逐渐蒸发，浓缩至原来的一半时，加入 20% 的甘油，再静置待水分蒸发，加入 40% 的甘油，2~3 天后，甘油近于无水状态时，即可进行密封。

（5）取清洁的纱布，在 70% 酒精中浸一下，擦掉盖玻片周围多余的甘油。

（6）用清洁的毛笔，蘸较少量密封液，涂在盖玻片四周及片面的边缘部分（0.5~1.0mm）。过 1~2 天，用刀片轻轻刮去盖玻片四周平整处，再用瓷漆在四周进行加固密封。

封藏剂的配制：配制三种浓度的甘油，取 10mL 甘油，加 90mL 蒸馏水配制成 10% 的甘油，取 20、40mL 甘油，80、60mL 水分别配制成 20% 和 40% 的甘油。将三种浓度的甘油分别装入经高压灭菌消毒的瓶中，并在每瓶中投入一颗半粒大小的麝香草酚，以防止甘油发霉。

密封剂的配制：阿拉伯树胶 20g，蒸馏水 20mL，水合氯醛 17g，甘油 3mL，冰醋酸 2mL。

3. 甘油胶封片法

这种制法是藻体整体封藏最好的方法，也是藻类研究最适用的一种。其克服了上述两种封藏法的弱点，该法制成的装片可保存 10~20 年之久。

甘油胶的配制：白明胶 1 份，纯甘油 7 份，蒸馏水 6 份，麝香草酚 1g。配制时先把明胶放于盛有蒸馏水的烧杯中，在水浴锅中加热使其溶化，等明胶化成稠胶，再加入甘油继续加热 15min，并用玻璃棒搅拌；再在每 100g 上述混合液中加入麝香草酚 1g 作防腐用。以后再加热并继续搅拌，直至麝香草酚消失（完全溶解）为止。这时可把甘油胶用纱布过滤，装入瓶中备用。

制片方法：

①新鲜标本用 4% 甲醛固定 12h，也可根据不同标本选用不同的固定剂固定。

②在解剖镜下选出制片用的标本，置于清洁的载玻片上。

③将甘油胶瓶置于盛有清水的烧杯中，连同烧杯一起放在火上加热至甘油胶溶化，用吸管吸一滴甘油胶滴在载玻片的标本处，盖上盖玻片。

④待甘油胶凝结后，用刀片将盖玻片四周多余的胶刮掉，再用蘸有 70% 酒精的清洁纱布擦去残余的甘油胶。

⑤用蘸有沥青或加拿大树胶的毛笔沿盖玻片四周涂抹密封。

⑥从玻璃片后面对着阳光检查是否有白色透明线条，如有则须再补封一次。

三、藻类植物腊叶标本的制作方法

藻类植物腊叶标本的制作和高等维管束植物的腊叶标本制作原理一样，但由于藻类植物的生活环境与高等植物的生活环境不同，含水量较大，胶质多，在压制方法上稍有不同。具体操作如下：

1. 将采回的藻类标本用清水清洗干净。

2. 将备好的台纸（图画纸亦可）浸入盛有清洁水的脸盆内，置于水中的托水板上，台纸的大小需根据制作的标本大小而定。

3. 洗好的标本置于台纸上，摆正位置，使分枝充分展开，互不重叠。

4. 轻轻托出托水板，将摆有标本的台纸托出水面，倾斜托水板，尽力流掉其上的水，将标本连同台纸移到吸水纸上，上面覆盖纱布，纱布上再覆数张吸水纸，压入标本夹内。

5. 每天换吸水纸和干纱布 1~2 次。

6. 压干的标本自然贴于台纸上，如有自然粘贴不牢的，可用透明胶带粘贴。

有些含钙质的藻类和穿贝藻类，如不除掉藻体和基质中的钙，就不能看藻体的构造，也不能从基质中取出藻体，故需要除钙。除去钙质最常用的方法，是用 5%~10% 的冰醋酸浸泡，如果藻体内钙质太多，须更换冰醋酸液，直至无气泡产生为止。

第二节　菌类植物的采集和标本制作

菌类植物包括细菌、黏菌和真菌。这里介绍的是真菌植物的采集和标本制作方法。

一、真菌植物采集用具

平底背筐或平底手提筐、纸盒若干个（或铝制版盒）、小指管若干个、塑料袋若干个、木箱 1~2 个、液浸标本筒 1~2 个、刨根器、手锯、短刀、刀片、白纸、纱布、号牌（竹制或塑料制）、线或细绳、卷尺、湿度计、温度计、pH 试液、测高计等。

二、真菌植物的采集方法

要正确掌握真菌植物的采集技术，首先要对真菌植物习性、生态环境、繁殖季节等方面进行深入了解。真菌的种类很多，分布的地域亦很广，根据其生活环境和生活方式的不同，真菌有以下几种类型。

1. 水生真菌

水生真菌大部分在水中腐生于动植物尸体上，有的寄生于动物体上，并危害水中动物。如水霉属（*Saprolegnia*）等。

2. 地生真菌

地生真菌种类较多，生活环境各不相同。如草原、林内、林缘、竹林、公园、庭院、乡间路旁等地上均可生长。

3. 木生菌类

木生真菌有的寄生于活的树干上，危害林中树木形成森林病害，有的腐生于枯烂树干上，倒木或伐木桩上。

4. 病害真菌

这是一类寄生菌类，均寄生于人、动物及各种农作物上，使人、动物及农作物患病。如各种锈菌、白粉菌、黑粉菌及稻瘟菌等，是寄生于各种农作物上的真菌。发癣菌、皮癣菌能使人患头癣、甲癣、脚癣等。有的真菌，如白僵菌、绿僵菌、虫霉等寄生于虫体内，可灭虫，即以菌治虫（生物防治）。

5. 共生真菌

这是真菌和藻类共生，形成共生复合体——地衣，密环菌和天麻共生，此外还有伞菌、多孔菌、腹菌、盘菌等与高等植物形成菌根。

采集上述各类真菌标本时，首先要注意它们生长的时间。春季生长的菌类较少，只有羊肚菌、马鞍菌、丛耳菌等多生长在春季。多数真菌生长在夏秋两季，多年生的多孔菌一年四季均可采到，但以春季和晚秋采集为宜。

（一）地生真菌的采集

采集此种菌类时，可用手轻轻捏住菌柄基部，缓慢地将菌体转一周，然后拔出，尽量带出地下部分，抖掉泥土。采集时，注意保持菌体的完整性，不要损伤各部，如菌环、菌托、盖面及柄上的绒毛和鳞片、菌幕残片、丝膜属的丝膜等都要注意保护，否则将给标本的鉴定工作带来麻烦，甚至导致鉴定上的错误。有些菌类的菌柄在土中埋得很深，需用刀或挖根器挖出来，还有些伞菌柄的基部，盘菌和腹菌的基部，有菌索伸入土中，注意一起采取。伞菌类的真菌，要注意将菌蕾、未开伞的幼体、开伞的成熟担子果采全，以说明其发育过程。有些菌类的盖面上附着一些落叶和小虫等，切勿弹掉。

（二）木生真菌的采集

可用短的刨根器、手锯采集，尽可能将基物的一小部分和标本一起采下来，枯枝上的标本可用枝剪剪取。为使标本不受损伤，采集时须做临时处理，采集的肉质、腊质、胶质标本，可放入漏斗形的纸袋中（漏斗形纸袋可用光滑的白纸，按标本的大小，现用现做），菌柄向下，放入号牌，包好后放入纸盒中。如采到脆弱或珍贵的标本，可直接放入盒中，四周用洁净的植物填充，以免磨伤标本。如采到寄生菌时，须将寄主一起采之，一起放入盒内。小型菌类，如虫草等，直接放入指管内。木质、木栓质、革质的标本，可直接分种装入塑料袋中。切记每种标本袋内要装入号牌。

三、真菌植物采集的野外记录方法

野外采集真菌植物标本，一定要标本整体完整，不能缺少其中一部分，因真菌易碰碎，保持标本的整体性尤其重要，采回真菌标本后，可按表13-1中的各项仔细填写，如果采集到的真菌标本是伞菌类的，应按表13-2格式记载。

表 13 – 1　真菌标本记录表

标本编号

标本名称＿＿＿＿＿＿＿＿＿＿＿＿＿＿＿＿＿採集地点＿＿＿＿＿＿＿＿＿＿＿＿＿＿＿＿＿

学　　名＿＿＿＿＿＿＿＿＿＿＿＿＿＿＿＿＿寄主名称＿＿＿＿＿＿＿＿＿＿＿＿＿＿＿＿＿

生长环境＿＿＿＿＿＿＿＿＿＿＿＿＿＿＿＿＿＿＿＿＿＿＿＿＿＿＿＿＿＿＿＿＿＿＿＿＿＿

标本采集部位＿＿＿＿＿＿＿＿＿＿＿＿＿＿＿＿＿＿＿＿＿＿＿＿＿＿＿＿＿＿＿＿＿＿＿

树木受害状况＿＿＿＿＿＿＿＿＿＿＿＿＿＿＿＿＿＿＿＿＿＿＿＿＿＿＿＿＿＿＿＿＿＿＿

形态特征＿＿＿＿＿＿＿＿＿＿＿＿＿＿＿＿＿＿＿＿＿＿＿＿＿＿＿＿＿＿＿＿＿＿＿＿＿＿

采集人＿＿＿＿＿＿＿＿＿＿＿＿＿＿＿＿＿＿採集时间＿＿＿＿＿年＿＿＿＿月＿＿＿＿日

表 13 – 2　蘑菇采集记录表

编号　　　　　　　　　　　　　　　　　　　　　　　　　　年　　月　　日

菌名	地方名		中文名					
	学名							
产地				海拔：　　　米（m）				
生境	针叶林　阔叶林　混交林　灌丛　草地　草原				基物：地上　腐木　立木　粪上			
生态	单生　　散生　　群生　　丛生　　簇生　　叠生							
菌盖	直径：　　厘米（cm）			颜色：　边缘　中间		粘　　不粘		
	形状：钟形　斗笠形　半球形　漏斗形开展			边缘：有条纹　无条纹				
	块鳞　角鳞　丛毛鳞片　纤毛　疣　粉末　丝光蜡质龟裂							
菌肉	颜色　　味道　　气味　　伤变色　　汁液变色							
菌褶	宽度：　　毫米（mm）		颜色	密度：稀　中　密			离生	
	等长　不等长　分叉　网状　横脉						弯生	
菌管	管口大小：　　毫米（mm）		管口：圆形　　角形				直生	
	管面颜色：　　管里颜色：　　易分离　不易分离　放射　非放射						延生	
菌环	膜状　丝膜状　颜色　条纹　脱落　不脱落　上下活动							
菌柄	长度：　　厘米（cm）		粗细：　　厘米（cm）		颜色：			
	圆柱形　棒状　纺锤形			基部：根状　圆头状　杵状				
	鳞片　腺点　丝光　肉质　纤维质　脆骨质　实心　空心							
菌托	颜色　苞状　杯状　浅杯状							
	数圈颗粒组成　环带组成　消失　不易消失							
孢子印	白色　粉红色　锈色　褐色　青褐色　紫褐色　黑色							
附记	食用、毒性、药用、产量等情况：							

四、真菌植物标本的制作方法

野外采集到的标本要当天整理，先把标本分为四类。

第一类：肉质、脆弱、含水多、速腐性、易变色、盖面粘以及小型标本。

第二类：肉厚、致密、坚实、含水少、慢腐性标本。

第三类：为一年生多孔菌科的革质、半革质、纤维质、不易腐性标本。

第四类：木质、木栓质类多孔菌标本。

标本分好类后，可根据标本的质地决定其处理、制作和保存方法。真菌植物标本的制作可分为四类：外形和剖面标本的制作、孢子印制作、干制标本和浸渍标本。

（一）外形和剖面标本制作法

先取一张稍厚的白纸（绘图纸也行），在纸上涂一层15％的动物胶液，使其干燥，然后将标本纵切为两半，将其中的一半菌伞和菌柄内的菌肉挖掉，另一半沿纵轴切成薄片，该薄片应该能完整地表示出真菌的各部分。再将薄片放在涂有动物胶的纸上，上面敷盖能纱布，然后压制，使切成薄片的标本粘贴在纸上，干燥后不卷缩。当薄片完全干后，再贴在台纸上，如果是寄生菌，将寄主的部分植物体，也经过压制，干后贴在台纸上。（图13－1）

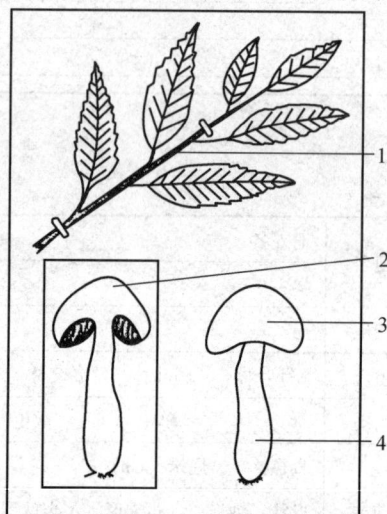

图13－1　真菌外形和剖面标本制作示意图

1. 寄主植物的枝条　2. 伞菌的剖面
3. 伞菌的菌盖　4. 伞菌的菌柄

（二）孢子印制作方法

能做孢子印的菌类，大多属于担子菌。当担子果成熟菌伞张开时，担孢子从菌褶上散落下来，用特备的纸接取，称粘在纸上的孢子为孢子印。由于孢子的形态、颜色、菌盖大小、菌褶密度的不同，其各种的孢子印也不同，因此是鉴定标本不可缺少的根据之一。

制取孢子印须在采集前做好准备工作。首先用铁丝制成比菌盖稍大的圆圈，铁丝的一端弯向圆圈中央，其末端在中央向上弯曲成短柱状（图13－2），其次备制接取孢子印纸。用稍厚的白纸涂上15％的动物胶或蛋清，待干后即可使用。

整理标本时，选出制取孢子印的标本。注意选择菌伞已开，但不过熟，菌体完整的标本为好。用刀片将菌柄齐菌盖处切掉，然后将铁丝伸向中央的短柱，插在菌盖中央，菌褶向下。取备好的孢子印纸，放在干净无风处铺平，再将被支起的菌盖连铁丝一起放在涂有动物胶的白纸上。最好罩以玻璃罩，无玻璃罩时，可用纸套在铁丝装置外，以免落入灰尘或吹散孢子。4～24h后，成熟的孢子即可粘贴在白纸上。

（三）真菌的干制标本

一般真菌为木质、木栓质、革质、半肉质及含水较少、不易腐烂的菌类，均可制成干标本，即将标本放在通风处风干或放在日光下晒干。标本干后放入纸盒内，加上樟脑

粉及吸湿剂，以防潮和防除虫害，标本盒上
要贴上标本签，以便查找。病害标本，可用
腊叶标本的压制法制作。

（四）真菌的浸渍标本的制作

浸渍标本的优点是能保持标本的原形、
节省时间、便于鉴定。缺点是容易褪色。野
外采集大量标本，临时处理，一般用5%甲
醛液浸泡即可。长期保存需更换防腐剂，常
用防腐剂如下几种：

1. 凡色淡的标本，如白色、灰色、淡黄
色、淡褐色标本等，可用下列的配方：

配方1：50%甲醛30mL，80%酒精70mL。

配方2：甲醛10mL，硫酸锌2.5g，水
2000mL。

2. 凡颜色深的标本，为保持原色，可放入下述溶液中浸泡：

A 液：2% ~10% 硫酸铜水溶液

B 液：无水硫酸钠21g，浓硫酸1mL，先溶于10mL水中，再加1000mL水。

先将标本放入 A 液中浸泡24h，取出再用清水浸洗24h后，转浸入 B 液中，密封保存。

保留用以制片的标本，常用固定剂 FAA 固定，既起固定作用，又可长期保存，终
久无害，真菌的一般组织切片均可用此固定剂，固定时间为18~24h。

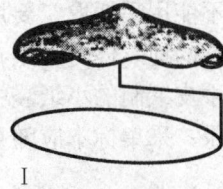

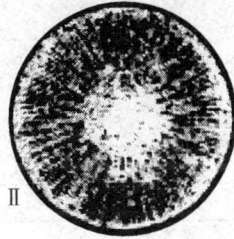

图13－2 取孢子印的方法

Ⅰ. 撑菌盖的铁丝圈（一端在中央向上弯曲成短柱状）

Ⅱ. 粘有孢子卵的圆形白纸

第三节 地衣植物的采集及标本制作

一、地衣植物标本的采集方法

1. 采集工具

采集刀、枝剪、锤子、钻子、放大镜、卷尺、铅笔、采集记录手册、号牌、包装
纸、小纸袋、采集袋或背包。

2. 标本的采集

地衣标本采集不受季节的限制，除不产生子囊果者外，一年四季均可在子囊果内找
到子囊、子囊孢子。

壳状地衣的采集：这类地衣一般以髓层的菌丝牢固而紧密地贴在基质上，难以与基
质剥离，如文衣科和茶渍衣科等。因此，采集时必须连基质一起采之。如土生壳状地衣
可用刀挖取，树枝上的壳状地衣，可用枝剪连同树枝一起剪取，如树干上生的地衣，用
刀连同树皮一起切割下来，石生的壳状地衣，则需用锤敲打下一片石块即可。

叶状和枝状地衣的采集：这两类地衣以假根或脐固着于基质上，与基质结合的不太
紧密，比较容易剥下来。采集时要注意地衣体的完整性。有子囊果的要采带子囊果的地

衣。采集时不能用手抓取，要用刀轻轻地从基质上剔剥下来，否则易碰碎地衣体。若不能采集到完整的地衣体时，须在采集前用卷尺量地衣体的直径，并记录下来，采集的标本直接放入牛皮纸制的小纸袋中。

采集记录：采集标本应随采随记，可按表13－3中项目填写。

表13－3　地衣标本记录签

编号：	日期：
生　境	
基　质	
颜　色	
其　他	
学　名	
俗　名	
采集人　　　　　　　　鉴定人	

二、地衣植物标本制作与保存

一般地衣标本较容易保存。制作常可分为风干和浸渍两类。地衣标本采集回来后，将标本放在通风处风干，标本干后直接装纸袋内。大型地衣标本也可压制成腊叶标本，制作方法与高等植物相同。

浸渍地衣标本制作：将采集回来的地衣标本，用 FAA 固定液固定，再加 0.2% 硫酸铜与 5% 甘油，便可长期保存。

地衣的石蜡制片，所有的固定剂应是 FPA 固定液，其配方如下：酒精 50% ~ 70% 90mL，丙酸 5mL，甲醛 5mL。

第四节　药用植物腊叶标本的采集及标本制作

一、药用植物标本采集的用品

1. 采集用品

标本夹（用板条钉成长约43cm，宽约30cm 的二块夹板）、采集箱（多采用70cm×50cm 的塑料袋或用塑料背包）、丁字小镐、枝剪和高枝剪、手锯、放大镜、空盒气压计（海拔表）、全球定位仪（GPS，用于观测方向和坡向）、卷尺、数码相机、望远镜、塑料的广口瓶、酒精、福尔马林（甲醛）等。

2. 材料

吸水纸（易于吸水的草纸或旧报纸）、野外记录签、号签、定名签（具体式样附后）、小纸袋、地图。

二、药用植物标本的采集

1. 药用植物标本采集的时间和地点

各种药用植物生长发育的时期不同，因此必须在不同的季节和不同的时间进行采集，才可能得到各类不同时期的标本。如有些早春开花的药用植物，在北方冰雪开始溶化的时候就开花了。而菊科、伞形科的有些药用植物到深秋才开花结果，因此必须根据要采的植物生长特性，决定外出采集的时间。

在不同的环境里，生长着不同的植物，在阳坡见到的植物，阴坡上一般见不到。在低山和平原，由于环境比较简单，因而植物的种类也比较简单。但随着海拔高度的增加，地形变化的复杂，植物的种类也就比平原要丰富得多。因此，我们在采集植物标本时，必须根据采集的目的和要求，确定采集的地点，这样才可能采到需要的不同类群的植物标本。

2. 蕨类药用植物标本的采集法

蕨类药用植物的分类依据是孢子囊群的构造、排列方式、叶的形状和根茎特点等，所以要采全株，包括孢子囊和根茎，否则不易鉴定。如果植株太大，可以采叶片的一部分（但应带尖端、中脉和一侧的一段）、叶柄基部和部分根茎，同时认真记下植物的实际高度、阔度、裂片数目及叶柄的长度。

3. 苔藓类药用植物标本的采集法

苔藓类药用植物用孢子繁殖，采集时，要力求采到有孢子囊的植株；如果有长在地面上的匍匐主茎，也一定要采下来。苔藓植物常长在树干、树枝上，这就要连树枝树皮一起采下。苔藓植物有的单生，有的几种混生，应尽力做到每一种做成一份标本，分别采集，分别编号。孢子囊没有成熟的、精器卵器没有长成的也应适量采一些，这对研究形态发育是有用的。标本采好以后，要一种一种地分别用纸包好，放在软纸匣内，不要夹，不要压，保持它们的自然状态。

4. 种子类药用植物标本采集应注意的问题

（1）必须采集完整的标本。剪取或挖取能代表该种药用植物鉴别特征的带花果枝条（木本药用植物）或全株（草本药用植物），大小掌握在长40cm、宽25cm范围内。大多数药用植物如没有花、果等器官，鉴定是很困难的。

（2）对一些以地下茎（如鳞茎、块茎、根状茎等）作为鉴定依据的科属，如百合科、石蒜科、天南星科等，应特别注意采集这些药用植物的地下部分。

（3）雌、雄异株的药用植物，应分别采集雌株和雄株，以便鉴定。

（4）采集草本药用植物，应采带根的全草，如发现基生叶和茎生叶不同时，要注意采基生叶。高大的草本药用植物，采下后可折成"V"或"N"字形，然后再压入标本夹内，也可选其形态上有代表性的部分剪成上、中、下三段，分别压在标本夹内，但要注意编同一采集号，以备鉴定时查对。

（5）乔木、灌木或特别高大的草本药用植物，只能采取其药用植物体的一部分。但必须注意采集的标本应尽量能代表该药用植物的特征。如果可能，最好拍一张该药用植物的全形照片，以弥补标本的不足。

（6）水生草本药用植物，提出水面后很容易缠成一团，不易分开。如金鱼藻、水毛莨、狸藻等。遇此情况，可用硬纸板从水中将其托出，连同纸板一起压入标本夹内，以保持形态特征的完整性。

（7）有些药用植物，一年生新枝上的叶形和老枝上的叶形不同，或者新生的叶有毛茸或叶背具白粉，而老叶则无毛，如毛白杨的幼叶和老叶，因此，幼叶和老叶都要采。对一些先叶开花的药用植物，采花枝后，待叶长出时应在同株上采其带叶和花（果）的标本，如山桃，由于很多木本药用植物的树皮颜色和剥裂情况是鉴别药用植物种类的依据，因此，应剥取一块树皮附在标本上，如桦木属的一些种类。

（8）对寄生药用植物的采集，应注意连同寄主一起采下。并要分别注明寄生或附生植物及寄主植物，如桑寄生、列当等标本的采集。

（9）采集标本的份数：一般要采2~3份，给以同一编号，每个标本上都要系上号签（见表13-4）。标本除自己保存外，对一些疑难的种类，可将其中同号的一份送研究单位代为鉴定，他们可根据号签出具鉴定报告，如遇稀少或奇异的或有重要经济价值的植物，可适当多采几份标本。

表13-4　号签样式（4cm×2cm）

号签

采集人：
采集时间：
地点：
第　　　号

5. 必须认真做好野外记录

关于药用植物的产地、生长环境、性状、花的颜色和采集日期等，对于标本的研究和鉴定有很大的帮助。一份标本价值的大小，常与野外记录详细与否有关。因此，在野外采集标本时，应尽可能地随采、随记录和编号，以免过后遗忘。野外记录签的编号和号签上的编号要一致（见表13-5），回到驻地应根据野外记录签上的记录，如实地抄在记录本上，以便长期保存和备用。在野外编的号应一贯连续，不要因为改变地点或年月，就另起号头。

表13-5　野外记录签（7cm×10cm）

（××省）植物

采集人/号：		年　月　日
产地：		
生境：（如森林、草地、山坡等）		
海拔：　　　　　　　性状：　　　　　　　体高：		
分布：		
胸高直径：　　　　　　树皮：		
叶：（正反面的颜色或有毛否）		
花：（花序、颜色等）		
果、种子：（颜色、性状）		
学名：　　　　　　　科名：		
地方名：		
附记：（特殊性状等）		

此外，在野外工作中，对有关人员的调查访问工作也是很重要的。如对当地植物的地方名、利用情况和有毒植物的情况的调查访问，对这些实际资料应认真记录和整理。

三、药用植物腊叶标本的压制和整理

在标本采来后应及时压制，当天晚上就应以干纸更换一次，同时对标本进行整理。第一次整理最为重要，由于在标本夹内压了一段时间，此时便于按要求进行各部位的整理，如果等标本快干时再去整理就容易折断。整理时要注意保持植物原有的正常生长状态，并使少数叶片背面向上，以便观察叶的正、反面的特征，如蕨类植物的部分孢子叶下面朝上，落下来的花、果和叶要用纸袋装起来和标本放在一起。标本中间隔的纸多一些，就压得平整，而且干得也快，前3天每天应换2次干纸，以后每天换1次即可，直至标本完全干为止。

在换纸或压标本时，植物的根部或粗大的部分要经常调换位置，不可集中在一端，致使高低不均，同时要注意尽量把标本向四周放，不要都集中在中央，否则也会形成边空而中央突起很高，致使标本压不好。在压标本或换纸时，各标本要力争按编号顺序排列，换完一夹，应在夹上注明由几号到几号的标本、采集的日期和地点，这样做既有利于将来查找，又可以及时发现在换纸过程中丢失的标本。

换纸时还应注意，一定要换干燥而无皱褶的纸，纸不干吸水力就差，有皱褶会影响标本的平整。对体积较小的标本可以数份压在一起（同一号的），但不能把不同种类（不同号）放在一张纸上，以免混乱。对一些肉质植物，如景天科的一些植物，在压制时，需要先放入沸水中煮3～5min，然后再照一般的方法压制，这样处理可以防止落叶。换纸时最好把含水多的植物分开压，并增加换纸的次数。

四、药用植物腊叶标本的制作和保存

一份合格的腊叶标本制作需经压制、消毒、上台纸和标本保存等基本过程。

（一）腊叶标本的消毒

一般使用升汞（$HgCl_2$）酒精饱和溶液进行消毒。配制方法是将升汞2～3g，溶于1000mL 70%酒精中即成。消毒时，可用喷雾器直接往标本上喷消毒液；或将标本放在大盆里，用毛笔沾上消毒液，轻轻地在标本上涂刷；也可将消毒液倒在盆里，将标本放在消毒液里浸一浸；也可把标本放进消毒室或消毒箱内，将敌敌畏或四氯化碳、二硫化碳混合液置于玻皿内，利用毒气熏杀标本上的虫子或虫卵，约3天即可。升汞有剧毒，消毒时要避免手直接接触标本，以防中毒。经消毒的标本，要放在标本夹中再压干，才能装上台纸。

（二）腊叶标本的装订

用白色台纸（白板纸或卡片纸8开，约为39cm×27cm），平整地放在桌面上，然后把消毒好的标本放在台纸上，摆好位置，右下角和左上角都要留出贴定名签（见表13-6）和野外记录签的位置。这时，便可用小刀沿标本各部分的适当位置切出数个小纵口，再用具有韧性的白纸条，由纵口穿入，从背面拉紧，并用胶水在背面贴牢。这种上台纸的方法，既美观又牢固，比在正面贴的方法要好得多。对体积过小的标本（如浮萍）或脱落的花、果、种子等，不便用纸条固定时，可将标本放在一个折叠的纸袋内，再把纸袋贴在台纸上，这样在观察时，可随时打开纸袋观察。

表 13-6　定名签（10cm×7cm）

×× 标本室

中文名＿＿＿＿＿＿＿＿＿＿＿＿＿＿＿＿

学名＿＿＿＿＿＿＿＿＿＿＿　科名＿＿＿＿＿＿＿＿＿＿＿＿＿＿＿＿

采集人＿＿＿＿＿＿＿＿＿　产地＿＿＿＿＿＿＿＿＿＿＿＿　号数＿＿＿＿＿＿＿＿＿

鉴定人＿＿＿＿＿＿＿＿＿　日期＿＿＿＿＿＿＿＿＿＿＿＿

（三）腊叶标本的入柜和保存

凡已上台纸和装入纸袋的药用植物标本，经正式定名后，都应放进标本柜中保存。为了减少标本的磨损，入柜的标本最好用牛皮纸做成的封套按属套好，在封套的右上角写上属名，以便查阅。

标本柜的规格；以铁制的最好，可以防火；通常采用二节四门的标本柜，柜分上下二节，这样搬运起来方便，每节的大小约为高80cm、宽75cm、深50cm，每节分成两大格，每格再以活板隔成几格，上节的底部左右各装活动板一块，用时可以拉出，供临时放置标本用。每格内可放樟脑防虫剂，以防虫蛀。

腊叶标本在标本柜内的排列一般按分类系统排列。如可以按现在一般较为完善的系统——恩格勒（Engel）系统、哈钦松系统等将各科排列顺序，编一个固定的号，如蔷薇科67号、豆科69号、菊科173号、禾本科184号等，把编号、科名及科的拉丁名标识于标本柜门上，并在此基础上按科的系统排列顺序、中文笔画顺序及拉丁文字母顺序等编成相应的标本室馆藏标本的检索表。这不仅对一些专门研究某科的人还是对学生，整理和查找起来都比较方便。目前一般较大的标本室各科的排列都是按照某一分类系统排列的。

第五节　药用植物浸渍标本制作

药用植物浸渍标本，系将有关药用植物原植物鲜品放入固定液中进行杀生固定，然后转入保存液中密封贮藏所得到的一类标本，它能有效地保存药用植物原植物根、茎、叶、花、果实等多种器官的原始形态。自然界中药用植物花的颜色很多，而且不同的植物体内化学成分差别比较大，其化学变化规律难以掌握，因此给药用植物浸渍标本的制作方法带来了很大的困难。植物花的颜色通常是指花冠的颜色，而花冠的颜色是由花瓣细胞里的色素决定的。色素的种类很多，与花颜色有关的色素主要是花青素和类胡萝卜素。花青素存在于细胞液中,含花青素的花瓣可呈现出红、蓝、紫等颜色。类胡萝卜素主要存在于有色体中,不同种类的类胡萝卜素能使花显现出黄色、橙黄色或橙红色,因此花的颜色是由花青素和类胡萝卜素含量及种类决定的。

一、制作浸渍标本用具及试剂

1. 用具

量筒、烧杯、镊子、坩埚、枝剪、玻璃条、大玻璃缸、标本瓶、玻璃条板、玻璃棒、电子天平、搪瓷盆、剪刀、棉线、温度计、搪瓷盘、石蜡、电炉、毛笔、浸渍标本签、pH 试纸、乳胶手套、竹针、纸绳、记录本等。

2. 试剂

乙醇、甲醛、硫酸铜、氯化铜、亚硫酸、醋酸、硼酸、蒸馏水、氯化钠、丙酮、自来水等。

二、固定液及保存液的配制

1. 固定液的配制

取适量的纯净水,加入一定量的甲醛溶液,然后再加入饱和硫酸铜溶液;之后再加入质量浓度为 95% 的乙醇和质量浓度为 10% 的氯化钠水溶液混合均匀即成杀生固定液。

2. 保存液的配制

取适量的纯净水,加入一定量的抗氧化剂,然后再加入适量的饱和硫酸铜溶液,最后调节 pH 值即形成保存液 A;取纯净水适量,加入抗氧化剂和硫酸铜溶液;最后分别加入甘油和防腐剂,用 NaOH 溶液调节 pH 值至 6.5 左右形成保存液 B。

三、浸渍标本的制作

从自然界采集新鲜的不同时期、不同颜色植物体,修剪后洗净。修剪后的植物体带有部分幼果,若体积较大的植物体块根、块茎、果实,固定前需要用竹针在果柄、节部隐蔽处打孔,多方位穿刺。将新鲜的标本置于杀生固定液中。待杀生固定完全后,将开黄色、橙黄色、白色、橙红色花的植物标本置保存液 A 中,将开红色、蓝色、紫色、绿色花色植物标本置保存液 B 中,调整好位置以便观察植物的主要特征,加盖,溶蜡密封,贴签,避光保存温度为 5℃ ~ 15℃。

当浸渍标本装瓶后,特别是用标本瓶,先把瓶口和玻璃瓶塞擦干,将石蜡充分加热后,用毛笔蘸上热石蜡,进行封口,封口时一定要注意有无气泡产生,如有需重新封口。

四、注意事项

固定液一次配成,可多次使用,但每半年到一年必须按原配方的 10% 增加药品,饱和硫酸铜配制时,要充分搅拌;保存液和固定液均需密封保存;标本采集后,尽快放入固定液中,器皿选择应与标本大小相适应,固定的时间因标本而定,嫩的枝、叶、花、果一般 3～4 天，老的、直径在 8cm 以上大的块根（如地黄、山药）及果实需 15 天左右，夏天气温较高时，时间可适当缩短，冬天气温较低时，时间要适当延长，以固定完全为度；放置标本的器皿要干净，用 70% 的酒精消毒，以免霉菌污染，保存液失效。

五、浸渍标本的封瓶方法

1. 石蜡封瓶法

将浸渍标本装瓶后，特别是用标本瓶时，先把瓶口和玻璃瓶塞擦干，稍加热，然后把瓶塞浸到热石蜡中，瓶口也涂上热石蜡，塞紧。再用一块纱布浸在热石蜡中，直至浸透。然后用纱布紧紧包着瓶口，用细绳绑结实。等蜡凝固后，把瓶子放倒，浸入熔化的石蜡中，这时的石蜡不需要太热。待蜡稍凉后，用手抹平。冷后，标本瓶便封严了。

2. 赛璐珞封瓶法

瓶口先用蜡封好，用一张薄纸将瓶口包着，然后把瓶子倒过来，浸入溶于丙酮或喷漆稀料的赛璐珞黏稠液中。如果瓶盖带丝扣，把瓶盖拧紧后，倒插入赛璐珞黏稠液中。大瓶多插几次，封厚些较好。

第十四章 药用植物分子生物技术

第一节 DNA 分子标记技术

　　DNA 分子标记是 DNA 水平上遗传多态性的直接反映，是研究 DNA 分子由于缺失、插入、易位、倒位或由于存在长短与排列不一的重复序列等机制而产生的多态性的技术。DNA 水平上遗传多态性表现为核苷酸序列的任何差异，所以 DNA 标记的数量几乎是无限的。目前该技术主要分为五类：第一类是以电泳技术和分子杂交技术为核心，主要代表是限制性片段长度多态性（restriction fragment length polymorphism，RFLP）；第二类是以电泳技术和 PCR 技术为核心，主要代表是随机引物扩增 DNA 多态性（random amplified polymorphism DNA，RAPD）；第三类是 PCR 和限制性酶切结合为核心，主要代表是扩增片段长度多态性（amplified fragment length polymorphism，AFLP）；第四类基于单核苷酸多态性，主要代表是 SNP 标记；第五类是以 DNA 序列为核心，主要有内转录间隔区（internal transcribed spacers，ITS）序列等。

　　随着现代分子生物学的迅速发展，新的技术会不断出现，下面简要介绍目前在植物分子系统学或中药鉴定中已经开展研究的 DNA 标记技术。

一、随机引物扩增 DNA 多态性标记

　　随机引物扩增 DNA 多态性（RAPD）标记是应用人工设计合成的 10 个碱基的随机引物，通过 PCR 扩增来检测 DNA 多样性的技术。其基本原理是：每次 PCR 方反应只使用一个引物，随机引物在模板链的不同位置与基因组 DNA 结合，只有两端同时具有某种引物的结合位点的 DNA 片断才能被扩增出来，而结合位点会因基因组 DNA 序列的改变而不同，经过 30～40 个循环 PCR 扩增，在琼脂糖凝胶上形成迁移率不同的多个谱带，然后根据结果进行多态性分析。RAPD 可以进行广泛的遗传多态性分析，可以在对物种没有任何分子生物学研究背景的情况下进行，适用于近缘属、种间以及种下等级的分类学研究。

二、扩增片段长度多态性

　　扩增片段长度多态性（AFLP）是通过对基因组 DNA 酶切片段的选择性扩增来检测 DNA 酶切片段长度多态性。其基本原理是：首先用两种能产生黏性末端的限制性内切酶将基因组 DNA 切割成分子量大小不等的 DNA 片段，然后将这些片段和与其末端互补

的已知序列的接头连接，形成的带接头的特异片段用作随后的 PCR 扩增的模板，扩增产物通过变性聚丙酰胺凝胶电泳检测，最后进行多态性分析。AFLP 适用于种间、居群、品种的分类学研究。

三、限制性酶切片段长度多态性标记

限制性酶切片段长度多态性（RFLP）标记指基因组 DNA 经特定的内切酶消化后，产生大小不同的 DNA 片段，利用单拷贝的基因组 DNA 克隆或 cDNA 克隆为探针，通过 Southern 杂交检测多态性的技术。其基本原理是：基因组序列的缺失、倒置或插入会引起内切酶酶切位点的改变，从而造成酶切后 DNA 片段大小的多态性。适用于研究属间、种间、居群水平甚至品种间的亲缘关系、系统发育与演化。

四、简单序列重复长度多态性标记

简单序列重复长度多态性（length polymorphism of simple sequence repeat，SSR）标记也被称为微卫星 DNA（microsatellite DNA），是由 2 ~ 6 个核苷酸为基本单元组成的串联重复序列，不同物种其重复序列及重复单位数都不同，形成 SSR 的多态性。简单序列重复长度多态性标记即检测 SSR 多态性的技术。其基本原理是：每个 SSR 两侧通常是相对保守的单拷贝序列，可根据两侧序列设计一对特异引物扩增 SSR 序列，由于不同物种其重复序列及重复单位数都不同，扩增产物经聚丙烯凝胶电泳检测，比较谱带的迁移距离就可知 SSR 的多态性。SSR 适用于植物居群水平的研究。

五、特定序列扩增标记

特定序列扩增（sequence characterized amplified regions，SCAR）标记通常是由 RAPD 标记转化而来。其基本原理是：将 RAPD 的目的片段从凝胶上回收并进行克隆和测序，根据碱基序列设计一对特异引物（18 ~ 24 个碱基），以此特异引物对基因组 DNA 进行 PCR 扩增，这种经过转化的特异 DNA 分子标记称为 SCAR 标记。SCAR 标记一般表现为扩增片段的有无，也可表现为长度的多态性。SCAR 标记可用于中药栽培品种和某些中药材的鉴定。

六、DNA 测序

DNA 测序（DNA sequencing）是通过比较某一 DNA 片段序列差异研究植物亲缘关系的方法，是目前植物分子系统学的研究热点。目前常用于 DNA 测序的主要有叶绿体基因组的 rbcl、matK 等约 20 个基因、核基因组的内转录间隔区（ITS）等。其基本原理是：根据目的片断两端的保守序列设计引物，通过 PCR 扩增目的片断，进行克隆测序或直接测序，得到不同物种的序列，对序列进行分析探讨亲缘关系。

目前用于植物分子系统学常用的有：

1. rbcl 基因

rbcl 基因是编码 1,5 - 二磷酸核酮糖羧化酶大亚基的基因，适用于科及科级以上或低级分类单元（如属、亚属、种间）分类群的研究，如基于 rbcl 基因序列对整个种子

植物进行系统发育重建；基于 rbcl 基因序列对甘草属进行分析，可将甘草属分为含甘草酸组和不含甘草酸组。

2. matK 基因

matK 基因位于 trnK 基因的内含子中，常用于科内属间，甚至种间亲缘关系研究。如基于 matK 基因对虎耳草属进行序列分析，可将虎耳草属分为两支。

3. 核基因组的内转录间隔区

核基因组的内转录间隔区（ITS）位于 18S－26S rRNA 基因之间，被 5.8SrRNA 基因分为两段，即 ITS1 和 ITS2，ITS 区适用于科、亚科、族、属、组内的系统发育和分类研究，尤其适用于近缘属和种间关系研究。如基于 ITS 序列对甘草属、人参属进行分析，对其分类、进化和物种鉴别都有一定的意义。ITS 存在于植物各个器官，其序列差异也可用于中药材，尤其是根茎类药材的鉴定。

第二节　生物分子技术在植物分类学上的应用

一、植物基因组 DNA 的提取

【目的和要求】

通过本实验学习从植物组织中提取 DNA 的方法。

【实验原理】

液氮研磨破碎细胞。提取液缓冲液中含有的 SDS 溶解膜蛋白而破坏细胞膜，使蛋白质变性而沉淀。EDTA 抑制 DNA 酶的活性。酚、氯仿抽提去除蛋白，乙醇沉淀溶液中的 DNA。

【仪器、材料与试剂】

1. 仪器

①低温离心机；②恒温水浴器；③台式离心机；④琼脂糖凝胶电泳系统。

2. 材料

①三羟甲基氨基甲烷（Tris）；②乙二胺四乙酸（EDTA）；③氯化钠（NaCl）；④β－巯基乙醇；⑤氯化钾（KCl）；⑥异丙醇；⑦乙醇，琼脂糖；⑧十二烷基硫酸钠（SDS）；⑨50mL 离心管；⑩陶瓷研钵；⑪枪头、小指管。

3. 试剂

①提取缓冲液：100mmol/L Tris·HCl（pH8.0），5mmol/L EDTA（pH8.0），500mmol/L NaCl，1.25% SDS，1mol/L β－巯基乙醇；②5mol/L KCl；③TE 缓冲液：10mmol/L Tris·HCl，1mol/L EDTA（pH8.0）。

【实验步骤1】

1. 取 4g 新鲜叶片置于预冷的陶瓷研钵中研成粉末（尽可能细）。

2. 移至 50mL 离心管中，加入 16mL 提取缓冲液混匀，65℃水浴保温 30min。

3. 取出离心管，加入 5mL 5mol/L KCl 溶液，混匀，冰浴 20min。

4. 4000 r/min 离心 20min。

5. 将上清液转到另一 50mL 离心管中。

6. 加等体积苯酚/氯仿（1:1）混匀，12000r/min 离心 5min。

7. 取上清液加等体积氯仿混匀，12000r/min 离心 5min。

8. 取上清液加入 0.6～1 倍异丙醇混匀，沉淀 DNA。

9. 离心获得沉淀，70%乙醇洗 3 次，风干。

10. 加入 500μL TE 缓冲波，溶解 DNA。

11. 取 3μL 上清液，琼脂糖凝胶电泳检测 DNA 浓度、质量。

【实验步骤2】

1. 取叶片 0.3g，置于培养皿中，加水少许，浸泡至充分展开，剪去病斑，用棉球擦拭叶片，去除杂质，再用 70%乙醇擦拭叶片表面，然后用超纯水清洗 3 次，置于超净台上干燥。

2. 在液氮中研磨成细粉，转移至含有 3mL 的 2×CTAB 提取缓冲液 [2% CTAB，100mmol/L Tris·HCl，pH8.0，EDTA 20mmol/L，NaCl 1.4mol/L，β-巯基乙醇 2%（用前加入）]的离心管中，轻轻转动离心管，使植物组织在提取缓冲液中均匀分散，65℃温育 90min，并不时轻轻转动离心管。

3. 混合物冷却至室温后，加入等体积的氯仿/异戊醇（24:1），轻轻颠倒离心管，使管内混合物成乳浊状，4℃ 12000r/min 分相。转移上清液至另一洁净离心管中，重复 2 次。

4. 在最终一次抽提液中加入 0.7 体积 -20℃异丙醇，4℃ 放置半小时以上，4℃ 12000r/min 离心 15min，倾去上清液，加入 5mL 70%乙醇、0.2mol/L 醋酸钠，冰上放置 30min，4℃12000r/min 离心 10min，倾去上清液，随即加入 70%乙醇、无水乙醇各洗涤一次。4℃12000r/min 离心 10min，放于通风橱中空气干燥至无醇味，溶于适量的 TE 中。

5. 取 5μL 用 1%琼脂糖凝胶电泳以标准量的 λDNA 为对照，检查 DNA 质量和数量。

二、琼脂糖凝胶电泳检测 DNA

【实验目的】

通过本实验学习琼脂糖凝胶电泳检测 DNA 的方法和技术。

【实验原理】

DNA 分子在琼脂糖凝胶中泳动时有电荷效应和分子筛效应。DNA 分子在高于等电点的 pH 溶液中带负电荷，在电场中向正极移动。由于糖-磷酸骨架在结构上的重复性，相同数量的双链 DNA 几乎具有等量的净电荷，因此它们能以同样的速度向正极方向移动。在一定的电场强度下，DNA 分子的迁移速度取决于分子筛效应，即 DNA 分子本身的大小和构型。具有不同的相对分子质量的 DNA 片段泳动速度不一样，可进行分离。DNA 分子的迁移速度与相对分子质量的对数值成反比关系。凝胶电泳不仅可分离不同相对分子质量的 DNA，也可以分离相对分子质量相同，但构型不同的 DNA。

【仪器、材料与试剂】

1. 仪器

①恒温培养箱；②琼脂糖凝胶电泳系统；③台式离心机；④高压灭菌锅；⑤紫外线透射仪或凝胶成像系统。

2. 材料

①三羟甲基氨基甲烷（Tris）；②硼酸；③乙二胺四乙酸（EDTA）；④溴酚蓝；⑤蔗糖；⑥琼脂糖；⑦溴化乙锭；⑧DNA Marker。

3. 试剂

① 5×TBE（配 1000mL 5×TBE：Tris 54g，硼酸 27.5g，0.5mol/L EDTA 20mL，pH8.0）；②凝胶加样缓冲液（6×）：溴酚蓝 0.25%，蔗糖 40%；③溴化乙锭溶液（EB）0.5μg/mL。

【实验步骤】

1. 制备琼脂糖凝胶

一般使用0.8%~1.0%琼脂糖凝胶，称取琼脂糖适量，加入适量1×TAE 或 0.5×TBE 缓冲液，置微波炉中加热至完全融化，取出摇匀放置。

2. 胶板的制备

（1）用透明胶条将电泳内槽两端封严，置于水平桌面，并放置好梳子。

（2）将冷却到60℃的左右的琼脂糖凝胶倒入电泳内槽中。

（3）待凝胶凝固后，取出梳子，取下透明胶条，将电泳内槽置于电泳槽中。

（4）在电泳槽中加入电泳缓冲液（1×TAE 或 0.5×TBE 缓冲液）。

3. 加样

用移液枪将已加入上样缓冲液的 DNA 样品加入点样孔。

4. 电泳

（1）接通电泳槽与电泳仪的电源（注意正负极，DNA 片段从负极向正极移动）。DNA 的迁移速度与电压成正比，最高电压不超过 5V/cm。

（2）当溴酚蓝染料移动到距凝胶前沿 1~2 cm 处，停止电泳。

5. 染色

将电泳后的凝胶浸入溴化乙锭染色液中 10~30min，在紫外灯（360nm 或 254nm）下观察染色后的凝胶，DNA 存在处应显出橘红色荧光条带，因紫外线对眼睛有伤害作用，紫外灯观察时应戴上防护眼镜，并戴手套操作，防止 EB 污染。

三、PCR 扩增

【实验目的】

通过本实验学习 PCR 反应的基本原理与实验技术。

【实验原理】

多聚酶链式反应的原理类似于 DNA 的天然复制过程。包括变性、复性（退火）、延伸三步，经若干个循环后，使某一特定 DNA 片段扩增 2n 倍，并有足够的数量在琼脂糖凝胶上显示出来。

1. 变性

加热使模板 DNA 在高温下（94℃）变性，双链间的氢键断裂而形成两条单链。

2. 退火（复性）

溶液温度降至 50℃ ~60℃，模板 DNA 与引物按碱基配对原则互补结合。

3. 延伸

溶液反应温度升至 72℃，Taq DNA 聚合酶以单链 DNA 为模板，在引物的引导下，利用反应混合物中的 4 种脱氧核苷三磷酸（dNTP），按 5′→3′方向复制出互补 DNA。

典型的 PCR 反应体系由如下组分组成：DNA 模板、反应缓冲液、dNTP、$MgCl_2$、引物、Taq DNA 聚合酶。

【仪器、材料与试剂】

1. 仪器

①PCR 仪；②琼脂糖凝胶电泳系统。

2. 材料

①DNA 模板；②dNTP；③引物 1、2；④Taq 酶；⑤琼脂糖；⑥枪头、小指管。

3. 试剂

①10×Buffer（50mmol/L KCl，100mmol/L Tris·HCl，pH9.0，1.0% Triton X – 100）；②$MgCl_2$（25mmol/L）；③dNTP（dATP，dGTP，dCTP，dTTP）10mmol/L；④引物 P1（5′ – GGA AGT AAA AGT CGT AAC AAGG – 3′）50μmol/L、P4（5′ – TCC TCC TCC GCT TAT TGA TAT GC –3′）50μmol/L；⑤Taq 酶（0.5U）。

【实验步骤】

1. 在冰上建立如下反应体系

10×Buffer 5μL，$MgCl_2$ 3μL，dNTP 1μL，P1 0.1μL，P4 0.1μL，Taq 酶 0.3μL，模板 4μL（约 5ng），超纯水 36.5μL。

2. 扩增程序

94℃预变性 6min，94℃变性 40s，56℃退火 1min，72℃延伸 1min，循环 40 次，72℃延伸 6min。

3. PCR 结果

配制 1% 琼脂糖凝胶，5V/cm 电泳，电泳结束后，EB 染色 15min，紫外灯下观察结果。

四、RAPD 技术

【实验原理】

RAPD 是 20 世纪 90 年代发展起来的一种新型遗传标记。基本原理是采用合成的单个随机引物（一般为 10 个碱基），模板 DNA 经 92℃ ~94℃变性解链，在足够的低温度下（35℃~37℃）与随机引物退火，如果两个退火位点足够接近（200~2000bp），且分别位于互补的两条 DNA 链上，通过 PCR 可扩增出 DNA 片段。由于不同的物种或品种等不同材料的基因组 DNA 可能存在插入，缺失或者在退火位点发生碱基的变化，扩增的产物的长度就会不同。

【仪器、试剂】

1. 仪器

①PCR 仪；②0.2mL Eppendorf 管；③微量加样器；④电泳仪。

2. 试剂

①Taq 酶；②10 × Buffer；③25mmol/L $MgCl_2$；④0.2mmol/L dNTP；⑤20 pmol/L 引物；⑥模板 DNA。

【实验步骤】

1. 在 25μL 反应体系中分别加入：10 × Buffer 2.5μL，25mmol/L $MgCl_2$ 2.0μL，0.2mmol/L dNTP 2.5μL，20pmol/L 引物 1.5μL，模板 DNA（10ng/μL）1.0μL，Taq 酶 1~1.5U，去离子水适量，终体积为 25μL。

2. 轻轻摇匀后，放入 PCR 仪中，反应程序为：94℃预变性 5min，94℃ 1min，36℃ 1min，72℃ 1.5min，共 40 个循环，72℃ 5min，4℃保存。

3. 将 PCR 产物进行电泳，观察结果。

第十五章　常用试剂的配制和常见的显微化学反应

第一节　常用试剂的配制

1. 甘油醋酸试液

取甘油、50%醋酸和水各等份，混合，即得。常用以观察淀粉粒，可防止淀粉粒崩裂。

2. 稀甘油

取甘油 33mL，加蒸馏水稀释成 100 mL，再加樟脑一小块或液化苯酚 1 滴，即得。稀甘油能使细胞稍透明及溶解某些水溶性细胞后含物，并使材料保持湿润和软化。常和水合氯醛液同用作临时封藏剂，可防止水合氯醛晶体析出。

3. 水合氯醛试液

取水合氯醛 50g，加蒸馏水 15mL 与甘油 10mL 使溶解，即得。本试液能迅速透入组织，使干燥而收缩的细胞膨胀，细胞组织透明清晰，并能溶解淀粉、树脂、蛋白质和挥发油等。

4. 间苯三酚试液

取间苯三酚 1g，加 90% 乙醇 5mL 溶解后，加甘油 5mL，摇匀，即得，贮棕色瓶中。用以鉴别木质化细胞壁，应用时先加 1~2 滴于被检物上，约 1min 后，加盐酸 1 滴，木质化细胞壁因木质化程度不同，显红色或紫红色。

5. 稀碘液

取碘化钾 1g 溶于 100mL 蒸馏水中，待溶解后再加入 0.3g，贮于棕色瓶中。稀碘液可使淀粉粒显蓝色，糊粉粒显黄色。

6. 苏丹Ⅲ试液

取苏丹Ⅲ 0.01g，加 90% 乙醇 5mL 溶解后，加甘油 5mL，摇匀，贮于棕色瓶中，保存期 2 个月。本试液能使角质化和木栓化细胞壁显红色或橙红色，使脂肪油、挥发油滴或树脂显橙红色、红色或紫红色。

7. 钌红试液

取 10% 醋酸钠溶液 1~2mL，加钌红适量使呈酒红色，即得。本试液应临用新制，可使黏液显红色。

8. α-萘酚试液

取 α-萘酚 1.5g，溶于 95% 乙醇 10mL，即得。应用时滴加本试液，1~2min 后，再加 80% 硫酸 2 滴，可使菊糖显紫色。

9. 氯化锌碘试液

取氯化锌 20g，溶于 85mL 蒸馏水后，滴加碘的碘化钾溶液（碘化钾 3g，碘 1.5g，水 60mL），不断振摇至饱和，至没有碘的沉淀出现为止，置棕色瓶内保存。本试液可使纤维素细胞壁显蓝色和紫色。

10. 番红染液

番红是一种碱性染料，可使木质化、木栓化和角质化的细胞壁及细胞核中的染色质和染色体染成红色。在植物组织制片中常与固绿配染。常用配方有下列二种：

（1）番红水液　取番红 0.1g，溶于 100mL 蒸馏水中，过滤后，即得。

（2）番红酒液　取番红 0.5g 或 1g，溶于 50% 乙醇 100mL 中，过滤后，即得。

11. 固绿染液

固绿是一种酸性染料，可使纤维素的细胞壁和细胞质染成绿色。在植物组织制片中，常与番红配染。常用固绿酒液，即取固绿 0.1g，溶于 95% 乙醇 100mL 中，过滤后使用。

12. 紫草试液

取紫草粗粉 10g，加 90% 乙醇 100mL，浸渍 24h，滤过，滤液中加入等量的甘油混匀，再过滤即得。贮棕色瓶中，在 2 个月内应用。可使脂肪油、挥发油显红色。

13. 稀醋酸

醋酸（6%）可用以区别草酸钙与碳酸钙结晶，前者不溶解，后者溶解并产生气泡。

14. 5% 氢氧化钾试液

取氢氧化钾 5g，溶于蒸馏水 100mL 中，即得。用作薄壁组织解离剂。此液也可用 5% 氢氧化钠溶液代替。

15. 锇酸试液

取锇酸 0.1g，溶于蒸馏水 5mL 中即得（此液密塞避光贮存）。脂肪油遇此液显棕色至黑色，挥发油与树脂均不显色。

16. 三氯化铁试液

取三氯化铁 10g，溶于蒸馏水 100mL。临用时，取此液 1mL，加水 9mL 稀释。鞣质及其他多元酚类（黄酮类等）遇此液显蓝黑色，或黑绿色。

17. 墨汁

商品墨汁，于临用前加蒸馏水稀释 10 倍即得，黏液质不着色而显无色透明块状，其他细胞壁及细胞内含物显黑色。

18. 66% 硫酸、碘 – 碘化钾试液

取硫酸 66mL，慢慢加入适量（约 34mL）蒸馏水中，边加边搅拌，冷后补加少量蒸馏水，使全量为 100mL 即可。可用于纤维素细胞壁染色，先滴碘 – 碘化钾试液，稍放置一会，再加 66% 硫酸，使纤维素细胞壁染成蓝色。

19. 麝香草酚试液

取麝香草酚 1g 溶于 95% 乙醇 10mL。应用时先滴本试液，1～2min 后再加 80% 硫酸,可使菊糖变成红色。

20. 粘贴剂

(1)明胶粘贴剂

配方:

明胶　　　　　1g

石碳酸结晶　　2g

甘油　　　　　15mL

蒸馏水　　　　100mL

先将粉末状的明胶徐徐溶入微热(36℃)的100mL蒸馏水中,再加2g石碳酸的结晶与15mL的甘油,搅拌使之完全溶解,然后过滤,存于有瓶塞的瓶中待用。

(2)阿拉伯胶粘贴剂　取少许阿拉伯粉末和少许重铬酸钾结晶,加入蒸馏水(50～100mL)中溶解成淡黄色液,即可使用。但要注意随用随配,时间长了效果不好。

(3)甘油蛋白粘贴剂

配方:

新鲜鸡蛋白　　　　　50mL

甘油　　　　　　　　50mL

麝香草酚或石碳酸　　1g

将以上三者放入烧杯内用玻璃棒搅匀,再用消毒棉或纱布过滤即可使用。使用期约2个月,此液易着色。

21. 封藏剂(或封固剂)

(1)加拿大树脂　加拿大胶冷杉提取的树脂,为黄棕浓稠透明液体,用时加二甲苯稀释,其浓度以玻璃棒挑起形成水滴滴下而不成丝状物为适。

(2)甘油明胶　明胶1份,甘油7份,蒸馏水6份,石碳酸结晶或苯酚适量(约0.15g);使明胶溶于蒸馏水后,加入甘油、石碳酸结晶(每100mL甘油明胶液加1g石碳酸),搅拌均匀趁热用纱布或玻璃丝过滤储存备用。天气寒冷会凝固,用时须加热使其溶解。此液多用于徒手切片或滑走切片法所切成的组织薄片以及花粉粒、藻类等材料,封藏后可保存数月至二年。

22. 氯酸钾、硝酸

本试剂有极强的解离作用,能使坚硬的材料(木材、种皮等)解离面透明,应用时将材料加硝酸浸盖,然后加入氯酸钾结晶粒。

23. 70%乙醇

本试剂对菊糖不溶,可使之成球形结晶析出,对树脂及黏液等也不溶解,此外,在水合氯醛液透化前加70%乙醇少许于材料,可利用透明剂的透入,并先溶去部分细胞后含物。

24. 固定液

（1）FAA 固定液

配方：

50%（或70%）酒精	90mL
冰醋酸	5mL
福尔马林（37% ~40%甲醛）	5mL

FAA 固定液可用于固定植物的一般组织，是一种应用较普遍，效果较好的固定液，它不仅起固定作用，也是较好的材料保存剂，材料可以保存几个月甚至 2 ~3 年仍可使用。另外，经 FAA 固定的材料，不需要水洗可直接进行下一步的脱水过程。FAA 固定液用作细胞学上固定，不及其他专用固定剂；如用于固定植物胚胎材料，可适当改变比例，效果较好。

配方：

50%酒精	89mL
福尔马林	5mL
冰醋酸	6mL

（2）卡尔诺（Carnoy's）固定液

配方：	C – I	C – II
纯酒精	3 份	30mL
冰醋酸	1 份	1mL
氯仿	—	5mL

卡尔诺固定液穿透能力强，通常用于细胞材料、根尖、花药等材料的固定。固定时间，较小材料一般 1 ~2h 即可，材料在此液中时间不宜过长（最多不超过 24h）。因而它不能作保存液，固定后要进行洗涤，再行脱水后保存。

（3）萨斯（Sass's）改良液　由甲乙两液组合而成，使用前将甲、乙两液等量混合。

配方：	S – I	S – II
甲液：苦味酸饱和液	20mL	35mL
福尔马林	10mL	10mL
10%醋酸	20mL	—
冰醋酸	—	5mL
乙液：1% 铬酸	50mL	50mL

此液适用于花药和胚胎学等材料固定。固定时间为 1 ~4h，但材料可在其中过夜，可直接用 70% 酒精洗涤，时时更液，直至无黄色为止，如果酒精中放少许氨水，则黄色除去较快。

（4）冷多夫（Randoph）固定液

配方：R – I	R – I	
甲液：铬酸	1g	1.5g
冰醋酸	7mL	10mL
蒸馏水	92mL	90mL

乙液：福尔马林	30mL	40mL
蒸馏水	70mL	60mL

用时甲、乙两液等量混合。可固定根尖、花药、子房、细胞有丝分裂等材料，能把染色体和纺锤丝显示出来。固定时间为 12～24h，固定后用流水冲洗。

（5）铬酸 – 醋酸固定液

配方：	弱液	中液	强液
10% 铬酸	2.5mL	7mL	10mL
10% 醋酸	5.0mL	10mL	30mL
蒸馏水	92.5mL	83mL	60mL

配方中弱液可用于固定比较柔嫩的材料，如藻类、真菌、苔藓、蕨类等植物；中液可用作固定高等植物的根尖、子房和分离出来的胚珠等材料。固定时间 24h，此液不作保存液，固定后用流水冲洗干净（大约 24h）；强液可用于植物组织，如木材、坚韧的叶子、成熟子房等等。固定时间为 24h 或更长，固定后亦用流水冲洗 24h。

（6）包因（Bouin）固定液

配方：

苦味酸饱和液（1.5g 苦味酸溶于 100mL 蒸馏水中）15 份

福尔马林   5 份

冰醋酸   1 份

此液特点是固定迅速，材料不收缩不变脆，着色效果也好，适合植物一般组织，固定时间为 12～24h，固定后用 50% 或 70% 酒精冲洗，固定液应现用现配。

（7）萧丁（Schaudinn）固定液

配方：

升汞饱和液   10～20mL

95% 或纯酒精   5mL

冰醋酸（临时前加入）   0.2～1mL

此固定液可固定单细胞藻类和酵母等材料，固定时间为 5～10h，固定后用 70% 精浸洗，每次加 1 至数滴碘酒精以去汞，经 48h 浸洗后，保存在 70% 酒精中。

25. 脱水剂

所谓脱水，就是利用某种化学试剂把材料中的水分全部置换出来。用于脱水的试剂称为脱水剂。通常有酒精、氧化二乙烯、正丁醇、叔丁醇、丙酮、甘油等。现重点介绍以下二种：

（1）酒精 是目前制片中技术中最常见的一种脱水剂。尽管应用酒精脱水有易引起组织发生收缩、材料变硬等缺点，但由于应用时间较长，价格又便宜，方法也较简便易行。因此，至今仍普遍应用。脱水过程应由低浓度开始，逐渐替换到高浓度。不可操之过急，否则会使材料严重收缩变形。一般由 30% 酒精开始，经 50%、60%、70%、80%、90%、95%、纯酒精等依次进行。材料在各级酒精中浸的时间视材料性质、大小情况而定，一般为 2 ~ 4h。材料越嫩，含水量越多，酒精级度间隔应越小。

在脱水过程中，配制各级浓度酒精极其频繁。因此，对各级浓度酒精的配法，制片工作者应熟练掌握。这里简要介绍两种方法供参考：

第一种方法：百分比方法。

100：A（欲配浓度）

X：B（原液浓度）

$$X = \frac{100B}{A}$$

式中：X 为已知浓度的酒精稀释后的容积；

　　　A 为欲配浓度；

　　　B 为原有酒精浓度。

例如，将现有 90% 的酒精，配成 70% 的酒精时，应如何稀释？将上面各数值代入公式：

$$X = \frac{100B}{A} = \frac{100 \times 90}{70} \approx 129$$

计算说明：欲配 70% 酒精，需取 90% 酒精 100mL，再加水至 129mL（总量）即得。

第二种方法：廖维定则的应用。

该定则的含义是，欲从现有的 $v\%$ 酒精，配成 $x\%$ 溶液，需将 xmL 的 $v\%$ 溶液加水至 vmL。

例如，欲将 95% 酒精配成 20% 酒精。则具体配法是：先把 95% 酒精向量筒中注入 20mL，然后，再加水至 95mL 即成。此方法在实际工作中较为方便。根据此法，将商用酒精（95% 酒精）配成各级浓度的酒精，见表 15 – 1。

表 15 – 1　商用酒精配成各级浓度酒精表

已知浓度（%）	95	95	95	95	95	95	95	95	95	95
所需浓度（%）	10	15	20	30	40	50	60	70	80	85
应加已知浓度量（mL）	10	15	20	30	40	50	60	70	80	85
应加入水量（mL）	85	80	75	65	55	45	35	25	15	10

配制各级浓度酒精时，通常应用 95% 的商用酒精配制，而不用纯酒精制备，否则造成极大的浪费。脱水用过的 70% 以上的酒精，可作酒精灯燃料，或回收经蒸馏后重新应用。

（2）叔丁醇　是目前应用较广的一种脱水剂。它具有许多优点，如可与水、酒精及二甲苯等试剂混合。脱水时，可单独或与酒精混合使用；脱水后不会使组织收缩或变硬，也不必经过透明剂；此外，由于它比熔融的石蜡轻，因此包埋时易从组织中除去。所以应用叔丁醇脱水，可以简化脱水、透明、浸蜡等步骤，可逐渐取代酒精。

26. 透明剂

在材料脱水以后，还要用一种既能与脱水剂混合又能与包埋剂（如石蜡、火棉胶等）混合的药剂进行处理。其目的是将脱水剂从材料中除去，再将包埋物质渗入材料中去，以便于包埋后进行切片。这种药剂处理能使材料透明，所以称此步骤为"透明"，具有此类作用的药品称为透明剂。此外，切片在染色后和封藏前，也要进行透明处理，应用透明剂取代脱水剂，并与封固剂混合，使材料达到透明和封固的目的。

　　常用的透明剂有二甲苯、氯仿、甲苯、香柏油、苯胺油等。其中最常用的是二甲苯，主要有：

　　（1）2/3 无水酒精 + 1/3 二甲苯。

　　（2）1/2 无水酒精 + 1/2 二甲苯。

　　（3）1/3 无水酒精 + 2/3 二甲苯。

　　（4）纯二甲苯。

　　为了防止材料收缩，透明过程应由低到高逐级进行，使脱水剂量逐渐减少的同时，使二甲苯逐渐增多。每级停留时间视材料的大小和性质而定，一般在 30min 至 2h。

第二节　常见的显微化学反应

取药材（切好的薄片）或粉末少许，置载玻片上，滴加适宜的试液 1~2 滴，加盖玻片，在显微镜下观察其化学反应。

一、细胞壁的显微化学反应

1. 木化细胞壁

加间苯三酚及浓硫酸显红色；加氯化锌碘液显黄色或棕色。

2. 木栓化或角质化细胞壁

加苏丹Ⅲ试液或紫草试液放置片刻或稍加温，显橘红色，红色或紫色；加苛性钾，加热，木栓质溶解成黄色油滴状。

3. 纤维素细胞壁

加碘 – 碘化钾试液后，稍放置，用滤纸条吸去多余的试液，再加 66%（mL/mL）硫酸液，显蓝色或紫色；加铜氨试液（氧化铜氨液），纤维素细胞壁逐渐膨胀而后溶解。

二、细胞后含物显微鉴别化学反应

1. 淀粉粒

加稀碘液显蓝色或加氯化锌碘液显淡蓝色、蓝紫色或紫红色。

2. 菊糖

在 70% 酒精中放置一周的材料，当在制片时，还需加 95% 酒精 1~2 滴使之析出更多的结晶，然后再加入 α – 萘酚试液 1~2 滴，2~3min 后，加 66% 硫酸 1 滴，则菊糖结晶显紫红色而溶解。

3. 脂肪油、挥发油或树脂

加苏丹Ⅲ试液或紫草试液均显橘红色、红色或紫红色；加 90% 乙醇，脂肪油不溶解（蓖麻油及巴豆油例外），挥发油溶解。

4. 糊粉粒

加碘液显棕色或黄棕色；加硝基试液显黄色；加硝酸汞试液显砖红色。材料中如果含有多量油脂宜先用石油醚或乙醚进行脱脂后再进行试验。

5. 黏液

加墨汁，黏液呈无色透明块状，而其他细胞均显黑色（注意切片或粉末事先不可与水接触）；先加亚甲蓝醇溶解 1～2 滴，加盖玻片，过 1～2min，再加入亚甲蓝甘油溶液，黏液染成天蓝色；加钌红试液，显红色。

6. 草酸钙结晶

加 6% 醋酸不溶解。

7. 碳酸钙结晶

加 6% 醋酸溶解并产生气泡与草酸钙结晶相区别。

8. 鞣质

加三氯化铁试液显蓝黑色或黑绿色。

9. 硅质

加酸不溶解。